대한민국
부동산의
역사

일러두기

· 도서와 학술지는 《 》로 표기했습니다.

· 시, 영화, 그림, 노래, 글 등은 〈 〉로 표기했습니다.

· 논문과 보고서는 「 」로 표기했습니다.

· 기관명, 기사 제목, 웹 아티클 제목은 괄호 없이 표기했습니다.

· 이 책에 나오는 외래어는 국립국어원 외래어표기법을 따랐으나, 외래어표기법과 다르게 굳어진
　일부 용어의 경우에는 예외를 두었습니다.

홍춘욱

대한민국 부동산의 역사

대한민국 부동산의 과거와 현재 그리고 미래

HISTORY OF KOREAN REAL ESTATE

상상스퀘어

차례

1부

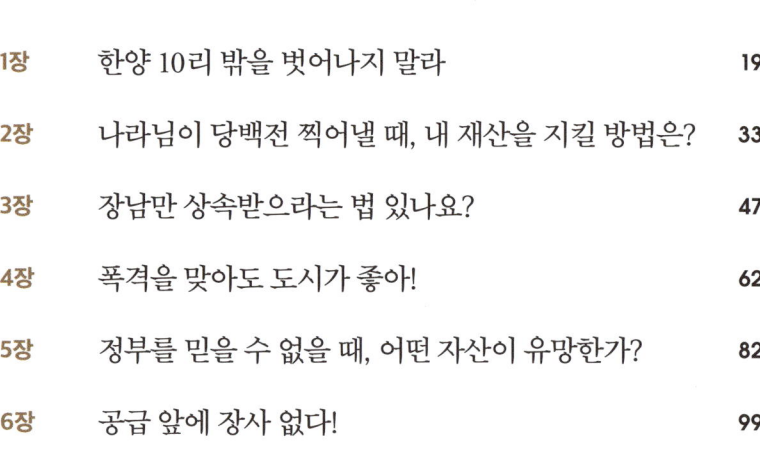

2부

서문

30년이 넘는 경제 분석가 생활로 어깨에 만성적인 통증을 달고 살기에, 테니스나 골프 같은 격렬한 운동을 접고 가벼운 러닝이나 산책을 즐기기 시작한 지 거의 10년에 가깝다. 산책의 좋은 점은 기후나 지리를 크게 타지 않는다는 것이다.

해외여행을 가면 제일 먼저 근처 공원을 방문해 계획 없이 걸어 다니는 것을 좋아한다. 런던을 방문하면 하이드파크, 도쿄를 방문하면 우에노공원, 그리고 고향 대구에서는 두류공원을 찾는다. 아침 일찍 산책하면 기분이 좋을 뿐만 아니라 적절하게 허기가 돌아 현지 음식을 위한 준비 태세를 갖출 수 있다.

서울에서는 올림픽공원과 하늘공원을 좋아하지만, 요즘은 종합운동장 건너편 아시아공원을 즐겨 찾는다. 아시아선수촌 아파

그림 1 아시아공원 부리도 비석

출처: 홍춘욱(2025).

트를 통과해 탄천을 따라 걸으면, 컨디션에 따라 얼마든지 다양한 코스를 만들 수 있기 때문이다. 양재천을 걸으며 맛난 커피 한잔 하고 돌아올 수도 있고, 헬리오시티 방향으로 걸어가 가락시장에서 제철 생선회 한 접시 사 오는 경로도 매력적이다. 특히 아시아공원에는 도시 답사를 좋아하는 사람이라면 놓쳐서는 안 될 옛이야기도 접할 수 있다는 장점이 있다.

　공원 북쪽에는 이곳이 예전에 부리도浮里島라는 섬이 있던 자리

임을 밝히는 비석이 세워져 있다. 한자가 많아 읽기 힘들었지만, 중종 때부터 터 잡아 살기 시작했고 빈번한 홍수로 고통을 겪었다는 마을의 역사를 이해하기에는 충분했다. 특히 을축년(1925년) 대홍수 때에는 주민들이 가재도구를 버리고 높은 곳으로 대피해 고립될 정도로 위급했는데, 봉은사의 나청호羅晴湖 주지가 뱃사공에게 "한 사람 구원하는 데 10원씩 주겠다."라고 약속하며 나룻배를 보내 480명의 목숨을 구했다는 미담이 전해진다.[1] 1927년 조선 총독부가 뒤늦게 홍수 방제용 제방을 쌓았지만, 서울 강북 방향 위주로 쌓았기에 이후로도 부리도를 비롯한 한강 남쪽 지역은 자연재해 앞에 무방비 상태로 남겨졌다. 이때까지만 해도 부리도 일대는 좋은 주거지라 보기 어려웠을 것이다.

그러나 경제력이 생기고 사회 간접 자본이 완비되며 좋은 주거지의 조건도 달라졌다. 1965년부터 2024년까지 전국의 실질 토지 가격은 약 100배 오른 데 반해, 강남 지역은 수만 배에 이르는 가격 상승을 경험한 것이 좋은 증거가 될 것이다. 예를 들어 1965년에는 한남대교 남단에 자리한 신사동 일대 땅값이 평당 200원 전후였는데, 최근에는 가로수 길의 꼬마 빌딩이 평당 2.1억 원에 팔렸다는 기사를 볼 수 있다.[2]

"남편 없이는 살아도, 장화 없이는 못 산다."라는 말이 나오던 저습지가 어떻게 한국 최고의 주거지로 발돋움할 수 있었을까?[3] 더 나아가 아시아선수촌 아파트 주민들의 평균 연령이 높은데, 왜 전원생활 대신 아파트 거주를 택했을까? 마지막으로 강남을

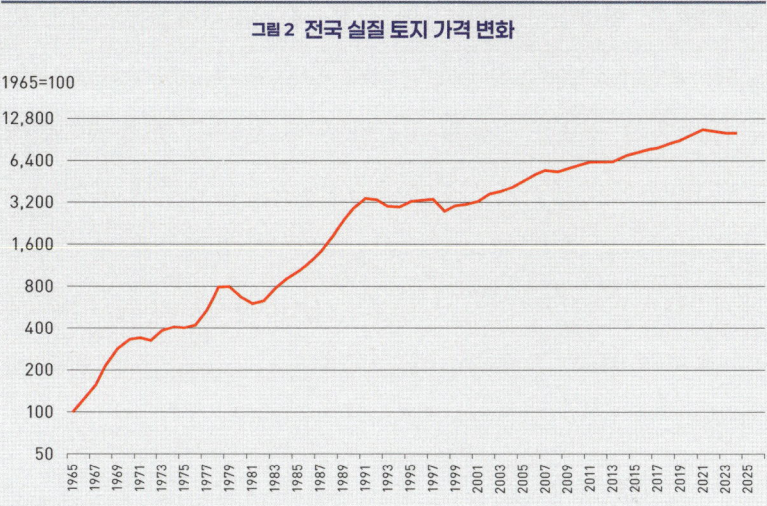

그림 2 전국 실질 토지 가격 변화

1965=100

출처: 한국은행, 국토교통부, 프리즘 투자자문 작성.

대체할 지역이 대두될 수 있을까? 풀리지 않는 의문이 끝없이 이어진다.

물론 이 모든 질문에 답하는 것은 불가능하다. 다만 의문을 풀기 위해 공부하고, 자료를 찾다 보니 어느새 한 권 분량이 되어 출간하게 되었다. 오랜 기간 이코노미스트, 즉 경제 분석가로 일했기에, 아무래도 경제적인 요인으로 부동산 시장의 변화를 분석하는 경향을 띠게 되었음을 미리 알려 둔다. 물론 어떤 지역이나 유형의 부동산이 투자하기에 유망한지 판단하는 데에도 경제 지표가 큰 도움이 되리라 생각한다.

이 책은 크게 보아 두 부분으로 구성되었다. 1부는 부동산 시장

통사通史로, 한국 부동산 시장이 어떤 식으로 형성되었는지를 다룬다. 조선 후기부터 최근까지 주택 시장 흐름을 다루는데, 재산권이 얼마나 중요한 것인지 실감하게 될 것이다. 특히 1960년대 초반 이후 한국 부동산 시장에 등장한 여섯 번의 주택 시장 사이클을 분석한다. 주택 공급과 금리 그리고 경제 성장률 등 다양한 경제 지표 중에서 어떤 것이 결정적으로 작용했는지 파헤치는데, 1990년을 고비로 결정적인 지표가 바뀐다는 점을 알 수 있을 것이다.

첫 번째 사이클은 이른바 '강남 개발 붐'으로, 경부고속도로 건설과 강력한 저금리 환경을 계기로 상승세가 촉발되었다. 유례를 찾기 힘든 강력한 상승세는 베트남 붐의 위세가 약화되는 가운데 양도세 폭탄을 맞으며 파국을 맞이했다.

두 번째 사이클은 1972년 8.3 사채 동결 조치 이후 사람들이 "믿을 것은 부동산뿐"이라는 생각을 확고하게 가지며 시작되었다. 그러나 1979년 이란 혁명* 이후 시작된 불황, 특히 미국 연방준비제도Federal Reserve System, Fed(이하 '연준')의 공격적인 금리 인상으로 신흥국 외채 위기가 발생하면서 긴 침체에 빠져들었다.

세 번째 사이클은 1984년부터 1998년까지 지속된 장기 사이

---

* 1979년에 이란 제국에서 발생한 혁명으로, 팔라비 왕조가 무너지고 이슬람 종교 지도자가 최고 권력을 가지는 이슬람 공화국이 수립되었다. 이 혁명으로 수천 년 동안 이어진 군주제가 막을 내리고, 이슬람 성직자인 루홀라 호메이니(Ruhollah Khomeini)가 집권하게 된다.

클로, 1991년이 실질적인 정점이었다. 참고로 물가를 감안한 전국 주택 가격은 2022년이 되어서야 이 수준에 도달한다. 일본 주택 시장이 1991년 이후 30년 동안 불황을 겪은 것만 알려져 있는데, 한국도 그에 못지않은 폭락을 겪은 셈이다.

네 번째 사이클은 1999년부터 2013년까지 이어졌는데, 서울 강남 지역은 2008년, 그 외 지역은 2011년이 가격의 고점이었다. 고 노무현 대통령이 7개의 가격 주도 상승 지역을 지목했던 '버블 세븐' 장세로, 2기 신도시의 입주와 세계 금융 위기를 겪으면서 하락세로 전환되어 이른바 하우스 푸어[•] 시대를 경험했다.

다섯 번째 사이클은 2014년부터 2022년까지 지속되었다. 2013년 박근혜 정부가 강력한 공급 축소 정책을 발표한 데 이어, 전세 자금 대출이 크게 증가하며 강력한 갭 투자 장세가 발생했다. 그러다 2021년 하반기부터 금리가 인상된 것은 물론 전세 대출 규제가 시작되고, 2022년 초 러시아-우크라이나 전쟁에 이어 9월 레고랜드^{••} 사태까지 가세하며 폭락장에 들어서고 말았다.

여섯 번째 상승 사이클은 2023년 초부터 유례없는 경기 양극화와 함께 시작되었다. 전국 매매 가격 지수는 아직 2022년 초의 고점을 회복하지 못했지만, 서울의 핵심 지역 부동산 가격이 이미

• 집을 소유하고 있지만 주택 구입 비용(대출 원리금, 관리비, 세금 등)으로 인해 생활비가 부족하거나 집값이 폭락하여 경제적으로 어려움을 겪는 사람, 또는 그러한 상태를 가리키는 말이다.

•• 2022년 9월 28일 김진태 강원도지사가 레고랜드의 개발을 맡은 강원중도개발공사의 기업 회생을 신청하면서 한국의 채권 신용도가 일제히 폭락한 사건이다.

역사적인 고점을 경신하는 중이니, 새로운 사이클의 시작으로 보는 게 적절한 것 같다. 2022년의 역사적인 부동산 가격 폭락을 딛고 어떻게 상승세로 돌아섰는지 살펴보는 것만으로도 미래를 보는 눈을 얻게 되리라 생각된다.

2부는 12개의 이슈를 통해 통사에서 대략적으로 다룬 핵심 쟁점을 파헤친다. 필자의 개인적인 주택 매매 경험부터 시작해, 지난 10년간 진행된 일본의 주택 가격 급등 현상, 나아가 한국인의 아파트 사랑이 정착된 계기를 다루니 투자에 큰 도움이 되리라 기대해 본다. 특히 "제2의 강남은 어디일까?"를 다룬 15장은 성장 잠재력이 높은 투자처를 고르는 안목을 제공할 것이라 자신한다.

각 장의 끝에는 [요약 및 교훈]이라는 박스 글을 넣고, 2부의 끝에는 본문에 소개된 내용 중에 추가적인 설명이 있으면 좋겠다고 여긴 점을 보충한 [부록]을 달아 이해를 돕고자 노력했다. 물론 이 책 한 권을 읽는다고 부동산 투자에서 백전백승한다고 단언할 수는 없다. 기술 혁신으로 재택근무가 압도적인 대세를 이룰 수도 있고, 무인 항공기unmanned aerial vehicle, UAV라는 신기술이 출현하면서 도시 철도 등의 교통망 프리미엄이 사라질 수도 있기 때문이다. 그러나 이러한 변화가 현실로 나타나는 데에는 십수 년 혹은 그 이상의 시간이 걸릴 것이기에, 충분한 대응이 가능할 것이라 생각한다.

끝으로 두꺼운 원고를 일일이 읽고 조언해 준 큰아들 채훈, 고등학교에 들어갔음에도 아빠와 밤마다 이야기를 나누는 작은아들 우진, 책상에 오래 앉아 있을 때마다 커피를 내려 주며 자기 의견을 아낌없이 개진해 준 아내 이주연, 그리고 사랑하는 두 동생에게 이 책을 바친다.

2026년 3월 홍춘욱

1부

한양 10리 밖을
벗어나지 말라

1장

부동산 시장의 역사를 다루기에 앞서, 조선 후기의 실학자 정약용이 자녀들에게 남긴 유언을 소개하려 한다.[1] 그는 전남 강진에서 18년간 귀양살이하면서 《목민심서》 같은 귀중한 서적을 통해 개혁을 주장했지만, 한양으로 돈과 사람이 모여드는 것을 당연하게 여겼다. 그는 자식들에게 보낸 편지에서 몰락한 가문의 사정 때문에 당분간 과거를 볼 수 없음에도 한양에 살아야 하고, 만약 한양이 어렵다면 적어도 한양에서 10리 밖(성저십리城底+里)을 벗어나지 말라고 신신당부했다.

정약용은 왜 한양에 살라고 했을까? 여러 이유가 있겠지만, 임진왜란과 병자호란 이후에 토지 소유권이 형성된 후 지속적인 가격 상승이 나타났기 때문이라 생각된다. 특히 19세기에 접어들면서 이른바 경화사족京華士族, 즉 한양에 사는 세도 가문들이 벼슬을 독점하며 정보와 연줄의 중요성이 커진 것도 큰 영향을 미쳤다. 여기서 소유권이란 하나의 토지에 주인이 한 명뿐이고, 이 토지를 마음대로 사용하며, 남에게 팔거나 빌려주는 것은 물론, 토지를 담보로 대출을 받을 수 있는 권리라 볼 수 있다.[2]

너무나 당연한 이야기인 것 같은데, 옆 나라 중국만 하더라도 소유권이 확립되어 있지 않다.[3] 중국의 토지 대부분은 원칙적으로 국가 소유 또는 집단 소유이며, 개인이나 기업이 보유한 부동산은 엄밀하게 말하면 임대다. 예를 들어 아파트 같은 주택 용지는 70년, 공장 같은 공업 용지는 50년, 상업 용지는 40년 뒤에 정부에 땅을 돌려주어야 한다. 2022년 봄을 고비로 중국 주택 시장이 긴 침체에 빠져든 데에는 이와 같은 불완전한 소유권도 큰 영향을 미쳤다.

니혼케이자이신문日本經濟新聞의 흥미로운 르포 기사를 보면, 수백만 명의 중국인이 미국으로 난민 신청 중인데, 이유를 묻자 2022년 이후 "정부가 자신의 생명과 재산을 보호해 줄 것이라는 신뢰를 잃었다."라는 답변이 압도적이라고 한다.[4] 시진핑習近平 정부가 공동부유 정책을 통해 주택을 여러 채 보유한 사람을 투기꾼으로 몰아가고, 알리바바그룹阿里巴巴集團의 마윈馬雲 회장 같은 기업가가 일본에서 망명 생활하는 것을 보며, 재산권에 대한 보장이 흔들릴 것이라는 공포가 높아졌던 것이다.[5] 국가가 마음대로 기업이나 개인의 토지를 회수할 위험을 지니는데, 누가 투자를 하겠는가?

반면 임진왜란 이후의 조선은 방향이 달랐다. 재정의 대부분을 부담하던 하삼도(경상도, 충청도, 전라도)가 황폐해지면서 심각한 재정 위기가 발생하자, 선조와 광해군 등 여러 임금은 숲과 계곡을 적극적으로 개간하도록 장려한 것은 물론, 개간한 이에게 토지의 소유권을 보장해 주었다.[6] 특히 소유권이 중요했던 이유는 계곡과 삼림을 개간하는 데 많은 시간과 노동력이 투입되었기 때문이다.

혁신적인 농법인 이앙법(이하 '모내기')이 조선 후기에 보급되면서, 이 문제의 중요성은 더 높아졌다. 모내기를 위해서는 모판을 옮겨 심기 전, 논에 충분한 물을 대야 한다. 만에 하나 모내기철에 가뭄이 들면, 농부는 한 해 농사를 망칠 것이기에 계곡을 막아 저수지나 보를 만들어 농업용수를 확보하는 것이 필수적이다. 대신 이전에 비해 많은 수확량이 기대되었기에, 점점 더 모내기 보급이 확대되었다. 그런데 힘들게 개간한 땅과 저수지를 권력자가 나타나 빼앗는다면? 그 일을 그대로 지켜볼 사람은 없을 것이다. 지방관이 행차하는 길을 막고 부당함을 호소하는 것은 물론, 둑을 무너뜨리며 자신이 힘들게 일군 땅을 망가뜨리거나, 심지어 담을 넘어 부패한 권력자의 목을 치고 산으로 들어갈지도 모른다. 따라서 조선 정부는 개간을 촉진하는 한편, 소유권 보장이라는 당근을 제시할 수밖에 없었다.

토지 소유권의 강화와 농업 생산성의 향상은 조선 사회에 세 가지 변화를 불러왔다. 첫 번째 변화는 노비를 활용한 대농장 경영의 쇠퇴다. 조선 전기까지의 벼농사는 많은 노동력을 요구했다. 15세기 전반 세종대왕 때 편찬된 《농사직설農事直說》에는 수경법과 건경법 그리고 묘종법 등 세 가지 벼농사 기법이 소개되어 있는데,[7] 앞의 두 농법은 직파법으로 밭농사처럼 논에 볍씨를 뿌리는 방식의 농법을 말한다. 직파법은 가뭄에 강한 대신 수확량이 상대적으로 적고 많은 노동력이 필요하다. 흙에 뿌려진 볍씨가 제대로 뿌리내릴 확률이 낮은 데다, 비옥한 토양이 주는 혜택을 함께 누리려는 잡초가 번성하기 때문이다. 따라서 마름 혹은 수노비의 감독하에 횡대로 늘어서서 벼의 생장을 방해하는 잡초를 제거하는 일, 즉 김매기를 주기적으로 반복하는 것이 수확량을 늘리는 핵심이었다. 임진왜란 이전 한반도 전체 인구의 약 40% 이상이 노비였을 것으로 추정하는 이유가 여기에 있다.[8] 노동력을 강제로 동원함으로써 수확량을 늘릴 수 있다면, 이는 권력자들이 더 많은 노비를 만들어 낼 동기를 제공하게 된다.[9] 계유정난이나 중종반정 등 정치적 격변기에 공을 세워 받는 공신전功臣田이나 혼인을 통해 형성한 대농장에서 외거노비外居奴婢를 활용해 농사짓는 시스템은 기본적으로 직파법의 산물이었다.

반면 묘종법이 현재의 모내기인데, 《농사직설》에서는 매우 위험한 농법이라며 '특수한 상황'에서만 활용하라고 권고한다. 모내기가 한창일 때 가뭄이 들면 수확량이 하나도 없을 가능성이 높았기 때문이다. 그러나 조선 후기부터 모내기가 주된 농법으로 자리 잡으면서 권문세가의 대농장 시스템이 무너지기 시작했다. 드라마 〈추노推奴〉에 나왔던 것처럼 자유를 갈망하는 노비의 탈출을 막는 데는 큰 비용이 드는 데다, 소작농에게 토지를 나눠 주고 생산물의 절반을 소작료로 받는 병작반수竝作半收 시스템이 훨씬 편리했기 때문이다.

두 번째 변화는 주자학의 이념에 기반한 소농 사회 출현이다. 연구자들이 전통 촌락이 만들어진 시기를 조사한 결과, 평지 마을의 건립 시기는 15세기가 다수를 차지한 반면, 계곡에 들어선 마을은 17세기 이후에 집중된 것을 발견했다.[10] 계곡에 저수지와 보를 만들어 경제력을 쌓은 지방 양반들은 주자학을 적극적으로 수용하는 한편, 주민 자치와 상호 부조의 규약 및 벌칙을 규정한 향약鄕約을 도입하기 시작했다.[11]

주자학은 태어날 때 신분이 정해진다는 생각을 부정하는 대신, 배움과 수양을 통해 어진 본성을 완성할 수 있다는 논리를 지녔다. 하지만 현실에서는 신분제를 정당화하는 방향으로 작동했는데, 본성理은 같지만 기질氣의 맑고 탁함에 차이가 있다며 귀천을 나누는 근거로 활용됐기 때문이다. 또한 과거 제도를 통해 벼슬자리를 얻는 것을 가장 중요한 목표로 두었기에, 기본적으로 체제에 순응하려는 성격을 지니게 되었다. 특히 향약을 통해 신분 질서를 준수하도록 강제했기에, 사회의 안정성은 그 어느 때보다 높은 수준을 이루게 된다.[12] 실제로 17세기 과거 급제자 중에서 지방 출신이 압도적인 다수를 차지한 것으로 나타난다.[13] 병자호란 이후 홍경래의 난까지, 거의 150년 이상 이렇다 할 반란 없는 평화의 시기가 찾아온 것이 우연의 산물만은 아니었던 셈이다.

토지 소유권의 강화와 농업 생산성의 향상이 가져온 세 번째 변화는 상업의 발달이다. 쌀농사를 지어 본 사람은 잘 알겠지만, 모내기 철이나 수확 철처럼 노동력이 집중적으로 투입되는 시기 외에는 시간 여유가 꽤 있는 편이다. 특히 쌀 수확량이 이전보다 늘어난 덕분에, 모든 농가가 쌀농사를 지어야 할 이유도 줄어들었다. 소작농의 경우 소작미를 낼 정도만 쌀농사를 짓고, 담배나 인삼 그리고 면화와 같은 상품 작물을 키우는 사례가 생겼다. 조선 전기부터 정부가 그토록 금속 화폐 발행을 위해 노력했건만, 조선 후기 숙종 때에 이르러서야 상평통보常平通寶가 널리 쓰인 이유가 여기에 있다.[14] 작은 공동체에서 모든 물건을 만드는 자급자족 시스템에서, 필요한 물건을 시장에서 구매하고 거래하는 세상으로 바뀌면서 금속 화폐의 필요성이 높아진 것이다. 특히 금속 화폐가 있으면 쌀과 면포 그리고 굴비 등의 가격을 쉽게 표시할 수 있고, 또 오래 가지고 있어도 부패하지 않아 시간을 두고 거래 상대를 찾을 수 있다는 장점이 있어, 상거래를 더욱 촉진하게 되었다.

그러나 태평성대가 영원히 지속될 수는 없었다. 삼남 지방의 양반들이 모내기와 상업 작물 재배로 돈을 벌기는 했지만, 지방 양반들의 벼슬길이 점점 막히기 시작했다. 순조부터 철종 때까지 과거 시행 건수가 줄어든 것은 물론, 증광시增廣試와 직부전시直赴殿試 등

비정기 시험에서 한양 합격자가 각각 60%와 72%를 차지했다.[15] 참고로 증광시는 경사가 있을 때 실시하는 비정기 시험이며, 직부전시는 문과 급제자의 아들이나 왕의 측근 등 특수한 계층을 대상으로 치러진다. 두 시험 모두 한양에 기반을 둔 특권 계층에게 유리한 구조를 지니고 있으며, 지방의 양반은 응시 기회를 잡기가 힘들었다. 정조 사후 3대에 걸쳐 어린 임금들이 제위에 오르며 왕의 권위가 추락하는 가운데, 매관매직이 노골적으로 이뤄지며 과거 시험은 허울만 남게 되었다.[16]

한양과 지방의 토지 가격 양극화 현상도 정치적 불안정을 부추겼다. 〈그림 1-1〉은 1700년부터 1900년까지 실질 토지 가격의 흐름을 보여 주는데, 20세기 초반까지 실질 토지 가격이 지속적인 하락세였음을 알 수 있다.[17] 반면 같은 기간 수도 한양의 주택 가격은 급등세가 이어졌다. 예시로 세종대왕의 형인 효령대군의 후손이 소유했던 종로의 기와집 가격을 살펴보자. 이 집은 180년에 걸친 거래 이력이 남아있는데, 1724년의 집값은 은화 300냥(동전 약 600냥에 해당)이었지만, 19세기 중반까지 서서히 상승하더니, 19세기 말에 이르러서는 가격이 2만 8,000냥으로 폭등했다.[18] 한양의 집값 변화를 다룬 흥미로운 책《시시콜콜 조선 부동산 실록》에서도 비슷한 정보를 제공한다. 한양 성곽 안에 있는 작은 집 한 채의 가격이 1804년에는 1,050냥이었다가, 1830년에는 1,250냥, 1831년에는 1,500냥까지 치솟은 데 이어, 1861년에는 2,300냥을 넘어섰다.[19] 특히 흥미로운 점은 짧은 시간에 잦은 매매가 이뤄진

그림 1-1 18~19세기 실질 토지 가격 추이

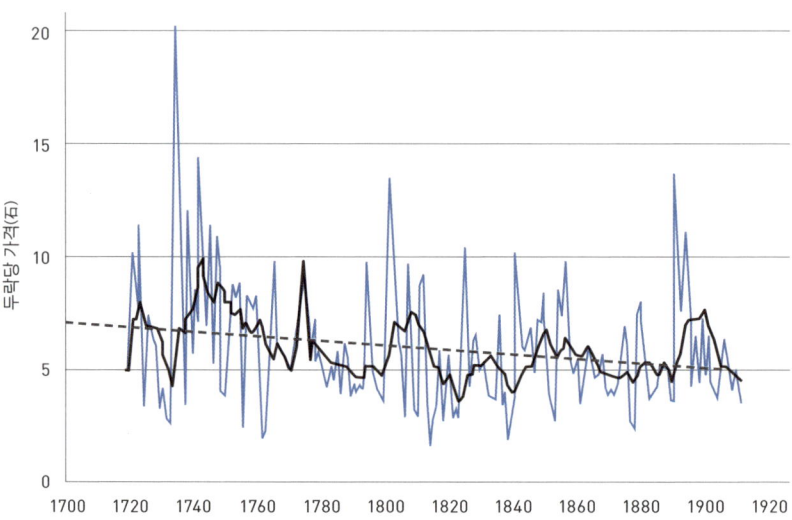

주 1: 점선은 전체 추세선, 굵은 실선은 10년 단위 평균 추세선이다.

주 2: 석(石)은 곡물의 부피를 재는 단위로, 1석은 10두(斗), 100되(升)에 해당한다. 약 180리터이며, 쌀 기준으로는 144
　　　킬로그램에 해당한다. 조선 시대 곡물 거래와 세금 징수의 기본 단위로 사용되었다.

출처: 한국은행, 국토교통부, 프리즘 투자자문 작성.

것인데, 심지어 3개월 혹은 8개월 간격으로 매매가 이뤄진 경우
도 있었다고 한다.[20]

　지방의 토지 가격이 하락하는 데 한양의 집값만 오른 가장
직접적인 이유는 인구 집중 때문이었다. 공식적인 한양 인구는
1669년에 22만 명에서, 1770년대에 30만 명, 1820년대에 35만 명
수준으로 늘어났다. 이는 상품 경제의 발달에 따른 도시화 현상으
로 설명할 수 있다. 특히 조선 왕조가 한양 성곽 주변에 새로운 주

그림 1-2 한성부 장통방 정만석계 소재 가옥 매매 가격, 1690~1796년

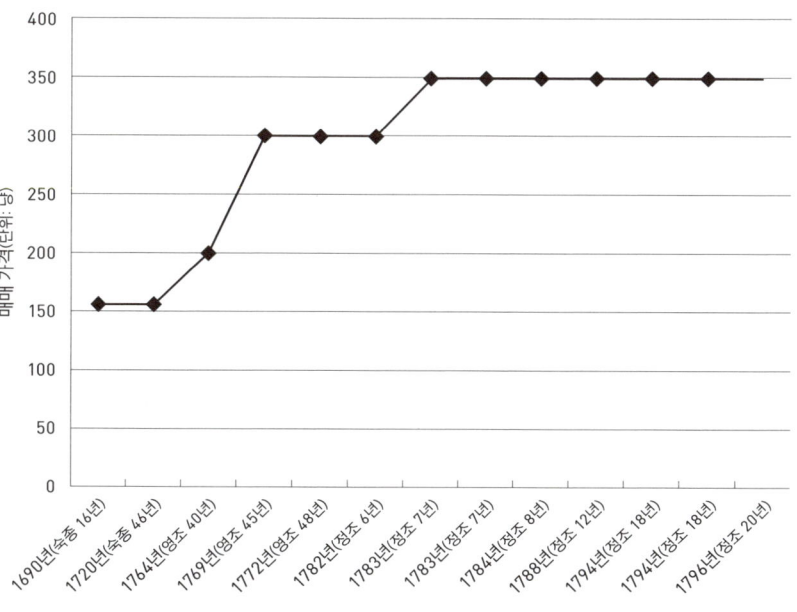

출처: 양진석(2008).

택 지구 건설을 엄격하게 금지한 것도 주택 가격의 상승을 부추겼다. 그러나 18세기가 되면 당국의 개발 억제 정책이 수포로 돌아가며, 약 8만 호의 가옥이 주변에 건설되기에 이른다.[21] 그럼에도 한양의 집값 상승을 막을 수 없었으니, 그 주된 원인은 19세기 초를 고비로 시작된 강력한 인플레였다.

19세기 초 조선에서 발생한 인플레의 가장 직접적인 원인은 내란이었다. 한양의 세도 가문만 경제 성장의 과실을 만끽하는 동

그림 1-3 한성부 장통방 정만석계 소재 가옥 매매 가격, 1800~1871년

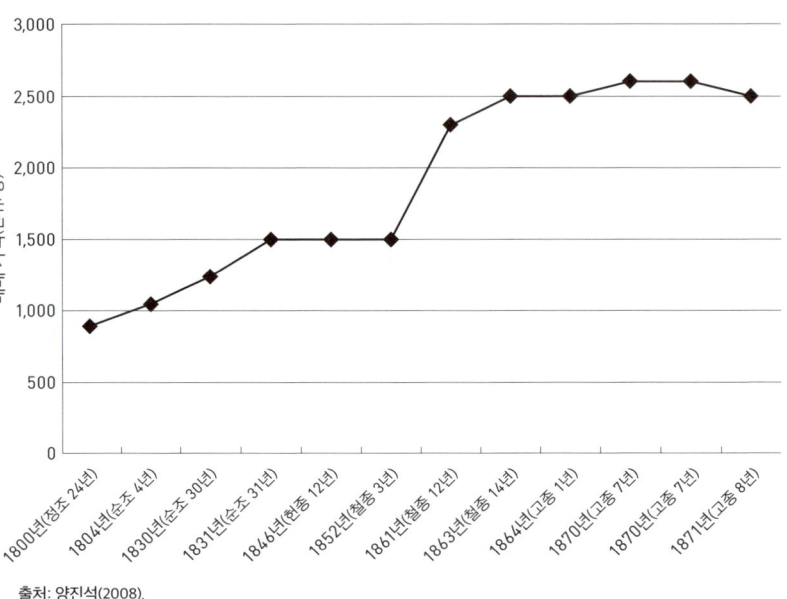

출처: 양진석(2008).

안, 토지 가격의 하락과 과거 제도의 붕괴로 몰락한 지방 양반들의 불만이 터져 나온 것이다. 1811년 홍경래의 난* 그리고 1862년 전국적으로 일어난 임술 농민 봉기**를 주도한 사람은 모두 몰락 양반이었다. 세도 정치 시작 이후 과거 시험을 통해 신분 상승을 꿈꿀 수 없게 된 고학력자들이 사회의 불만 세력으로 변화한 셈이다.

*   1811년 평안도 지역에서 홍경래가 일으킨 반란으로, 평안도 지역의 차별과 과거제 부패에 대한 불만이 원인이 되어 발생했다.
**   1862년 2월 4일 단성을 시작으로 3월 진주에서 폭발해 경상도, 전라도, 충청도 등으로 확산돼 전국적으로 일어난 농민 봉기다. 탐관오리의 수탈, 삼정(진정, 군정, 환곡)의 문란, 세도 정치의 폐해 등이 주요 원인이었다.

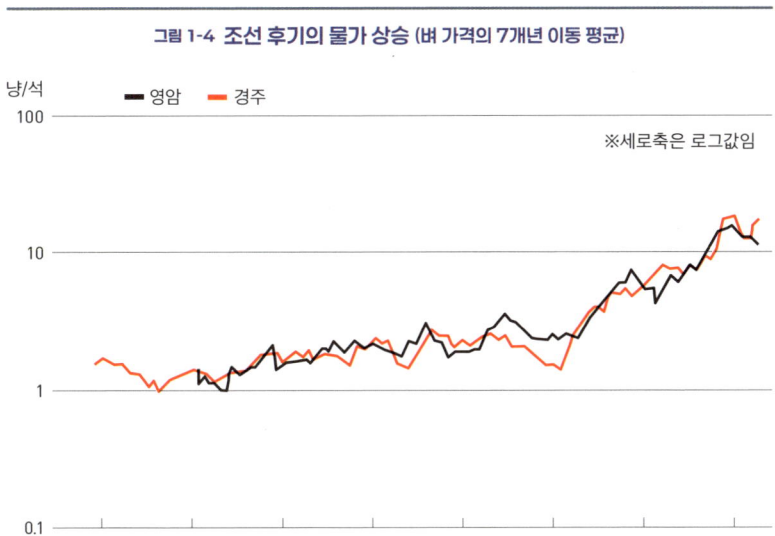

그림 1-4 조선 후기의 물가 상승 (벼 가격의 7개년 이동 평균)

출처 1: 이영훈(2004), 《수량경제사로 다시 본 조선후기》.
출처 2: 한국경제(2014. 08. 22.), [경제학자가 본 한국사] (24) 19세기의 위기.

여기에 더해 생태 위기도 인플레를 유발했다. 숙종 때부터 《조선왕조실록》에 동탁童濯(민둥산, 산에 수풀이 전혀 없는 상태를 뜻함)이라는 표현이 빈번하게 등장한다.[22] 삼림 황폐 기록이 숙종 때 많이 나타난 이유는 17세기에 도래한 소빙하기로 온돌이 널리 보급되었고, 땔감 소비가 늘어나 삼림이 황폐해졌기 때문이다.* 문제는 이와 같은 삼림 파괴 기록이 17세기 초반에는 한양 도성 주변에 집중되다가, 황해도에서 강원도로 확산되고, 19세기 말에는 남

• 　17세기 소빙하기 때 벌어진 일은 '부록 Ⅰ'을 참고하길 바란다.

부 지방으로 확산된 데 있다. 그 결과 19세기 말과 20세기 초 조선을 방문한 외국인들은 하나같이 "조선의 산이라는 산은 거의 민둥산이기에, 조선에는 산이 없다고 해도 과언이 아니다."라는 표현을 남길 정도였다.[23] 삼림이 황폐해지면 홍수와 가뭄의 피해가 커 수확량이 줄어들 것이며, 이는 다시 토지 가격의 하락을 유발한다.

그런데 빈번한 내란과 산림 황폐화는 동일한 원인, 즉 부패에 기원을 두고 있다. 이 문제는 정착형 강도와 이동형 강도라는 두 가지 정치 시스템에 비유하여 이해할 수 있다.[24] 이동형 강도roving bandit란 여러 지역을 돌아다니면서 강도질하는 타입이고, 정착형 강도stationary bandit란 한 지역에 자리 잡고 주변에 사는 사람들을 꾸준히 터는 타입이다. 경제 성장의 관점에서 보면 정착형 강도가 이동형 강도보다 덜 나쁘다. 정착형 강도는 키워서 잡아먹을 생각이지만, 이동형 강도는 그런 장기적인 계획이 없기 때문이다. 몽골 제국의 초기처럼, 이동형 강도는 상대가 죽든 말든 상관 않고, 빼앗아 갈 수 있는 것은 모조리 빼앗고 죽이며 파괴한다. 그러나 정착형 강도의 입장은 다르다. 수탈 대상이 죽어 소멸해버리면 정착한 강도도 굶어 죽기 때문이다. 따라서 정착형 강도는 자신의 영향권 안에 있는 사람들이 열심히 일하고, 투자도 하며, 새로운 기술도 개발할 수 있는 환경을 제공해 주려고 노력한다.

이런 측면에서 볼 때, 19세기 세도 정치는 이동형 강도의 특성을 보인다. 다른 양반들에게 파이(과거 시험 합격과 좋은 벼슬)를 나뉘 주지 않은 것은 물론, 빈번한 홍수와 가뭄을 막기 위한 기본적인 역할도 게을리했으니 말이다. 따라서 조선 경제의 '19세기 위기'는 인구 증가에 따른 맬서스 함정Malthusian trap ● 외에 내부적 문제도 큰 영향을 미쳤다고 볼 수 있다. 특히 전국 평균으로 측정한 실질 논 가격은 지속적인 하락세를 보였는데, 반란으로 경제가 마비되고 생태 위기가 발생하여 논농사를 지음으로써 기대할 수 있는 수익이 시원치 않았기 때문이다. 반면 한양의 집값은 19세기 내내 상승해, 이때부터 "집은 한양에 사 두어야 한다."라는 인식을 심었다. 이 인식은 일제 강점기와 한국전쟁을 거치면서 더욱더 확고해져, 역대 정권이 서울 문제로 골머리를 앓는 출발점이 되었다.

● 인구는 기하급수적으로 늘어나는 반면, 식량은 산술급수적으로만 늘어나기 때문에 인구 과잉으로 인한 기근과 빈곤이 필연적으로 발생한다는 이론이다. 산업 혁명 이전에는 대부분의 사회가 이러한 함정에 갇혀 있었다.

요약 및 교훈

조선 후기, 경제와 사회 전반에 대단히 큰 변화가 출현했다. 모내기가 시작되면서 토지 생산성이 향상된 데다, 정부가 개간과 개척을 장려하는 과정에서 토지 소유권이 상당 부분 강화되었기 때문이다. 이 결과 17세기 말부터 조선 사회는 강력한 경제 성장을 이룰 수 있었다. 소빙하기 충격이 마무리된 후 인구가 늘어나고, 상품 시장이 성장하며, 화폐 경제가 활성화된 것이 이를 입증한다. 경제 성장과 인구 증가 덕분에 한양의 집값은 18세기부터 19세기 내내 상승했지만, 토지 가격은 18세기부터 개항기까지 지속적인 하락을 경험했다. 한국 사람들이 이토록 '서울'을 선호하는 현상은 매우 오랜 기원을 두고 있는 셈이다.

나라님이 당백전 찍어낼 때, 내 재산을 지킬 방법은?

2장

19세기 위기가 절정에 도달할 무렵, 흥선대원군이 등장했다. 그는 위기를 해결하기 위해 사원 철폐 등 다양한 개혁 정책을 시행했지만, 결과적으로 더 큰 문제를 만들었다. 1866년 10월, 우의정 김병학金炳學이 경복궁 재건 등으로 야기된 재정난을 타개하기 위해 당백전當百錢•의 주조를 건의해 허가받은 게 가장 대표적인 실책이다.[1] 당시 흥선대원군은 왕권 강화를 목적으로 경복궁 재건에 힘썼고, 밖으로는 서구 열강의 침탈에 대비하기 위해 군비를 증강했다. 두 사업 모두 대규모 재원이 필요하였기에, 실질적인

• 당백전의 발행은 당대에도 악명이 높아 '땅전', '땅돈' 등으로 불렸으며, 이는 푼돈을 뜻하는 '땡전'이라는 말의 어원이 되었다.

가치(동전에 투입된 구리 양)가 기존 상평통보와 비슷하나 액면 가치는 100배에 달하는 당백전을 주조하여 유통하는 파격적인 방법을 취했다. 돈을 찍어 내서 대포를 사고 근로자들에게 임금을 지급하면 재정난을 해소할 수 있다고 보았던 것이다.

일부 당국자들은 당백전이 쌀이나 삼베 그리고 목재와 같은 생필품의 가격 상승을 유발할 것이라고 걱정했지만, 당백전 주조를 막지는 못했다. 당백전은 1867년 1월부터 유통되었고, 주조는 그해 6월까지 이뤄져, 발행 총액은 1,600만 냥에 이르렀다. 경제 규모는 그대로인데 화폐 발행 규모가 수십, 아니 백배 가까이 증가함에 따라 강력한 인플레가 발생했다. 쌀값이 단기간에 5~6배 상승하는 가운데 강력한 매점매석이 시작되었으며, 민간에서 당백전을 기피하고 기존의 상평통보를 비축함으로써 물물 경제 상태로 회귀하고 말았다. 결국 1868년 10월 당백전의 통용이 중단되었지만, 한번 잃어버린 신뢰는 회복되지 않았다.

1876년 강화도 조약을 계기로 외국과의 무역이 늘어나면서 화폐 시장의 혼란이 일단 봉합되었다. '봉합'이라는 표현을 쓴 이유는 동아시아 지역에 유통되던 멕시코 은화, 일본 은화, 일본 지폐 등 외국 화폐가 지배적인 위치를 차지하게 되었기 때문이다.[2] 특히 멕시코 은화는 아메리카를 비롯해 필리핀, 중국, 인도차이나 등 동남아시아 각지에서도 널리 유통되었는데, 멕시코 은광의 대규모 생산 덕에 순도가 일정했기 때문이다.[3] 그러나 위조된 멕시코 은화가 많아지면서 신용이 점점 떨어져, 결국 일본 은화가 지배적인 지위를 차지했다.

물론 조선도 손을 놓고 있었던 것은 아니다. 1883년에는 화폐조례육조의 시행으로 근대적인 화폐 제도가 도입되고 당오전當五錢이 발행되었다.[4] 1892년에는 신식화폐조례新式貨幣條例로 은 본위 제도가 도입되었으며, 새로운 화폐인 백동화白銅貨가 발행되었다. 그러나 백동화에 대한 신뢰를 얻는 데 실패하여 1894년에 화폐의 가치를 1/5로 절하하고 일본 화폐를 합법적으로 유통하기에 이르렀다.

당백전 발행으로 촉발된 혼란이 진정되고 개항이 가져온 '분업 촉진' 효과가 나타나면서 강력한 경제 성장이 출현했다. 일부 학자들은 개항이 한국 경제를 약화하고 식민지화를 초래했다고 주장하지만, 경제학 이론에 입각해서 볼 때 교역은 경제의 소득 수준을 높이는 결과를 가져온다.* 〈그림 2-1〉은 19세기 말부터 1940년까지 조선의 수출과 수입 흐름을 보여 주는데, 대단히 강력한 성장이 나타난 것을 발견할 수 있다.[5]

흥미로운 것은 1911년 조선의 국내 총생산gross domestic product(이하 'GDP')에서 제조업이 차지하는 비중이 이미 4.4%에 이르렀다는 사실이다.[6] 참고로 농업 비중은 67.8%, 서비스업 비중

• 　교역 및 분업의 증가가 가져오는 긍정적 효과에 관해서는 '부록 II'를 참고하길 바란다.

그림 2-1 조선의 수출과 수입, 1885~1943년

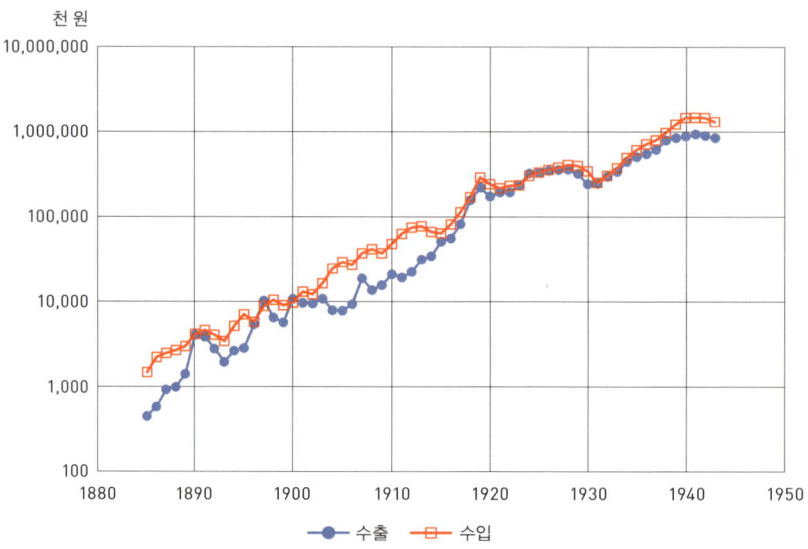

출처: Duol Kim and Heejin Park(2021).

은 25.5%이니, 전형적인 저개발 국가 경제 구조임이 분명하다. 조선 정부가 수입 제품 관세를 매우 낮게 매긴 탓에, 대거 수입된 해외 상품에 치여 조선 상품의 경쟁력이 약화된 것은 분명한 사실이다. 그럼에도 제조업의 비중은 줄어들지 않았다. 외국 상품에 제조업 기반이 붕괴되었을 것이라는 일각의 주장이 빗나간 이유는 바로 '경쟁'이었다. "지방 농민의 부유한 자 중에는 자국의 면을 제조하여 손으로 목면을 짜거나 또 면화를 충분히 가지지 못한 자는 해외에서 방적사를 매수하여 수직手織의 재료로 삼는 것이 증가했다."라는 일본 측 기록이 나올 정도였다.[7] 조선 말, 무능

그림 2-2 남성 행려병사자의 신장과 다른 통계 비교:
1850년대부터 1910년대까지의 출생 코호트

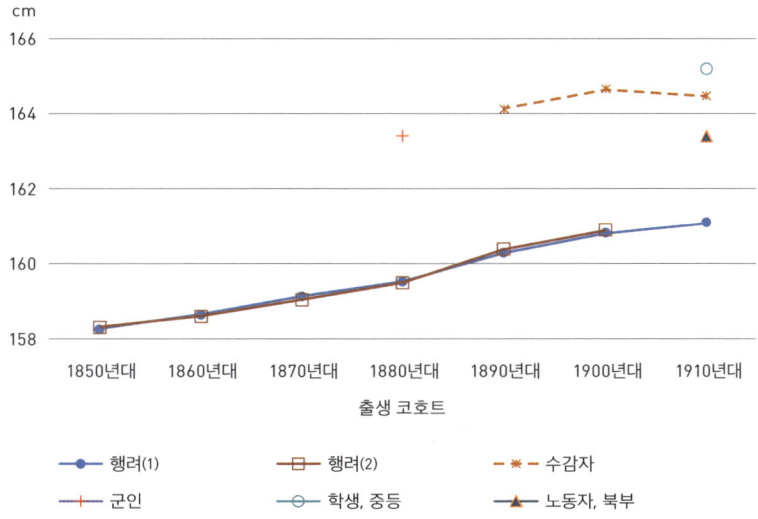

주 1: 출생 코호트란 태어난 시기를 기준으로 분류한 것을 뜻한다. 가로축에서 '1850년대'는 1850년대에 태어나 25세가
된 사람들의 신장을 나타낸다.
주 2: 행려 사망자(1)과 (2)는 각각 다른 통계에서 가져온 값이다.
출처: Duol Kim and Heejin Park(2021).

한 통치자들 때문에 경제가 엉망이 되기는 했지만, 개항을 기회로
활용하려는 사업가들의 의욕을 꺾을 수는 없었던 셈이다.

물론 1911년 이전에는 제대로 된 경제 통계가 존재하지 않았
기에, 개항기 조선 경제의 상황을 정확하게 파악하는 것은 불가
능하다. 대신 정부에서 조사한 행려병사行旅病死 통계를 통해 실질
적인 생활 수준의 변화를 간접적으로 파악할 수 있다. 참고로 행
려병사란 떠돌아다니다 타지에서 병들어 죽는 것을 뜻한다. 죽은

이가 어떤 원인으로 사망했는지, 그리고 원래 고향은 어디인지를 파악하는 것은 기본적인 행정 업무라 할 수 있다. 〈그림 2-2〉는 1850년대부터 1910년대까지 행려병사자의 신장을 측정한 것인데, 지속적인 증가를 발견할 수 있다. 영양 섭취가 개선되면서 한국 젊은이들의 키가 쑥쑥 큰 것처럼, 개항 이후 생활 수준의 개선이 행려병사자들의 키에서 확인된 셈이다.

학계에서도 일제 치하 경제 성장률이 어떤 수준이었는지를 둘러싸고 치열한 논쟁이 벌어진 바 있다. 1911년부터 1943년까지 식민지 조선의 GDP가 연 3.2% 성장했다는 일부의 추정을 두고 강한 반론이 제기되었던 것이다.[8] 식민지 시대 경제 성장을 비관적으로 보는 사람들의 핵심 주장은 "조선 후기의 경제 성장을 너무 낮춰 본 것이 아니냐?"라는 것이다. 즉, 연 3.2%나 성장했다고 하지만, 1910년대 초반을 제외하면 별다른 실질적인 성취를 발견하기 힘들다는 이야기다. 특히 일제의 집중적인 개간, 간척, 수리 투자가 이뤄졌던 1910년대 후반에 오히려 농업 생산량의 증가 속도가 둔화된 것을 지적하는 학자들의 주장이 합리적이라 판단된다. 따라서 일본 식민지 편입으로 인해 조선 경제가 성장한 것은 분명하지만, 1876년 개항으로 촉발된 근대적 성장의 발판 위에서 이뤄진 성과였던 것으로 판단된다.

개방과 화폐 시스템 안정 못지않게 재산권이 확립된 것도 경제 성장을 촉진했다. 1장에서 조선 후기에 재산권이 확립되었다고 이야기했지만, 현대와 비교하면 한계가 분명했다. 조선을 방문했던 외국인 선교사의 상당수가 지방관과 아전이 힘없는 농민에게 자의적으로 과도한 세금을 부과하고 재산을 빼앗는다고 지적한 것이 대표적인 사례일 것이다.[9] 따라서 조선 후기 자영농들의 최대 목표는 공명첩空名帖[*]을 사들이거나 족보를 조작하는 등 다양한 방법을 동원해 양반이 되는 것이었다. 지방관들은 쌀 몇 섬에도 양반의 지위를 팔아넘기고 있었기에 전체 인구에서 차지하는 양반의 비중이 일부 지역 기준으로 90% 이상에 도달해 사실상 '신분제'가 무너진 상황이었다.[10] 이처럼 양반이 압도적 다수가 되면, 양반이 지니는 특권도 약화되기 마련이다. 결국 지역 내에서 적절한 네트워크를 형성하지 않는 한, 언제든 재산권이 흔들릴 위험에 노출되어 있었다.

이런 면에서 1911년부터 시작된 일제의 토지 조사 사업은 재산권 측면에서 역사적인 사건이었다. 필자가 학교에 다니던 시절에는 조선 총독부가 토지 조사 사업을 통해 조선 사람들의 땅을 마음대로 빼앗았다고 배웠지만, 최근 연구에 따르면 분쟁의 대상이었던 토지는 전체 조선 땅의 0.05%에 안팎에 불과했고, 분쟁 대상 토지 대부분이 궁방전宮房田[**] 등 조선 왕실의 땅을 둘러싼 것이

---

[*] 조선 시대에 있었던 매관매직 제도의 일종으로, '공명'이란 이름이 비었다는 뜻이고, '첩'이란 임명장을 뜻한다. 나라의 재정을 보충하기 위해 부유층으로부터 돈이나 곡식을 받고 허직(명예직)을 파는 용도로 쓰였다.

[**] '궁방'은 왕실의 일부인 궁실과 왕가에서 분가하여 독립한 대원군, 왕자군, 공주, 옹주가 살던 집을 통틀어 이르던 말로, '궁방전'은 궁방에 소요되는 경비와 제사 비용을 위하여 지급하던 토지를 말한다.

었다고 한다.[11] 토지의 소유권을 둘러싼 다툼이 그렇게 많지 않았다는 것은 결국 조선 후기부터 토지 소유권이 상당 부분 확립되었음을 뜻하며, 일제의 토지 측량 사업이 큰 문제 없이 추진되었음을 시사한다.*

재산권 확립과 더불어 삼림에 대한 남벌이 억제되기 시작한 것도 중요한 포인트다.[12] 1907년 조선 통감부는 모범 식림장植林場을 설치하는 한편, 1908년 봄에는 서울 창의문 근처 청운동에서 5정보**(15,000평) 규모의 땅에 나무를 심는 대대적인 사방 공사를 시작했다. 더 나아가 1930년 강원도의 숲에 불을 지른 후 농사를 지은 사람을 검거한 사례가 확인되는 등 지방까지 공권력의 행사가 이뤄진 것도 확인할 수 있다.[13]

특히 흥미로운 것은 1918년 일본의 쌀 파동 문제를 해결하는 데 조선이 큰 기여를 했다는 점이다.[14] 1914년 세계대전 발발 이후, 일본 경제는 군수 물자 공급의 기회를 잡으며 큰 호황을 누렸지만, 도시와 군대로 젊은 노동력이 흡수되어 심각한 쌀 부족 사태가 발생했다. 때를 놓치지 않고 조선의 지주들이 쌀 수출에 열을 올림으로써, 서울의 쌀값은 1910년 이후 8년 만에 2.8배 상승했다.[15]

조선의 쌀 수출 붐에는 프리츠 하버Fritz Haber가 발명한 질소 비

---

* 　일제가 토지 조사 사업을 추진한 내밀한 이유에 관해서는 '부록 Ⅲ'을 참고하길 바란다.

** 　토지 넓이의 단위로, 1정보는 3,000평에 해당한다.

료 합성 기술이 결정적 기여를 했다. 1913년 처음으로 상업적 목적의 비료 공장이 독일에 만들어진 데 이어, 1923년에는 일본에, 그리고 1927년에는 조선 흥남에 공장이 건설되었다. 1945년 광복 당시 연간 44만 톤의 비료를 생산할 정도로 생산성이 향상됨에 따라, 조선의 쌀 생산량은 비약적으로 늘어났다.[16] "비료 한 가마가 쌀 다섯 말에 해당하는 값이지만, 이를 논에 뿌리면 2배의 수확량을 거둘 수 있으니, 이를 쓰지 않으면 손해"라는 인식이 퍼졌다. 특히 비료는 지주보다 소작인들이 더욱 열성적으로 사용했다는 기록이 나오는데, 즉각적인 수확량 증가를 기대할 수 있기 때문일 것이다. 이 과정에서 19세기 초부터 시작된 토지 가격의 하락이 멈췄다.[17] 지가 상승이 일본인의 대대적인 토지 매수뿐만 아니라, 두락斗落(마지기)•당 소작료 및 곡물 생산량의 급격한 상승 덕분이었음을 알 수 있다.

쌀 수출이 생산량 증가 속도보다 빠르게 늘어남에 따라 불평등이 심해졌다.[18] 1910~1937년 조선 사람들의 사망자 중 50세 이상이 차지하는 비중은 26~29% 수준에서 큰 변화가 없었던 반면, 일본인은 33~38% 수준을 기록했다.[19] 이 비율이 중요한 이유는 노환으로 인한 사망인지 아니면 사고 혹은 유년기의 영양실조 등으로 사망한 것인지를 구분하기 위함이다. 사망자 중 50세 이

• 논밭 넓이의 단위로, 한 말의 모 또는 씨앗을 뿌릴 수 있는 넓이를 뜻한다. 지방마다 다르나 논은 약 150~300평, 밭은 약 100평 정도다.

그림 2-3 두락당 지대량의 장기 추세

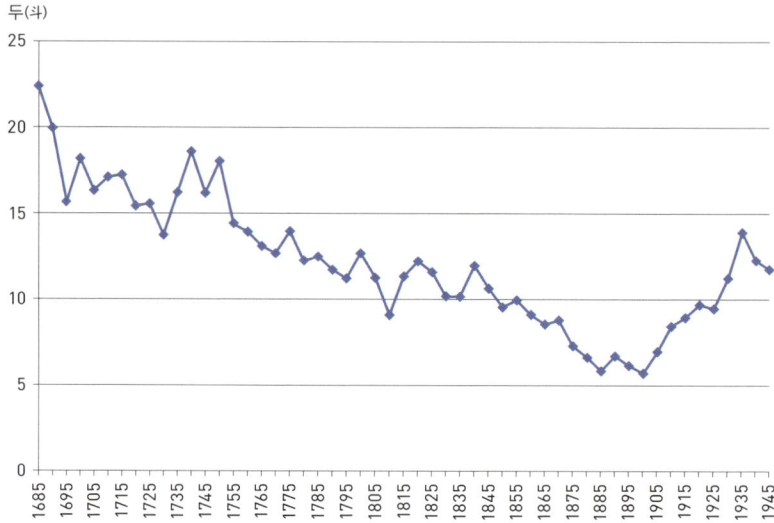

주: 두(斗)는 곡물 용량 단위로, 약 18리터에 해당한다.
출처: 이영훈(2012).

상이 차지하는 비중이 적다는 것은 그만큼 젊은 나이에 사망하는 사람이 많다는 의미다. 이 기준에서 볼 때 일본인과 조선 사람 사이의 소득 및 생활 수준의 격차가 매우 컸음을 알 수 있다. 나아가 사업의 기회 면에서도 상당한 불평등이 존재했다. 1947년 미군정은 조선 총독부와 일본인이 보유한 토지 2,780제곱킬로미터를 58만 7,974가구에 매각했는데, 이는 남한 농업 인구의 24.1%에 해당하는 규모였다.[20] 서울시 면적이 600제곱킬로미터이니, 일본인이 보유한 토지가 얼마나 많았는지 알 수 있다.

이처럼 불평등이 심해졌음에도, 개항기부터 시작된 경제 성장의 과실이 집중적으로 떨어진 지역도 있었다. 독자분들이 예상하는 것처럼, 서울이 최대의 수혜지였다. 1916년에 25만 명이던 서울의 인구는 22년 뒤인 1938년에 70만 명으로 약 2.8배 늘어났다.[21] 특히 1906년 토지 가옥 증명 규칙, 1912년 조선 부동산증 명령 및 부동산 등기령 등이 제정되면서 토지 외에 주택에 대한 소유권이 명확해진 것도 큰 변화를 불러온 요인이다.[22] 물론 조선 시대에도 문기文記*를 통해 주택 소유권이 기록되었지만, 문기를 위조하거나 심지어 훔치고 빼앗는 경우도 있어 소유권 분쟁이 끊이지 않았다. 따라서 식민지 시기의 주택 소유권 확립은 잠재적인 주택 매수자들의 행동을 촉발하는 결과를 가져왔다.

이 책은 부동산의 역사를 다루고 있지만, 식민지 시대 주택 가격 변화를 정확하게 제시하는 것은 불가능하다. 통계가 많지 않은데다, 한국전쟁을 거치면서 멸실된 경우가 많기 때문이다. 다만 서울의 몇몇 지역에서는 분양가의 변화를 확인할 수 있는데, 대부분 폭발적인 가격 상승을 발견할 수 있다.[23] 예를 들어 용산구 후암동 토지의 지목이 전田으로 분류되었던 1910년대 말에는 지가가 평당 0.55~2.60원에 불과했지만, 지목이 주거지로 바뀌면서 실제 분양될 때는 10~36원까지 지가가 매겨졌다.

가격 상승에는 인구 증가뿐만 아니라 소비자의 눈높이에 맞춘 새로운 유형의 주택이 공급되었다는 점도 큰 영향을 미쳤다.

---

* 땅이나 집 따위의 소유권이나 그 밖의 권리를 증명하는 문서를 말한다.

그림 2-4 서울의 인구 추이

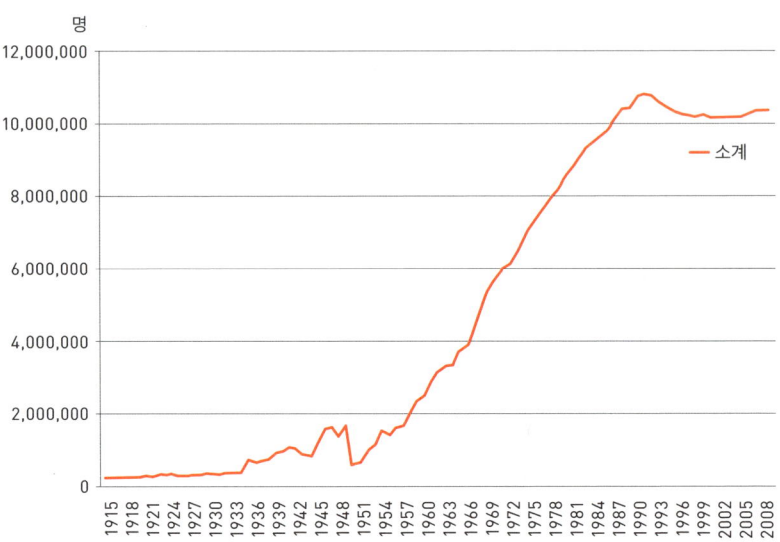

출처: 홍성열(2011).

특히 일본인의 매수 영향이 컸는데, 식민지 시기 서울 전체 토지 1,000만 평 중 사유지는 440만 평에 불과했지만, 일본인 소유 토지가 164만 평에 달할 정도였다.[24] 일본인의 주택 매수가 활발해지는 가운데 서울의 주택 시장에 세 번째 변화가 나타났다. '경성의 건축왕'으로 불렸던 정세권 등의 건설업자들이 짓기 시작한 개량 한옥인 건양주택建陽住宅이 종로구 가회동과 계동 일대에 집중적으로 공급된 것이다.[25] 건양주택은 중정(마당의 한가운데)을 둘러싼 형태로 건물이 배치되었는데, 집 안에 식당과 세탁장 하수구 등을 배치해 생활의 편리를 도모한 것이었다. 즉, 한옥의 모습을 그대로 살리면서 생활 편의성을 높인 형태였다. 반면 후암동을 중심으로는 새로운 주택 단지가 만들어졌는데, 일본인에 의해 재해석된 서양식 주택으로, 이를 문화주택이라고 부른다.[26] 이 지역의 주택은 서양식 주택의 외관을 갖기 위해 노력한 흔적을 발견할 수 있으며, 내부에는 온돌을 수용하는 한편, 부엌과 화장실을 개량함으로써 큰 인기를 끌었다.

감당할 수 없을 정도로 부풀어 오르는 주택 가격과 인구 과밀에 대응해 일제는 한양 도성의 동북쪽 관문이었던 혜화문 일대에 신도시를 만들기로 결정했다.[27] 1945년 해방을 맞이할 때까지 10개 지구에 여의도의 6배에 해당하는 면적(18제곱킬로미터)이 공급되었다. 영등포와 대방을 제외한 8개 지구는 모두 강북에 있었다. 5개(돈암, 신당, 용두, 청량리, 사근)는 도심 동북쪽, 2개(대현, 공덕)는 도심 서남쪽, 1개(한남)는 도심 남쪽에 있었다. 특히 1936년에 고양군 숭인면과 연희면 등을 서울로 편입해 행정 구역을 3.5배로 확장하여 거대 도시의 출발점을 만들었다. 1970년대의 강남 개발, 1980년대 말부터 시작된 수도권 신도시 개발은 어쩌면 식민지 시대에 기원을 두고 있는 셈이다. 그러나 1937년 중일전쟁*부터 '총력전' 경제로 돌아가면서 경제 성장이 멈춘 것은 물론, 강력

●   1937년 7월 7일부터 1945년 9월 2일까지 중화민국과 일본 제국 사이에 벌어진 전쟁으로, 1941년 태평양전쟁 발발 이후 제2차 세계대전의 일부가 되었다.

한 인플레가 출현해 짧았던 호황은 끝나고 말았다. 북촌마을을 건설한 정세권이 "중일전쟁 뒤부터 집 매매는 중지 상태에 빠지고, 집값은 20%가량 떨어졌다."라고 회고할 정도였다.[28] 특히 1939년 조선 총독부가 강력한 임대료 통제 정책을 펼친 것도 주택 시장에 큰 충격을 준 요인으로 작용했다.[29]

🏢 요약 및 교훈

식민지 시대 우리 경제는 큰 변화를 맞이했다. 일제와 일본인에 의한 경제 침탈과 지주 계층의 소득이 쌀 수출 덕분에 크게 증가함으로써 사회 전반의 불평등이 심해진 것이다. 특히 농업 생산성의 향상으로 토지에 기반을 둔 부자들이 형성되고, 이들은 서울의 부동산 매수에 열을 올렸다. 물론 서울 주택의 상당 부분을 일본인이 소유한 것은 분명한 사실이었지만, 부유층의 요구에 맞춘 문화주택 등이 공급되면서 더 살기 좋은 도시로 변모하기 시작했다. 이 과정에서 서울의 집값은 폭등했고, 일제는 행정 구역 확대와 신규 택지 개발에 나섬으로써 서울을 둘러싼 "끝없는 신도시 개발"의 역사가 시작되었다.

장남만 상속받으라는
법 있나요?

3장

일제 강점기를 거치면서 과거에 비해 토지 소유권이 확립되기는 했지만, 오랫동안 뿌리내린 문화는 흔들리지 않았다. 돌아가신 아버님은 술 한잔 걸치시면 "대구 시내 페인트 가게를 그렇게 접는 게 아니었다."라는 후회를 털어놓으시곤 했다. 나중에 자초지종을 들어 보니, 홀로 객지에 나와 번 돈으로 세운 기업을 집안의 높은 분에게 넘겼다는 이야기였다. 물론 일정 대가를 받았지만, 잘되는 사업을 접고 낯선 분야로 전환하는 게 쉽지 않은 결정이었음이 분명하다. 지금은 상상할 수도 없는 이야기이지만, 종갓집이 잘되어야 집안이 일어난다는 분위기가 조성되어 있었기에, 거역할 용기를 내기가 쉽지 않았으리라 생각된다.

이 일화가 보여 주듯, 전후 한국 사회는 가족주의적인 경향이 압도적인 영향력을 발휘하고 있었다. 가족주의 사회에서는 친족 집단의 모든 구성원이 토지를 공동으로 소유하고 상속하는 경향이 있기에 재산권이 제대로 형성되기가 쉽지 않다.[1]

이런 문화가 형성된 이유는 전쟁과 기아로 생존이 위협받을 때 가족주의적 문화를 형성하는 게 유리하기 때문이다. 그 결과 '우리 집안' 사람끼리 뭉치고, 다른 이들을 배타하며, 집안 전체의 이익을 위해 개인적인 이해관계를 억누르는 게 일상화되었다. 이런 문화가 만들어 낸 비극 중 하나로, 조선 후기 열녀문이 전국 각지에 만들어진 것을 들 수 있다.[2] 이는 재혼 여성의 자손이 관직에 오를 수 없기에, 남편 사망 후 자살하지 않고 살아 있는 젊은 여성을 멸시하고 억압했기 때문이다.

이런 면에서 볼 때, 1945년 한반도 남부의 미군 진주는 역사의 전환점이라 할 수 있다. 미국은 유교적 가족주의의 대척점에 선 문화를 지니고 있었다.* 독립전쟁과 남북전쟁 등 수많은 사건을 거치면서, 개인의 자유를 억압하고 재산을 빼앗는 제도에 대한 혐오가 뼛속 깊이 새겨졌기 때문이다. 이들은 부자들의 재산을 빼앗아 평등한 세상을 만들겠다는 공산주의 사상에 큰 반감을 품었기에, 여운형 등 좌파 지도자들이 주도한 조선인민공화국朝鮮人民共和國**의

• 미국 등 서구 선진국이 가족주의를 탈피하게 된 원인에 관해서는 '부록 Ⅳ'를 참고하길 바란다.
•• 1945년 9월 6일 여운형을 중심으로 한 건국준비위원회가 한반도에 선포한 임시정부이자 미승인 정부다. 좌익 세력만이 주도하는 형태가 되어 실질적인 권력을 행사하지 못했다.

존재를 처음부터 인정하지 않았다.[3]

　대신 공산주의의 확산을 막기 위해 약간의 타협은 얼마든지 허용할 준비를 하고 있었다. 미군정이 1946년에 소작인이 지주에게 내던 소작료를 그해 생산량의 1/3 수준으로 낮춘 데 이어, 1948년 초에 일본인과 조선 총독부가 보유하던 토지를 민간에 저렴한 가격으로 매각한 것이 이러한 배경에서 이해될 수 있다.[4] 미군정이 농지 개혁에 앞장선 이유는 세계대전 이후 공산주의가 소련에서 동유럽 그리고 중국으로 빠르게 확산된 원인이 토지 불평등에 있음을 파악했기 때문이다. 동아시아 미군정의 농업 정책 담당자인 울프 라데진스키Wolf Ladejinsky는 농지 개혁이 공산주의의 확산을 막는 핵심 수단이라고 수뇌부를 설득했다.[5]

"나는 1912년 초 러시아를 떠나기 전에 경험을 통해 얻은 교훈 때문에 이 일을 하게 됐습니다. 바로 농민들에게 토지를 돌려줌으로써 단호하게 토지 문제를 해결했다면, 공산주의자들은 결코 권력을 잡지 못했을 것이라는 교훈 말입니다."

　1946년 일본과 남한 그리고 필리핀을 통치하고 있던 더글라스 맥아더Douglas MacArthur 장군은 그의 주장을 받아들여, 일본 정부에 다음과 같이 지시했다.[6]

"수 세기 동안 농민들을 봉건적 억압에 시달리게 만든 경제적 구속을 철폐하기 위해 일본 황실과 정부는 농사를 짓는 사람이 노동의 결실을 누릴 수 있도록 보다 평등한 기회를 얻게 만드는 조처를 해야 한다. (…) 따라서 일본 정부는 1946년 3월 15일 전까지 농촌 토지 개혁 계획을 제출해야 한다."

일본마저 농지 개혁이 추진되자, 이승만 정부도 더는 농지 개혁을 미룰 수 없었다. 1949년 6월 통과된 농지 개혁법은 소유주가 직접 경작하지 않는 모든 토지, 그리고 3만 제곱미터(약 9,180평)가 넘는 토지를 재분배 대상으로 규정했다. 땅을 받은 농민은 향후 10년에 걸쳐 토지 평년 생산량의 150%를 납부해야 했다. (즉, 1년에 평년 생산량의 15%를 납부) 정부가 지주로부터 토지를 인수하면서 지급한 대금(지가 증권)의 상당 부분은 미국의 원조로 충당되었다. 1944년에는 상위 3%의 지주층이 약 64%의 토지를 보유하고 있었으나, 1955년에는 상위 6%의 지주층이 보유한 토지가 18%로 줄어들었다. 반대로 이 기간에 소작농의 비율은 49%에서 7%로 줄어들었다.[7]

자작농이 늘어나자마자 사회 혼란이 종식되었다. '지킬 것'이 생긴 사람들은 재산권을 위협하는 이에 저항할 것이며, 더 나아가 사회적 지위를 향상하기 위해 적극적인 노력을 기울이기 때문이다. 농촌 지역에 뿌리내린 가족주의 문화도 해체되기 시작했다. 토지 개혁으로 자기 땅을 가지게 된 사람들이 예전처럼 가문의 테두리 안에서 살아야 할 필요성이 사라졌기 때문이다. 1950년 4월,

주한 미국 대사 존 무초John Muccio가 농민이 더는 사회 불만 계층이 아니라 "가장 사회 안정을 바라는 계층"이라고 분석한 것이 사회 변화를 극명하게 보여 준다.[8] 1950년 6월 25일 북한의 남침이후, 남조선 노동당의 예상과 달리 대대적인 친북 무장봉기가 일어나지 않은 데에는 농지 개혁이 결정적 기여를 한 것으로 볼 수 있다.[9]

반면 동남아시아의 농업 대국인 태국과 필리핀은 토지 개혁이 제대로 이뤄지지 않아 성장이 정체된 것은 물론, 현재까지도 만성적인 정쟁 불안에 시달리고 있다. 예를 들어 태국 탁신Thaksin Shinawatra 전 총리를 지지하는 레드 셔츠 운동은 북부 지방을 중심으로 한 빈곤 농민층의 불만을 배경으로 하고 있다.[10] 2022년 필리핀에서는 민중 혁명으로 물러난 독재자 마르코스Ferdinand Marcos의 후임으로 그의 아들이 집권했는데, 필리핀 정치가 거대 지주 권력 독점하에 있음을 보여 주는 사례라 할 수 있다.[11]

농지 개혁은 정치와 사회에 안정을 가져왔을 뿐만 아니라, 생산성 향상의 효과도 가져왔다. 여기서 생산성이란 같은 면적의 농지에서 얼마나 많은 식량을 생산해 내는지 측정한 것이다. 예를 들어 1945년에 한 사람의 농민이 150평(한 마지기)의 논에서 쌀 2가마를 생산했는데, 1950년에 쌀 4가마를 생산했다면, 그의 생산성은 5년 만에 2배로 늘어났다고 볼 수 있다. 그렇다면 농지 개혁 이후 한국 농업의 생산성은 얼마나 개선되었을까? 학자마다 의견이 다르지만, 완만한 개선 흐름이 나타난 것은 분명해 보인다. 〈그림 3-1〉에서 점선은 헥타르 당 쌀 생산량을 보여 주는데, 일제 강점기에 비해 강력한 증가가 나타난 것을 발견할 수 있다.[12] 그러나 자본과 인력의 투입으로 설명할 수 없는 생산성 향상, 즉 총요소 생산성은 1970년대가 되어서야 일제 강점기 수준에 도달했다.

총요소 생산성은 기술 수준이나 협업 능력 등에 영향받는데, 농지 개혁 이후 기술 및 협업 능력의 하락이 나타난 것이다. 지주 계층이 사라지며 경영 능력을 갖춘 사람들이 사라진 데다, 비료와

그림 3-1 쌀 총요소 생산성과 면적당 소출

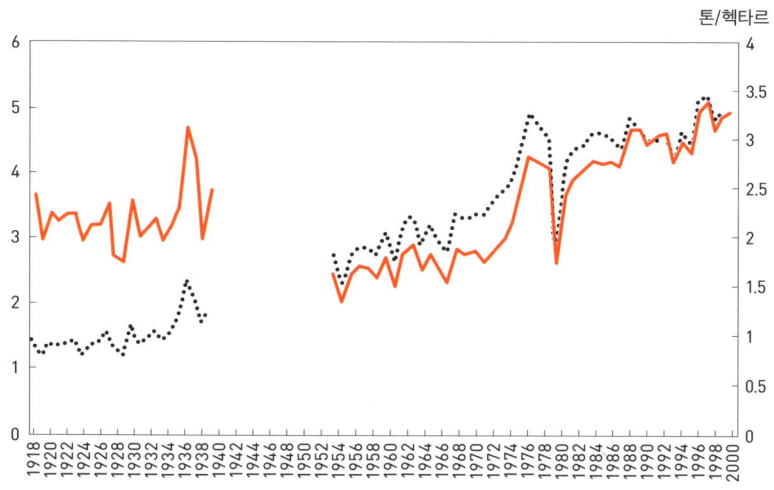

주 1: 실선은 총요소 생산성, 좌측.
주 2: 점선은 면적당 소출. 우측.
출처 1: 《한국의 장기통계》, G장.
출처 2: 차명수(2023).

농기구 등을 조달할 자본력이 없어진 것이 총요소 생산성 하락으로 이어진 셈이다. 그럼에도 의문이 풀리지 않는다. 기술 및 경영 능력이 떨어졌음에도, 단위 당 생산량이 늘어난 이유는 어디에 있을까? 이 수수께끼를 푸는 데는 1978년 중국 토지 개혁이 실마리를 제공한다. 자신의 토지를 갖게 된 농민들이 어떻게 생산량의 증가를 주도하는지 잘 보여 주기 때문이다.[13]

> 1978년 추수를 끝낸 후 안후이성 펑양현 샤오강촌 생산대(인민공사*)는 '조별 도급제'를 실행했으나, 작업조 내에서 작업량의 기록과 작업 태도 등에 대한 평가를 둘러싸고 분규가 끊이지 않아, 결국 모두 "차라리 해산하고 말자."라고 말하게 되었다. (…)
>
> 부대장 옌훙창이 마을의 큰 어른 관팅주의 집을 방문해 사태를 어떻게 해결할 수 있을지 조언을 구하자, 관팅주는 다음과 같이 대답했다. "1962년 잠깐 시행했던 책임전(각자 맡은 토지에서 생산을 극대화하는 제도)이 매우 좋았다. 서로 다투고 싸우지 않으려면 한 집씩 분리해야 한다. 겁나는 것은 정부가 허가를 안 해주는 것이다." (…) 1978년 11월 24일 밤, 샤오강촌 18호 농가는 협약서에 합의했다. 주요 내용은 다음

---

* 1958년에 설립된 중화인민공화국의 농촌 행정 경제의 기본 단위이다. 생산력 향상을 위해 필요한 노동력과 자본을 집중적으로 활용할 것을 목적으로 한 국가 계획 경제의 말단 조직으로, 1980년 무렵부터 경제적 역할을 줄여 나가고 있다.

과 같다.

"우리는 각 호 단위로 농지를 나누고, 각 호 호주가 서명하고 날인한다. 이후 가정마다 정부에 납부하는 공량 외에는 어떤 돈도 양식도 다시 요구하지 않는다. 상부와 외부에 비밀을 유지하고, 발설하는 자는 전 촌민의 적이다. 만일 실패하여 우리 간부들이 감옥에 가게 되면, 남은 사람들은 우리의 아이들을 18세가 될 때까지 양육할 것을 보장한다."

요약하자면 각 농가가 집단 농장 시스템을 중단하고, 개별적으로 농사를 짓기로 결정했던 셈이다. 물론 중국 공산당이 알게 되는 순간 곤욕을 치를 수 있으니, 비밀을 지키자고 굳게 맹세한 것이다. 그러나 놀라운 생산량 증가를 숨길 수는 없었다. 이전에는 농민들이 추수가 끝난 다음에 식량을 구하러 이곳저곳 구걸 다니는 게 일상사였지만, 협약 이후에는 비료용 쇠똥을 수집하기 위해 온종일 일했다고 한다. 그 결과 1979년에 생산된 양식 6.6만 킬로그램은 1966~1970년의 5년 치 생산량과 같았다고 한다.

이 대목에서 잠깐 후일담을 이야기하자면, 이 사건을 접한 안후이성의 성장 완리가 덩샤오핑鄧小平에게 개별 경작에 대한 허락을 받아내는 데 성공함으로써 역사적인 전환점을 만들어 낼 수 있었다.[14]

완　리　덩샤오핑 동지! 안후이성 대부분 지구에 8~9개월째 비가 안 왔습니다. 가뭄 피해를 입은 농지가 6,000만 무(약 120억 평)에 달하며, 400만 명에 달하는 사람들이 물 부족으로 곤란을 겪고 있습니다.

덩샤오핑   그렇다면 올가을에는 거의 수확이 없겠군요. (…) 구체적인 구제 대책이 있는가?

완   리   있습니다. 성 위원회는 안후이성 내에 방치된 황무지가 많다는 특성에 근거하여 토지를 임대해 보리를 경작하기로 했습니다. 인민공사가 경작할 수 없는 모든 토지를 사원들에게 임대하고, 국가는 양식 구매 등의 임무를 면제해 주기로 했습니다. (…)

덩사오핑   얼마나 좋은가! 사원들에게 토지를 많이 임대하고, 보리를 많이 심도록 하게.

완   리   어려움이 한 가지 있습니다. 어떤 사람은 저 완리가 모양새만 바꾸어 자본주의(개별 경작)를 한다고 욕하고 비난합니다.

덩샤오핑   완리 동지, 다른 사람에게 모자를 씌우고 딱지 붙이는 것밖에 모르는 사람들에게 이렇게 전하게. 나 덩샤오핑은 '인민을 굶겨 죽이는 게 곧 범죄'라고 하더라고.

집단 농장의 해체가 생산량 증가를 가져온 이유는 '동기 유발'에서 찾을 수 있다. 아무리 농사를 지어 봐야 대부분의 수확물을 지주(와 정부)에 빼앗기는데 수확량을 늘리려는 동기가 생기기는 어렵다. 그런데 이제는 자기 땅이 생김에 따라, 가족 구성원을 총동원해 생산량을 늘릴 가능성이 열렸다. 집단 농장에서 일하는 것은 조별 과제가 매일 벌어지는 것으로 생각하면 된다. 책임감을 가지고 열심히 하는 사람은 '무임승차'를 누리려는 사람 때문에 스트레스받고, 결국 '다 같이 망하는' 결과를 받아들이지 않던가. 그래서 필자는 대학교나 대학원 강의에서 절대 조별 과제를 주지 않는다.

특히 해방 이후 한반도 남부 지역은 개별 경작이 매우 효과적이었다. 일본과 만주에서 돌아온 실업자가 넘쳐흐르고 있었기에, 노동력을 활용해 최대한 생산을 짜내는 게 가능했기 때문이다. 이 덕분에 한국 사회가 전후 혼란에서 벗어날 수 있었을 뿐만 아니라, 전쟁 때 필요한 재원 대부분을 조달할 수 있었다.[15] 심각한 인플레를 이유로 이승만 정부는 토지세를 현물로 거두는 '임시토지수득세'를 도입했는데, 세율은 최고 28%에서 최저 15%에 이르렀다.[16] 1955년 기준으로 식량 생산량의 약 26.7%를 정부가 현물로 가져갔는데, 이 조치가 없었다면 70만 명으로 부풀어 오른 한국군의 먹거리를 도저히 해결할 수 없었을 것이다.[17]

농지 개혁이 가져온 긍정적 영향은 여기에 그치지 않는다. 유례를 찾기 힘든 교육 붐이 발생했던 것이다. 특히 교육은 재산권의 강화를 유발해 포용적 사회inclusive society*를 만든다는 점에서 경제 성장의 핵심 요인으로 작용한다.[18] 〈그림 3-2〉는 성인 인구

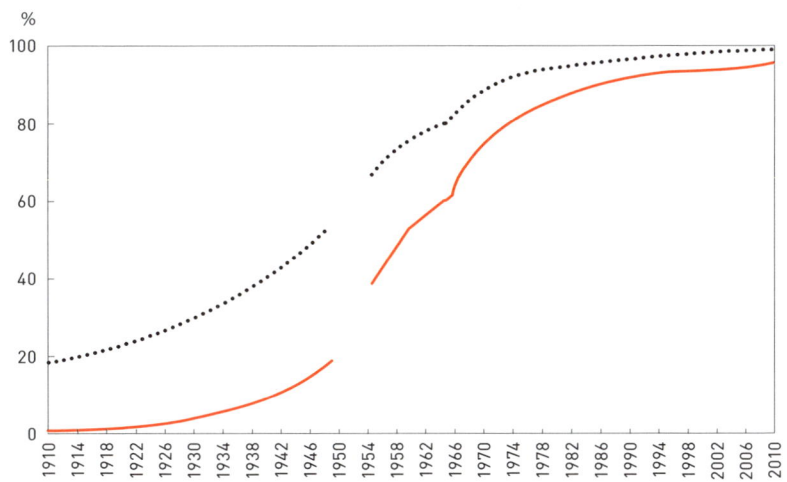

그림 3-2 성인 인구 중 문자 해독 능력을 가진 사람 및 학교 교육을 받은 사람의 비율

주 1: 실선은 15세 이상 인구 중 학교 교육을 받은 사람 비율.
주 2: 점선은 한글을 읽고 쓸 줄 아는 사람이 15세 이상 인구에서 차지하는 비율.
출처 1: 《조선국세조사보고서》, 《인구조사보고서》 1966년 인구 조사 1% 샘플.
출처 2: 차명수(2023).

중에 문자 해독 능력을 가진 사람과 학교 교육을 받은 사람의 비율을 보여 주는데, 해방 이후 강력한 상승세가 나타난 것을 발견할 수 있다.[19]

물론 농지 개혁 덕분에 문해력이 높아졌는지에 대해 의문을 제기하는 학자들도 적지 않다. 왜냐하면 중국의 샤오강촌 생산대

• 사회 구성원 모두가 경제 성장의 혜택을 골고루 누리고, 경제 활동에 참여할 기회를 공평하게 보장받은 사회를 말한다. 경제적 기회의 평등, 성장 과실 공유, 사회적 배제 방지, 기본적 삶의 질 보장 등을 특징으로 한다. 반대 개념은 배타적 사회(exclusive society)로 특정 계층만 경제적 혜택을 독점하고, 불평등이 심한 사회를 말한다.

처럼 아이와 노인 모두가 열심히 일해야 하는 분위기에서는 미성년 자녀에 대한 교육 투자가 쉽지 않기 때문이다. 더 나아가 인구의 절대다수를 차지하는 농촌 지역에서 유일하게 고등 교육을 받은 계층, 즉 지주와 그 자녀들이 도시로 떠나며 지식 네트워크가 끊긴 것도 부정적인 요인으로 작용했을 것이다.

그럼 어떻게 강력한 교육 붐이 발생했을까? 다양한 가설이 제기되지만, 필자는 미군정이 교육에 대단한 열정을 불태운 집단이었다는 점에 주목한다. 미군정은 1946년 1월에 최초의 교사 육성 프로그램을 도입한 데 이어, 1951년에는 국제연합United Nations(이하 'UN') 한국 재건단이 교실 증축 등 다양한 분야에 자금을 지원했다. 1952년에는 9,000개의 교실이 수리되거나 신설되었으며, 1956년까지 해마다 3,000개 이상의 교실이 만들어졌다.[20] 미군만 이런 행동을 보인 게 아니라, 개화기 이후 한국의 수많은 교육 기관이 개신교 선교사에 의해 설립된 것도 큰 영향을 미쳤다.[21]

개신교와 예수교 선교사들이 대학을 설립하는 등 교육에 열정을 쏟은 이유는 종교적 신념 때문이다.* 15세기 종교 개혁을 주도한 마르틴 루터Martin Luther는 개인이 각자 하느님과의 관계를 발전시켜야 한다고 생각했고, 이를 위해서는 남자와 여자 모두 성경을 혼자 힘으로 읽고 해석할 수 있어야 했다. 모든 사람이 유창한 라

---

* 개신교 및 예수교가 교육에 열정을 쏟는 이유에 관해서는 '부록 V'를 참고하길 바란다.

틴어 학자가 될 수는 없었기에, 성경은 독일어나 영어 등 각 지역의 언어로 번역되기 시작했다. 그 결과 프로테스탄티즘Protestantism의 영향이 큰 지역일수록 문해율이 올라갔고, 이는 다시 경제 성장을 촉진하는 결과를 가져왔다.

물론 이것만으로 한국이 저절로 포용적 사회가 된 것은 아니다. 이승만, 박정희, 전두환으로 이어지는 권위주의 정부는 자신의 권력을 남용했고, 또 기업에 편의를 제공하는 대가로 막대한 금품을 수취했기 때문이다.[22] 다만 일본인과 조선인 사이에 존재하던 노골적인 차별이 사라진 것만으로도, 잘 교육받은 젊은이들이 성취 욕구를 가지기에 충분했다. 식민지 시기 일본 유학생 상당수가 공산주의에 빠져든 것은 기본적인 기회의 균등이 존재하지 않았기 때문이다. 수많은 역사가가 지적하듯, 혁명을 주도하는 사람들은 기회를 박탈당한 지식인 계층이다.

서두의 이야기로 돌아가자면, 선친은 페인트 가게를 매각한 돈으로 대형 트럭을 구입해 운송업에 뛰어들어 다시 한번 성공 가도를 달리게 된다.

지금까지 해방 이후 한국 경제 성장의 근원을 파헤쳤지만, 1950년대 서울 집값이 얼마나 올랐는지는 알 수 없다. 한국전쟁에 따른 파괴, 그리고 서울 지역에 유입된 사람들이 빈 땅에 무허가 건물을 마구 올렸기에 제대로 된 통계가 만들어지기 어려웠기 때문이다. KBS에서 방영한 다큐멘터리에 잘 나오는 것처럼, 서울에 지어진 무허가 건물은 소유권 분쟁의 여지가 높아 제대로 된 가격 책정이 이뤄지기 힘들었다.[23] 다만 전국 토지 가치는 그렇게 높아지지 않았다. 농지 개혁이 단행된 1950년 전국의 토지 가격은 4,600억 원이었지만, 박정희 정부가 출범한 1963년 전국의 땅값은 1조 8,000억 원에 그쳤기 때문이다.[24] 연간 상승률로 환산하면 11.1%이니 대단히 높은 수익률로 보이지만, 물가가 연 21.2% 상승했음을 감안한다면 토지 가격은 오히려 하락한 셈이다. 그러나 4.19 혁명*과 5.16 군사 정변** 이후, 본격적인 경제 개발의 시대가 출현하면서 토지, 특히 서울의 토지는 인상적인 상승세를 보이며 다시 한번 투자의 대세로 떠오르게 된다.

* 1960년 4월 19일 학생과 시민들이 이승만 정부의 독재와 부정부패에 대항하여 일으킨 민주 항쟁으로, 그 결과 이승만 대통령이 하야하며 제1공화국이 막을 내렸다. 한국 현대사에서 국민의 힘으로 독재 정권을 무너뜨린 최초의 민주 혁명으로 평가된다.
** 1961년 5월 16일 박정희 소장을 비롯한 육군 장교들이 일으킨 군사 쿠데타로, 4.19 혁명 이후 들어선 장면 내각의 정치적 혼란과 경제난을 명분으로 군대를 동원해 정권을 장악했다. 국회를 해산하고, 헌법을 정지시켰으며, 국가재건최고회의를 구성하여 군정을 실시했다. 한국 현대사에서 군부 독재의 시작점으로 평가된다.

농지 개혁 이후 소가족 위주의 사회로 변신하며 한국 경제는 강력한 성장 모멘텀을 형성할 수 있었다. 가족주의의 지배에서 벗어나 재산권을 행사하며 독립적인 의사 결정을 내리는 사람들이 증가하면서, 교육 수준의 향상과 민주적인 사회로의 출발점을 만들었기 때문이다. 강력한 인플레 영향으로 실질적인 토지 가격은 오르지 못했지만, 전쟁의 상처가 치유되고 포용적 성장이 시작되는 순간, 강력한 가격 상승이 시작되는 것은 시간문제였다고 볼 수 있다.

폭격을 맞아도
도시가 좋아!

4장

1953년 7월 27일 휴전 직후, 서울은 수도의 자리를 되찾았다. 1950년 8월 18일 정부 기관이 부산으로 내려간 지 3년 만의 일이었다.[1] 전쟁의 공포가 사라지지 않았음에도 서울 인구는 1953년 101만 명에서, 1960년 245만 명, 그리고 1970년 543만 명으로 부풀어 올랐다.[2] 서울 인구가 늘어난 이유는 어디에 있을까?

이 의문을 푸는 데 경제학자들은 클러스터cluster라는 용어를 도입한다. 클러스터란 교육과 기업 그리고 인재들이 모여 혁신을 창출하는 곳을 뜻한다. 가장 대표적인 클러스터로 미국 실리콘 밸리와 할리우드를 들 수 있다. 집값이 아무리 비싸도 정보 통신 산업 전문가와 영화 산업 종사자는 이곳으로 끊임없이 몰려든다. 클러스터에 일자리와 정보 그리고 인재들이 모여 있기 때문이다.[3]

그림 4-1 베트남 전쟁에서 미군의 지역별 폭격량과 1999년 빈곤율의 관계

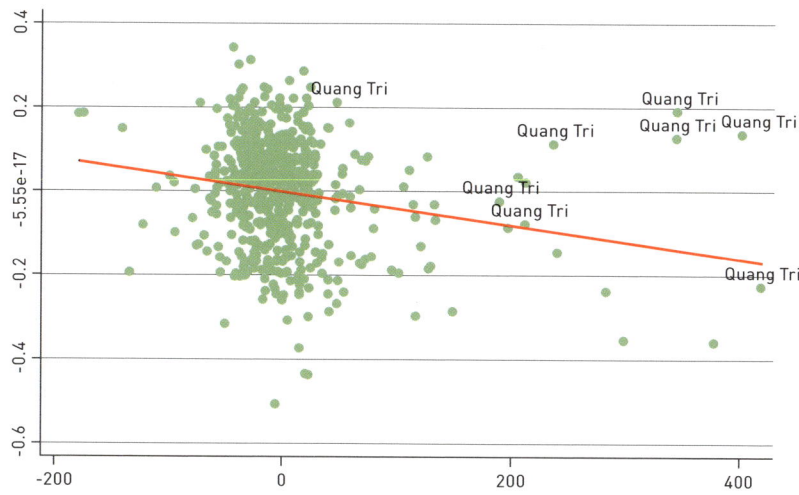

그림 4-1 베트남 전쟁에서 미군의 지역별 폭격량과 1999년 빈곤율의 관계

주 1: 가로 축은 평균에 비해 이 지역이 얼마나 비정상적으로 많은 폭격을 받았는지 측정한 것이며, 세로 축은 상대적인 빈곤율을 나타낸다.
주 2: 붉은 선은 추세선을 나타낸다.
출처: Edward Miguela and Gérard Roland(2011).

클러스터의 힘을 가장 잘 보여 주는 사례가 바로 베트남 전쟁•
이다. 당시 미군은 2차 세계대전 전체 폭격량의 세 배에 이를 정
도로 가혹한 폭격을 베트남 주요 지역에 가했다.[4] 대대적인 폭격

• 1955년부터 1975년까지 공산주의인 베트남 민주공화국(북베트남)과 자유 진영인
 베트남 공화국(남베트남) 사이에서 일어난 전쟁으로, 제2차 인도차이나 전쟁으로
 불리기도 한다. 미국이 남베트남을 지원하고, 소련과 중국이 북베트남을 지원하면
 서 냉전의 대리전 양상을 띠었다. 1975년 북베트남의 승리로 전쟁이 끝나면서 베
 트남이 공산화 통일되었으며, 미국의 패배와 막대한 인명 피해로 국제 정치에 큰
 영향을 미쳤다.

을 당한 곳은 산업 기반이 무너지고 환경도 오염되기 쉽지만, 전쟁이 끝나자마자 사람들은 다시 이 지역으로 모여들었다. 여행을 다니는 사람들에게 '경기도 다낭시'라는 별명을 지닌 베트남의 휴양 도시 다낭이 대표적인 사례다. 〈그림 4-1〉은 베트남 전쟁 당시의 지역별 폭격량과 1999년의 빈곤율을 비교한 것인데, 둘 사이에 아무런 연관을 발견할 수 없다.[5] 이런 현상이 나타나는 이유는 미군의 폭격이 집중된 지역일수록 원래 잘 사는 곳이었기 때문이다.

이 원리는 서울에 그대로 잘 들어맞는다. 이승만 정부는 제2차 한국전쟁이 일어날 때를 대비해 한강 이남인 부평 평야 지역에 수도를 이전할 계획을 품었지만, 들인 비용에 비해 인구 분산 효과가 크지 않을 것이라는 전문가들의 조언에 포기한 바 있다.[6] 반면 부유하고 잘 교육받은 사람들이 거주하는 곳은 약간의 긍정적인 계기가 마련되는 순간 가파른 발전의 길에 접어들게 된다. 예를 들어 전쟁이 끝나거나 (이전보다) 포용적인 정부가 들어서는 것 등이 대표적인 계기다.

'폭격의 경제지리학'은 베트남과 서울에만 국한되지 않는다. 2차 세계대전 당시 일본 사례를 연구한 일련의 연구자들은 폭격과 전후 경제 성장 사이에 아무런 연관을 발견할 수 없었다.[7] 특히 원자 폭탄이 투하된 히로시마와 나가사키의 복구 과정이 놀라운데, 나가사키가 '폭격이 없었으면 달성했을' 인구 수준에 도달한 것은 1960년이었다. 즉, 단 15년 만에 폭격의 충격을 상쇄하고 발전을 이뤄낸 셈이다.

폐허가 되었던 수도 서울이 빠른 시간 내에 복구된 또 다른 요인
은 이승만 정부가 인플레로 휴지 조각이 된 지가 증권을 조선 총
독부와 일본인이 보유한 각종 자산(적산敵産) 인수에 활용하도록
길을 열어 준 것이다. 여기서 지가 증권이란 농지 개혁 과정에서
땅 대신, 한 해 수확량의 150%에 이르는 돈을 받은 것을 가리킨
다.[8] 1949년 지가 증권 발행 규모는 15억 2,400만 원이었으며, 보
상을 받은 지주는 16만 9,000명에 달했다. 1953년 명목 GDP가
470억 원에 불과한 것을 감안하면, 얼마나 큰 돈인지 알 수 있다.

문제는 모든 채권이 그렇듯, 지가 증권도 인플레에 취약했다
는 점이다. 인플레로 연 30% 이상 물가가 오르는데, 증서에 적힌
돈은 1949년에 고정되어 있으니, 가치가 액면의 10%까지 떨어지
고 말았다. 그런데 이승만 정부가 지가 증권으로 적산 인수 대금
을 치르게 허용하자, 전체 대금의 41.7%가 지가 증권으로 치러질
정도로 호응을 얻었다.[9]

물론 적산 매각에 문제가 없었던 것은 아니다. 전쟁 직후 매
각이 추진됨에 따라 적정 가치보다 싼 값에 팔렸다는 비판이 꾸
준히 제기되었다.[10] 즉, '파이어 세일'이 벌어진 셈이다. 그럼에도
적산 매각 이후 이른바 '삼백 산업(밀가루, 설탕, 방직)'을 중심으로
강력한 경제 성장을 유발한 공도 인정할 필요가 있다. 예를 들어
1955년부터 1960년까지 식료품은 연 15.7%, 방직은 10.9%라는

놀라운 연평균 성장률을 기록했다.[11] 적산 매각이 경제 성장으로 연결된 이유는 성공을 열망하는 이에게 소유권이 넘어간 부분이 크다. 아무리 헐값이라도, 전쟁 이후 어떤 미래가 펼쳐질지 모르는 상황이라 적산을 인수하는 데는 많은 용기가 필요했다. 즉, '야성적 충동'을 지닌 기업가에게 경영이 맡겨졌다는 이야기다.

이런 타입의 경영자로 가장 대표적인 사람이 스페이스 X의 설립자 일론 머스크Elon Musk다. 이른바 '페이팔PayPal 마피아'의 일원으로 지분을 팔고 나왔기에 어마어마한 부를 일궜지만, 테슬라Tesla 창업 이후 원하는 성과를 거두지 못할 때는 공장 바닥에서 밤을 지새우며 생산 효율을 높이기 위해 애썼다고 한다.[12] 경제가 성장하기 위해서는 이런 스타일의 기업가들을 육성하고 보호해 주어야 한다.

물론 성취 욕구에 불타는 기업가들에게 생산 설비를 맡긴다고 해서 저절로 경제가 성장하는 것은 아니다. 물건을 만들기 위해서는 기계와 인력 외에도 원재료의 수급이 필수적이다. 이승만 정부는 기업이 필요로 하는 핵심 원재료의 공급에서도 큰 역할을 담당했다. 1956년부터 1959년까지 미국 정부의 이른바 '잉여 농산물' 원조는 1억 6,425만 달러에 달했으며, 이 가운데 밀이 40%, 원면이 11.1%를 차지하고 있었다.[13] 〈표 4-1〉은 한국 제조업의 성장을 보여 주는데, 식료품과 방직 등 이른바 삼백 산업 이외에 목재, 고무, 화학, 유리 등 다양한 산업으로 성장세가 확산했음을 알 수 있다.[14]

표4-1 제조업 부문 부가 가치 및 생산 지수의 연평균 증가율(%), 1955~1965년

	부가 가치	제조업 생산 지수						
		전체	주요 부문					
			식료품	방직	목재및 목제품	고무	화학	토석및 유리
1955-1965	12.6	13.0	9.9	10.5	5.4	11.0	21.8	18.5
1955-1960	11.7	13.6	15.7	10.9	4.4	14.0	26.8	18.8
1961-1965	13.7	12.3	3.0	10.1	6.5	7.3	15.8	18.1

주: '주요 부문'으로 제시한 산업들은 생산 지수 상의 가중치가 5% 이상인 산업들이다.
출처 1: 부가 가치는 통계청, 제조업 생산 지수는 한국은행 《경제통계연보》.
출처 2: 김두얼(2016).

강력한 제조업 성장을 지속하려면 좁은 내수 시장을 벗어나 해외로 진출해야 하는데, 이승만 시대에는 두 가지 난관이 존재했다. 첫 번째 난관은 원화 가치 고평가 문제로, 1950년대 중반 달러에 대한 원화 환율은 1달러에 50원 수준이었다. 이에 미국인 경제 고문들은 바람직한 환율이 1달러에 100원이라고 수차례 조언했지만, 이승만 정부는 이를 바꾸지 않았다. 주한 미국 대사 경제 고문 에드윈 크롱크Edwin Cronk는 한국 정부가 이처럼 원화의 가치를 높게 유지했기 때문에 "수출은 오히려 손해였다."라며, 당시의 환율로는 수출 업자들이 "인건비나 원재료비조차 감당할 수 없을 정도였다."라고 평가했다.[15]

그러나 이승만 정부도 할 말이 없었던 것은 아니다. 1953~1960년 정부 총수입의 72.5%를 원조에 의존하고 있었고, 원조는

UN군과 관련된 외환 수입과 미국 원조로 제공되는 재화를 판매하여 얻는 수입으로 구성되어 있었다.[16] 특히 후자를 대충자금對充資金이라고 불렀는데, 전체의 약 70%에 육박할 정도로 큰 비중을 차지했다. 이승만 정부는 대충자금을 활용해 국방비와 재건 투자 자금을 집행하고 있었다. 이때 미국 정부는 대충자금을 국방 부문에 투입할 것을 요구한 것은 물론, 관련 물품 대부분을 일본에서 수입하라고 종용할 정도로 일일이 간섭했다. 이승만 정부는 시장 환율보다 낮은 환율(원화 가치 고평가)을 적용해 원화 판매 대금을 달러로 환산해 대충자금 계좌에 기재함으로써, 미국 통제하의 자금을 줄이고 미국의 재정 간섭을 약화하려 노력했다.[17] 아울러 UN군 주둔 관련 경비를 미국으로부터 환급받을 때, 고평가된 원화 가치를 적용하면 미국으로부터 받는 달러 금액이 커진다는 이점도 있었다.

그러나 1950년대 말에 접어들며 대외 원조가 줄어들자, 원화 고평가 정책을 유지할 이유가 사라졌다. 〈그림 4-2〉는 1945년 이후 선진 각국이 한국에 지원해 준 대외 원조 규모를 보여 주는데, 1950년대 후반 연 4억 달러를 정점으로 서서히 줄어든 것을 발견할 수 있다.[18] 따라서 4.19 혁명 직전인 1960년 1월 말, 1달러에 대한 환율이 650원으로 인상되었다.[19]

수출의 두 번째 난관은 원조 물자를 활용해 생산한 제품의 대미 수출 허용 여부였다. 특히 한국이 경쟁력을 가진 면직물과 의류가 문제였는데, 미국에서 원조 물자로 제공한 원면原綿을 가공

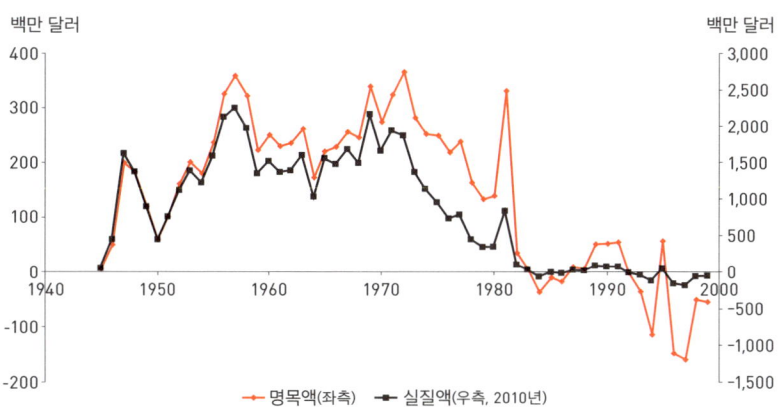

그림 4-2 **한국에 제공된 대외 원조 총액**

출처: 김두얼(2016).

해 다시 미국으로 수출하는 방식에 미국 정부가 강한 거부감을
가지고 있었기 때문이다. 그러나 원조가 점점 줄어드는 환경임을
설득함으로써, 면제품 수출과 관련된 미국과의 협상은 1959년
9월에 타결되었다.[20]

이상의 분석을 통해 1960년대 한국 경제가 그토록 놀라운 성과를
거둔 이유를 이해할 수 있다. 1955년 한국의 GDP가 14억 달러인
데, 연 4억 달러 내외의 원조가 쏟아짐에 따라 전쟁의 상처에서
금방 복구될 수 있었던 것이 가장 결정적인 요인이었다. 더 나아
가 적산 매각이 마무리된 후 삼백 산업 이외에 목재, 고무, 화학,
유리 등 다양한 산업의 생산 능력이 확충되면서 좁은 내수 시장

을 벗어나 수출을 도모할 역량을 만들 수 있었다. 특히 1961년 쿠데타 이후 달러에 대한 원화 환율이 1달러에 65원에서 130원으로 인상되어 수출 경쟁력이 강화되었다. 여기에 베트남 파병과 한일 국교 정상화까지 가세함으로써, 한국 경제의 기본 체질, 즉 수출 주도 경제 성장export driven economic growth 구조를 형성할 수 있었다.

박정희 정부는 1963년 대통령 선거 승리를 통해 정치적 정당성을 획득하자마자, 1964년 9월 의료진과 태권도 교관을 베트남에 파병했다. 이후 1967년에는 연인원 32만 명에 달하는 군인과 의료진이 베트남에 주둔할 정도였다.[21] 박정희 정부가 베트남 파병을 결정하게 된 이유는 경제 발전의 재원이 부족했기 때문이었다. 1962년 군사 정부는 수출 주력 산업으로 부상한 면방직 업계를 위해 법인세 및 소득세 50% 감면과 달러당 110원의 수출 금융 혜택을 부여하는 한편, 생산 비용의 약 25%에 달하는 대충자금 융자를 단행했다. 그러나 이것만으로는 밀려드는 주문을 다 소화할 수 없었다.[22] 이때 미국의 린든 존슨Lyndon B. Johnson 정부는 한국이 베트남에 파병하는 대가로 두 차례에 걸친 대규모 차관(1.5억 달러)을 제공했다.[23] 차관뿐만 아니라 군사비 지원도 이어졌다. 한국전쟁 이후 UN군과 한국군에 필요한 장비와 물자를 미국이 지원해 왔으나, 1950년대 후반부터 미국 정부는 한국 정부에 자체 국방 예산을 동원하여 물품을 구입하라고 압력을 가했다. 베트남 전쟁 참전을 계기로 이 부담이 완화됨에 따라, 한국 정부는 군사비 부담을 덜고 경제 발전에 예산을 투입할 수 있게 되었다. 앞서 제시한 〈그림 4-2〉를 보면 1960년대 중반부터 다시 대외 원조가 크게 늘어나는 것을 확인할 수 있다.

베트남 참전 못지않게 경제 성장을 촉진한 요인은 한일 국교 정상화였다. 1965년 1월 미일 정상 회담에서 사토 에이사쿠佐藤榮作 총리는 존슨 대통령에게 한국과 외교 관계를 신속하게 맺겠다고 약속했다.[24] 같은 해 5월 박정희 대통령 측은 미국 방문 과정에서, "가장 민감하고 결정적인 순간 한국의 입장을 강화할 수 있도록 해달라."라고 요청했다.[25] 이런 요청을 한 이유는 국내에 한일 국교 정상화에 대해 강력한 반대 여론이 형성되어 있었기 때문이다.[26] 린든 존슨 미국 대통령은 약 1.5억 달러에 달하는 추가 원조를 한국에 제공하는 한편, 공동 성명서를 통해 한일 국교 정상화 이후에도 지속적인 원조를 제공하겠다고 확인해 주었다.

특히 식민지 시기 조선 사람들의 피해를 보상하는 이른바 청구권 문제에서 일본이 한국에 3억 달러에 이르는 일본의 생산물과 서비스를 10년에 걸쳐 무상으로 제공하는 한편, 3억 달러에 달하는 장기 저리의 차관을 10년 동안 제공하기로 약속함에 따라 협상의 물꼬가 터졌다.[27] 1965년 당시 한국의 명목 GDP, 다시 말해 한 해 동안 생산한 부가가치의 합계가 30억 달러에 불과했다는 점을 감안할 때, 이는 엄청난 규모였다. 특히 이 돈은 단발성으로 들어오고 마는 게 아니라, 꾸준한 후속 차관과 투자로 이어져, 이른바 '차관 경제'의 핵심을 구성하게 된다.[28]

이 돈을 어디에 쓰느냐가 모든 이들의 관심사로 부각될 때, 박정희 정부는 포항에 일관 제철소를 건설하기로 결정했다.[29] 여기서 일관 제철소란 철광석과 코크스cokes(석탄을 공기가 없는 상태에서 열을 가함으로써 얻는 고체 연료)를 녹여 쇳물을 만들고, 이를 틀에 부어 다양한 형태의 철강 제품을 생산하는 제철소를 뜻한다. 반면 고철 등을 녹여 새로운 철강 제품을 생산하는 것은 흔히 제강소로 불린다. 수출 제조업의 발전과 도로나 항만 등 사회 간접 자본 건설을 위해서는 대량의 품질 좋은 철이 필요했으나, 한국은 이를 대부분 수입에 의존하는 상황이었다.

운도 따랐다. 1970년대에는 제철소 설비를 만드는 기업들이 수주 부족으로 곤란을 겪던 시기였다. 한국 외에 종합 제철소를 건설하려고 했던 국가(브라질 등)의 시도가 실패로 돌아간 데다, 베트남 전쟁이 종결되면서 전쟁 경기도 식고 있었기 때문이다. 따라서 포항제철 건설 소식을 들은 세계의 주요 플랜트 기업들이 치열한 수주 경쟁을 벌였고, 이 덕에 우수한 설비를 상대적으로 낮은 가격에 구매할 수 있었다.

대일 청구권의 혜택은 산업 부문에 그치지 않았다. 1968년 착공되어 1970년에 개통된 경부고속도로 등 사회 간접 자본 형성에도 대일 청구권 자금이 투입되었다. 특히 경부고속도로는 정부 예산의 20% 이상을 투입하는 거대 프로젝트로, 대일 청구권 자금 외에 아시아 개발은행과 UN 개발 계획 등 해외에서 조달한 차관이 투입되었다.[30] 초기에는 경부고속도로 건설을 두고 '관광 도로'라는 비아냥이 있을 정도로 교통량이 적었지만, 이내 자동차

시대가 출현하며 경제 성장에 결정적 기여를 한 투자임이 드러났다. 그리고 이때부터 부동산 시장이 뜨겁게 달아오르기 시작했다.

〈그림 4-3〉은 서울 집값 변화를 측정한 것인데, 정확한 지수가 아닌, 당시의 상황을 대략적으로 나타내는 지표로 해석하는 게 바람직하다. 당시 기사를 통해 땅값의 변화 상황을 살펴보자.[31]

> "종로와 중구 등 도심권은 지난 14년 동안 평균 13.8배 상승한 반면, 중곡동이나 신림 등 변두리 지역은 77배가 치솟는 등 도심에서 변두리로 갈수록 땅값의 상승률이 현격히 높아지고 있음을 보여 주었다. (…) 강남구 잠실동 140배, 성동구

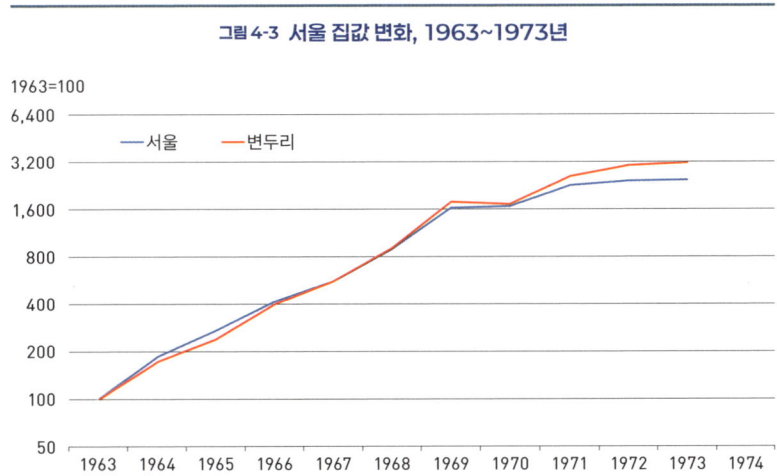

그림 4-3 서울 집값 변화, 1963~1973년

주: 세로 축은 주택 가격이며, 한 칸에 두 배씩 늘어난다.
출처: 경향신문(1978), 프리즘 투자자문 작성.

화양동 120배, 동대문구 망우동 100배 순서였다."

잠실을 비롯한 변두리 지역 땅값이 100배 넘게 오를 수 있었던 것은 주택난 때문이었다. 물론 서울시가 주택 공급을 위해 노력하지 않은 것은 아니었다. 1950년대에는 한국전쟁 피해가 컸던 사대문 안(관철, 을지로3가, 종로5가, 충무로)과 사대문 주변(왕십리, 남대문, 원효)이 정비되었다.[32] 특히 1963년 서울의 면적이 2.3배로 늘어난 것이 사대문 외부 개발의 계기를 제공했다.[33] 서쪽으로는 서교, 성산, 연희, 역촌, 불광, 동쪽으로는 중랑천을 따라 도봉, 창동, 수유, 망우, 면목, 중곡, 장한평, 화양에 이르는 넓은 띠 모양의 외곽 주거지를 형성했다.

주먹구구식으로 진행되던 구획 정리 사업은 '도시계획법'이 1962년 만들어진 데 이어, 1966년 '토지구획정리사업법'이 제정되며 법적 근거가 마련되었다. 그러나 1967년 강남 개발이 이뤄지기 전까지 택지 공급 규모는 기껏해야 40만 평 전후였다. 현재 서울대학교가 자리한 관악 컨트리클럽의 규모가 약 107만 평이었으니, 40만 평의 택지는 주택난 해결에 큰 도움이 되지 않았다.[34] 따라서 1967년 박정희 대통령이 윤보선 후보를 압도적인 표차로 물리치고 재선에 성공했을 때 '주택난 해결'을 위한 프로젝트가 시행될 것이라는 기대가 높아졌다.[35]

그러나 현재의 강남 지역에 대규모 주택 단지가 건설될 것이라고 본 사람은 많지 않았다. 서울 도심의 남동쪽은 사람이 살기 힘든 곳이었기 때문이다. 가령 잠실 지구는 폭우가 내릴 때마다 수몰되는 곳이었고, 강남구 대치동 쪽박산 일대나 양재천과 탄천 사이의 대치동 구마을 그리고 대모산과 양재천 사이의 개포동 구마을 같은 곳이 그나마 사람이 살만했다.[36]

이 지역을 제외한 평지는 툭하면 수몰되는 쓸모없는 땅이었고, 이러한 자연환경은 지금도 다르지 않다. 서울에 큰비가 내릴 때마다 강남역이 물바다가 된 것을 기억할 필요가 있다. 한마디로 강남 3구는 풍수지리적으로 가장 나쁜 지역이라 할 수 있다.

이런 사정으로 서울로 몰려드는 인구를 분산할 새로운 주거지를 만들 최적의 후보는 인천 – 부평 – 영등포 방향이었다. 실제로 이 지역에 대한 개발 계획은 조선 총독부가 1921년부터 추진한 경인 운하 건설 프로젝트로부터 이승만 정부의 부평 평야 수도 건설 계획까지 거슬러 올라간다. 1962년 박정희 정부는 "경인 지역 종합 개발 조사 기본 보고서"를 발표했는데, 서울 서남 방향을 개발할 계획을 담고 있었다. 당시 기사를 보면 "10년 후에 (운하가) 완성되면 서울 – 부산 간 철도 수송량 중 약 380만 톤이 철도 운임의 20% 비용으로 해상 수송되고, 서울 인구를 경인 지구 공업 도시에 분산시킬 수 있다."라고 장밋빛 미래를 제시했다.[37] 경인 운하 양쪽 끝에 인천항과 서울항을 건설하고, 두 도시 중간에 '경인 중간 도시'를 건설하려는 계획이었다.

이 계획이 추진되었다면 아마 강남 개발은 실현되지 않았을 것이다. 강남에 양평이나 경기도 광주 그리고 가평처럼 수도권 주민을 위한 시설 채소 재배 단지가 형성되고, 곳곳에 주말농장이 분포하는 전원 풍경이 펼쳐졌을 것이라 상상해 본다. 그러나 1967년에 일어난 두 가지 사건이 영등포–인천이 아닌 강남으로 개발의 방향을 바꾸게 된다.

첫 번째 전환점은 한남대교(제3한강교) 착공이었다. 한국 전쟁 때 인도교 폭파로 한강을 건너지 못한 시민들이 희생된 것을 교훈 삼아, 제2한강교(현재의 양화대교)가 건설되기는 했다. 하지만 이는 전시에 군용 도로로 사용될 예정이었기에, 전쟁이 났을 때 민간인이 한강을 건널 수 있는 다리는 제1한강교(현재의 한강대교)와 아차산 남쪽의 광진교뿐이었다. 따라서 인구 300만을 돌파한 1960년대 중반, 한강에 시급히 다리를 건설해야 한다는 주장이 힘을 얻었다.[38] 특히 1962년 9월 7일에 용산구 한남동에서 광주군 언주면 신사리(지금의 강남구 신사동)로 건너가던 나룻배가 뒤집힌 사고는 제3한강교를 건설하게 된 직접적인 계기로 작용했다.[39] 강남 지역의 채소 시설 단지에서 서울 도심으로 물건을 나르던 시민들이 귀한 목숨을 잃음에 따라 새로운 다리를 놓아야 한다는 요구가 높아졌던 것이다. 1967년 3월에 치러진 제6대 대통령 선거에서 박정희 후보가 경부고속도로 건설을 공약으로 제시함으로써 '인천–부평–영등포' 개발 계획의 동력이 사라졌다. 그리고 같은 해 11월 14일 '정부·여당 연석회의'에서 고속도로 착공이 결정되고, 한남대교가 경부고속도로의 출발점이 될 것이라는 사실이 알려진 것이 결정적이었다. 한 가지 흥미로운 것은 한남대교

보다 경부고속도로 준공이 1년이나 빠른 1968년 12월 21일에 이뤄졌다는 사실이다. 경부고속도로가 얼마나 단시간에 건설되었는지 알 수 있는 대목이다.[40]

두 번째 사건은 소양강 댐 건설이었다. 1967년 4월 착공된 소양강 댐은 박정희 정부의 3대 국책 사업 중 하나로, 나머지 둘은 경부고속도로와 서울 지하철이었다.[41] 반복되는 한강의 홍수를 막고 전력 생산을 늘릴 목적으로, 1966년 정부는 '한강 유역 합동 조사단'을 꾸려 댐 건설 후보지를 물색했고, 여러 후보지를 물색한 끝에 소양강을 막아 높이 123미터의 댐을 건설하기로 했다. 흥미로운 것은 소양강 댐이 콘크리트가 아닌, 모래와 점토로 만들어진 사력沙礫 댐이라는 사실이다. 당시에는 시멘트와 철근 같은 자재를 확보하기도, 깊은 산지까지 운반하기도 힘들었기 때문이다. 더나아가 점토를 쌓고 모래와 자갈로 덮은 사력 댐은 북한의 미사일 공격을 받더라도 일부만 손상을 입고 나머지는 유지할 것이라는 판단도 영향을 미쳤다. 총공사비 290억 원을 충당하기 위해, 한일 국교 정상화로 들어온 대일 청구권 자금이 활용되었다. 1973년 소양강 댐 완공 이후 한강 유역은 1925년 같은 대홍수 피해를 보지 않게 되었다. 예를 들어 1984년과 1990년 대홍수 때에도 강남 등 서울 핵심 지역은 큰 피해를 보지 않았다.[42]

지역 균형 발전과 토지 매입 비용 등을 이유로 경부고속도로가 영등포 – 수원 – 천안의 경부선 경로를 피해 강남 – 양재 – 성남 방향으로 건설되고, 소양강 댐 준공 이후 강남 – 송파 일원에 '주인 없는' 마른 땅이 만들어짐에 따라 강남 개발은 시간문제가 되었다. 당시 강남의 중심지 역할을 했던 말죽거리(현재 양재역 인근)를 중심으로 주택 가격이 폭등했다.[43] 한남대교 남단에 있는 신사동 일대의 땅값은 평당 200원 정도였는데, 1년 뒤에 3,000원으로 무려 열다섯 배 상승했을 정도였다.[44]

당시 강남 지역의 주택 가격이 폭등한 또 다른 이유는 규모에 있다. 1966년 9월 19일, 서울시는 반포에서 삼성동에 이르는 800만 평을 '토지 구획 정리 사업 지구'로 지정해 달라고 건설부에 요청했고, 같은 해 건설부가 승인함으로써 역사상 최대 규모의 신도시 건설이 막을 올렸다.[45] 참고로 이는 1차 구역 지정에 불과하고, 이후 세 차례나 구역이 확장되며 현재에 이르렀다.[46] 그리고 강북의 시민을 이주시킬 목적으로 경기고와 숙명여고 등 명문 학교를 강남으로 대거 이전한 것도 빼놓을 수 없는 성공 요인이었다.

대규모 신도시 건설이 가능했던 이유는 이른바 '공유 수면公有水面' 매립 덕분이었다.[47] 지금 올림픽 종합 경기장이 있는 잠실이 1960년대에는 섬이었다. 잠실섬 북쪽에는 신천강이 흘렀고, 지금의 석촌호수 방향으로 흐르던 강은 송파강이라고 불렸다.[48] 한강에 이렇게 큰 섬들이 즐비했던 이유는 1960년대 중반까지 한강의 강폭이 최대 2,000미터에서 100미터 안팎까지 늘었다 줄어들곤 했기 때문이다. 여름에는 홍수가 발생하면서 한강의 여러 모래섬이 물에 잠기고, 또 둑이 없는 곳으로 범람하는 게 일상이었다. 그러다 건기에는 홍수 때 떠내려온 모래와 자갈이 새로운 섬을 끝없이 만들어 내곤 했다.

장마 때 물에 잠겼다 가뭄에 뭍이 되는 주인 없는 땅이 공유 수면인데, 여기에 둑을 쌓아 땅을 말리면 훌륭한 택지가 될 수 있다. 서울 강남의 대표적인 부촌인 압구정과 반포 그리고 잠실이 바로 공유 수면 매립으로 만들어졌다.[49] 공유 수면에 아파트를 지어 분양함으로써 건설사는 막대한 이익을 얻었고, 정부는 사회 간접 자본 프로젝트의 비용을 조달하며, 정치인과 공무원들은 두둑

그림 4-4 잠실섬과 현재 지하철 2호선 역 위치 비교

출처: 한겨레(2015).

한 정치 자금을 챙길 수 있었다.[50]

> 서울시에 근무하던 윤 과장은 "높은 곳에서 나온 자금으로
> 땅을 사 모으고, 땅값이 어느 정도 상승하면 되팔아서 갖다
> 바친다. 이 사실은 청와대에서 근무하는 매우 높은 분 한둘
> 과 서울시장 그리고 자기만 알고 있는 비밀 사항이다."라는
> 것을 인식했을 때 크게 흥분했다.

그러나 영원한 호황은 없는 법! 1967년 11월 29일 이른바 '부
동산 투기 억제 특별 조치법'이 시행되면서 부동산 경기는 꺾이
기 시작했다.[51] 서울과 부산 그리고 경부고속도로 주변 4킬로미터
이내의 지역을 과세 대상으로 지정해 양도 차액의 50%를 부과하
자, 투자 심리가 싸늘하게 식었던 것이다. 특히 1960년대 후반, 베
트남 전쟁에서 미국이 철수를 시작하면서 경기가 꺾인 것도 큰
영향을 미쳤다.

요약 및 교훈

1960년대 발생한 강력한 부동산 가격 상승 현상은 두 가지 요인이 결정적 영향을 미쳤다. 첫 번째는 서울을 중심으로 한 대도시로 인구 이동이 집중된 것이고, 두 번째는 베트남 파병과 한일 국교 정상화에 따른 대규모 외국 자본의 유입이다. 1967년 강남 개발이 본격화되기 전부터 서울 주변부를 중심으로 강력한 가격 상승이 출현한 것이 이를 방증한다. 따라서 강남 개발은 전국적인 주택 가격의 상승 탄력을 강화한 계기로 보아야 할 것이다. 그러나 강남의 의미는 계기에 국한되지 않았다. 전 국민의 관심을 집중시킨 새로운 도시의 건설로 강남의 지위는 흔들리지 않는 기반 위에 올라서게 된다. 앞으로 전개될 다양한 형태의 주택 시장 사이클의 마지막이 항상 '강남의 승리'로 끝나게 될 발판이 만들어졌다는 면에서, 1960년대 주택 붐은 되새겨 볼 가치가 충분하다.

정부를 믿을 수 없을 때, 어떤 자산이 유망한가?

5장

1960년대 중반, 한국 경제는 베트남 전쟁과 한일 국교 정상화에 힘입어 놀라운 성취를 달성했다. 1965년 수출액은 1.8억 달러에 불과했지만, 1970년 8.4억 달러로 4.8배 늘어날 정도였다. 하지만 고질적인 자금 부족 문제가 수출 기업의 발목을 잡았다. 이때 박정희 정부는 금융 시스템에 크게 두 가지 변화를 시도했다.

첫 번째 변화는 금리 정책에서 시작되었다. 경제 개발 5개년 계획이 시작된 1963년에 물가 상승률이 29%를 넘었는데, 은행 예금 금리는 15%에 그쳐 인플레를 감안한 실질 금리는 마이너스 상태였다. 저축할 여력이 있는 사람들은 예금 대신 계契를 활용하는 게 일반적이었다. 계는 조선 시대부터 내려오는 전통 사금융으로, 오래전부터 알고 지내 신뢰가 끈끈한 사람끼리 돈을 모아 융통하는 것을 뜻한다. 구성원들이 일정 금액을 주기적으로 납부하는데, 한 번 납부할 때마다 모인 곗돈을 정해진 순번에 따라 지급받는 방식으로 운용된다.

1965년 9월, 박정희 정부는 대출 금리보다 예금 금리를 4%p 높게 책정하는 역금리逆金利 제도를 도입했다. 정기 예금 금리의 상한을 30%로 높이는 대신 대출 금리를 26%로 낮춤으로써 가계의 여유 자금을 은행 예금으로 흘러 들어오게 만들겠다는 의도였다.[1] 1965년 물가 상승률이 14%에 그쳤기에, 연 30% 이자를 지급하는 예금의 실질 금리는 16%로 치솟았다. 역금리 제도 도입 이후 예금이 폭발적으로 늘어나, 1963년 480억 원에 불과하던 예금 잔고가 1970년 7,897억 원으로, 거의 20배로 늘어났다.[2]

국내 저축 증가와 함께 한일 국교 정상화를 계기로 해외에서 대규모 차관이 도입된 것도 큰 영향을 미쳤다. 1965년 4,000만 달러에 불과하던 외국 자본 도입 규모(공공 차관+상업 차관)는 1966년 1억 8,300만 달러로 껑충 뛰고, 1969년에는 5억 4,900만 달러에 이르렀다.[3] 이 과정에서 한국 제조업의 부채 비율은 1963년 92.2%에서 1968년 201.3%가 되고, 1971년에는 394.2%로 부풀어 올랐다.[4] 여기서 부채 비율이란 기업의 재무 건전성을 측정하는 도구로, 자기 자본 대비 빌린 돈의 비율을 뜻한다. 예를 들어 부채 비율이 100%라면, 자본과 부채가 동일한 수준이라는 것으로 해석할 수 있다.

부채 비율이 100%에도 미치지 못했다는 것은 기업들이 자기 돈 말고는 융통하기가 어려웠다는 이야기다. 그러나 수익성을 극대화하려면 적절한 부채가 필요하다. 예를 들어 10억 원의 자본금을 가지고 사업하는 A가 연 20%의 수익을 낼 수 있는 프로젝트를 발견했다고 가정해 보자. 즉, A는 이 사업을 시작하면 매년 2억 원의 수익을 낼 수 있다. 그런데 10억 원의 돈을 추가로 빌릴 수 있다면, A의 연간 수익은 4억 원이 될 것이다. 물론 이자 등 각종 금융 비용을 여기서 제한 것이 순수익이 된다. 따라서 전망이 밝은 프로젝트를 추진하는 기업가들은 자기 돈만 가지고 사업을 하기보다, 다른 이들의 돈을 빌려 사업하는 것을 선호한다. 그러나 연 20%의 수익을 올릴 수 있는 프로젝트가 흔한 것은 아니다.

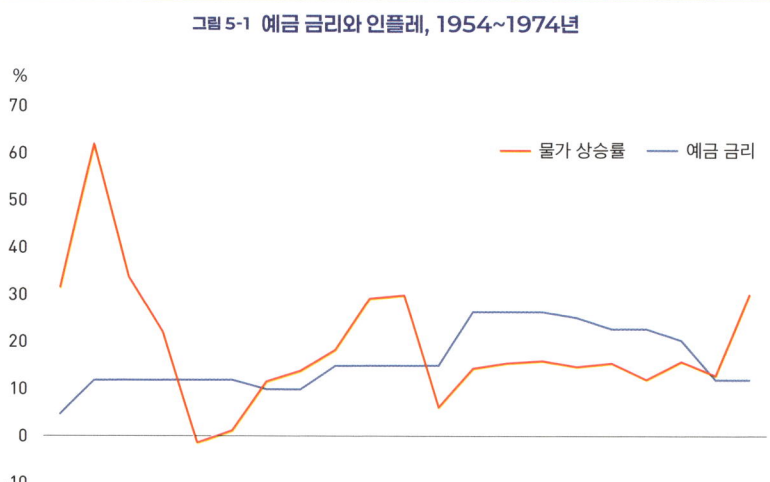

그림 5-1 예금 금리와 인플레, 1954~1974년

출처: 김낙년 등(2018), 《한국의 장기통계 II》.

특히 값싼 자금이 물밀듯이 들어올 때는 부실 프로젝트가 점점 쌓이게 될 것이다.

이때 한국 경제에 위기가 닥쳤다. 첫 번째 위기는 리처드 닉슨Richard Nixon이 1968년 대통령 선거에서 승리를 거둔 후, 베트남 전쟁에서 발을 빼기 시작한 것이다. 베트남 파병 미군은 1968년에 54.8만 명으로 정점을 찍은 후, 1969년에는 47.6만 명으로 줄어들고, 1972년에는 3만 명이 되었다.[5] 따라서 한국군 파병 규모도 1968년 5만 명에서 1972년 3.7만 명으로 줄어들며 베트남 호황도 막을 내리게 된다.

두 번째 위기는 기업들의 부실 문제가 터진 것이다. "차관만 있으면 대기업 하나쯤 세우기 어렵지 않다."라는 풍조 속에 기업들의 재무 구조가 가파르게 악화되며 연쇄적인 파산 사태가 출현하자, 1969년 박정희 정부는 대대적인 부실기업 구조 조정을 단행했다. 다음의 기업 구조 조정 원칙을 보면, 수출 진흥에 매진하던 당시 분위기를 엿볼 수 있다.[6]

① 생산 규모의 국제 단위 미달로 대량 생산을 통한 원가 가감을 기하지 못했고
② 외자 도입 규모에 비해 자기 자금 조성이 부족하여 건설 및 운영 자금까지 타인 자본에 의존함으로써 금리 부담이 무겁고 동시에 원가 부담에 허덕이고 있으며
③ 정부 당국과 차관 업계가 차관 전에 국내 수요 전망을 정

확하게 파악지 못하여 판매마저 부진하고
④ 기술과 시설이 모두 낙후된 기업을 대상으로 한다.

돈을 아무리 많이 빌렸더라도 수출 실적이 없으면 구조 조정 대상 리스트에 올리는 '성과 중심' 평가는 부패를 억제하는 한편, 기업들에 성장 동기를 부여하는 효과를 가져왔다.[7] 1969년 단 한 해에만 30개 업체가 정비되었고, 부실 회사의 총자산은 774억 원, 타인 자본은 732억 원에 달했다. 1969년 GDP가 2조 원 남짓임을 감안할 때, 얼마나 큰 규모인지 알 수 있다.

그러나 구조 조정의 타이밍이 너무 좋지 않았다. 지금은 상상하기 힘들지만, 1971년 8월 15일 이전까지는 금 1온스(약 23그램)를 35달러로 교환해 주는 금본위제도가 유지되고 있었다.* 금 보유량만큼 화폐를 발행하는 게 금본위제의 취지지만, 이는 제대로 지켜질 수 없었다. 왜냐하면 은행에서 대출된 돈은 소비되고 투자되는 가운데 몸을 불려 다시 은행에 예치되는 특성이 있기 때문이다. 더 나아가 미국처럼 압도적인 신용도를 지닌 나라가 금 보유량 이상으로 화폐를 발행하는 것을 막을 나라는 어디에도 없다.

미국이 화폐를 마구 찍어 낸 이유는 베트남 전쟁 때문이었다. 연간 50만 명이 넘는 대규모 병력이 파병된 데다, 베트남 주둔지

---

* 금본위제에 관한 자세한 설명은 '부록 Ⅵ'을 참고하길 바란다.

에 제대로 된 항구가 없었기에 병력과 물자의 운송 비용도 걷잡을 수 없이 불어난 탓이다.[8] 1969년 7월 25일 닉슨 대통령은 괌에서 "우방 및 동맹국에 대한 조약상의 의무는 지키지만, 군사적 개입을 앞으로 줄이겠다."라고 선언함으로써, 베트남에서 철군할 계획임을 밝혔다.[9] 그러나 패배한 전쟁에서의 철군은 매우 어려운 과제였고, 무역 적자가 늘어나는 가운데 달러에 대한 신뢰가 끝없이 떨어졌다. 결국 닉슨 대통령은 금본위제를 폐지하는 한편, 달러와 엔 그리고 프랑 등 주요 화폐의 교환 비율이 외환 시장에서 자유롭게 결정되도록 허용하기에 이르렀다.

금본위제의 폐지는 무역 거래에 심각한 장애를 일으켰다. 금본위제 덕분에 각국의 수출·수입 기업들은 환율 변동에 대한 우려 없이 계약하고 투자할 수 있었다. 하지만 이제 환율이 어떤 방향으로 움직일지 고민해 가격을 책정해야 하는 어려운 업무를 함께 수행해야 했다.[10] 금본위제 폐지는 무역 위축뿐만 아니라 강력한 인플레도 촉발했다. 금의 보유량과 상관없이 화폐를 마음껏 찍어낼 것이라고 예상하는 사람들이 일제히 달러를 팔고 금이나 원유 같은 핵심 원자재 매수에 나섰기 때문이다. 이에 더해 1973년 10월 6일, 이집트와 시리아가 이스라엘을 침공하면서 시작된 4차 중동전쟁이 원유 가격을 끌어올렸다. 〈그림 5-2〉를 보면 1배럴당 석유 가격이 1973년 4.3달러에서 1974년 말 11.2달러까지 인상되었고, 이후로도 지속적인 상승세를 보인 것을 발견할 수 있다.

이때 박정희 정부의 선택은 금융 억압financial repression 정책으

그림 5-2 1배럴 당 원유 가격, 1960~1981년

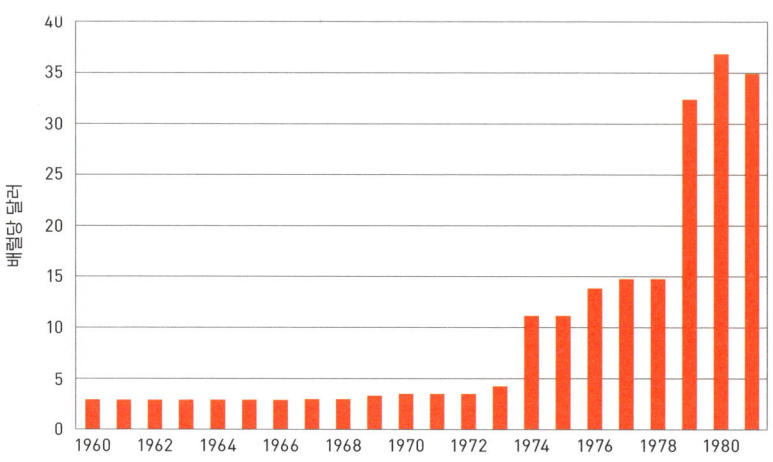

출처: 세인트루이스 연방준비은행, FRED® 제공.

로의 후퇴였다. 금융 억압이란, 정부가 경제 개발을 촉진하고자 인위적으로 금리를 낮게 유지해, 돈을 빌리는 측(주로 기업과 정부)을 우대하고, 저축하는 측(주로 가계)에 보이지 않는 세금을 부과하는 시스템을 뜻한다.[11] 역금리 정책을 주도한 장기영 부총리가 1967년 사임하면서 정책 추진 동력이 약화되고, 은행의 이자 수입 감소를 정부가 무한정 메꾸기 어려웠던 것도 정책 변화의 계기를 제공했다.[12] 은행 예금 금리는 1967년 26.4%에서 1970년 22.8%로 인하되고, 1972년에는 12.0%까지 떨어졌다. 예금 금리 인하와 발맞춰 대출 금리도 24%에서 15.5%까지 내려갔다.

금리 인하를 통해 기업들의 이자 부담을 덜어 주려는 의도였

그림 5-3 예금 및 대출 증가율, 1954~1974년

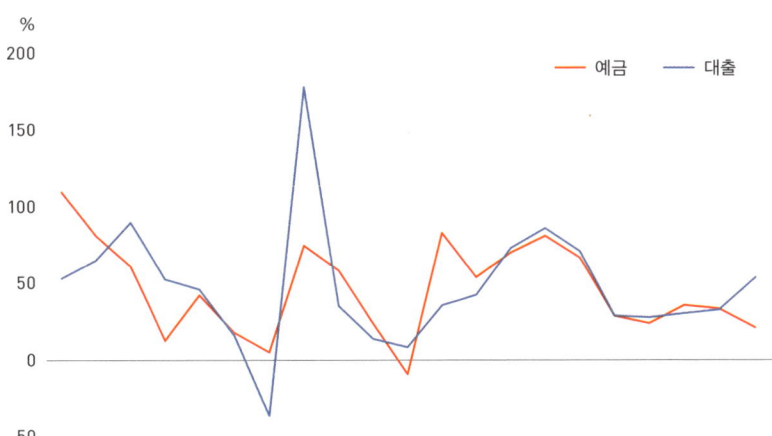

출처: 한국은행(2020), 《한국은행 70년사 별책》.

지만, 상황은 정반대로 흘러갔다. 이자율 인하에 불만을 느낀 사람들이 예금을 기피하며 기업들의 자금 사정이 오히려 악화된 것이다. 예금 증가율은 1968년에 81%를 기록한 후 급전직하해, 1971년에 24%로 내려앉았다. 명목 경제 성장률이 30%인 시대였음을 감안할 때, 예금 기피 현상이 얼마나 심각했는지 알 수 있다. 이런 상황에서 기업이 의지할 곳은 사채私債뿐이었다.

사태가 점점 더 심각해지자, 박정희 정부는 1972년 8월 3일 다음과 같은 초헌법적인 정책을 발표했다.[13]

① 1972년 8월 2일 현재 기업이 보유하고 있는 사채를 일주

일 내에 전부 신고하는 한편, 사채의 이자율을 은행 금리 수준(연 16.2%)으로 인하하고, 원금은 3년 기치 5년 분할 상환하도록 한다. (…)

② 은행 등 금융 기관이 대출한 자금 중 단기성 대출금의 30%를 장기 저리 자금으로 바꿔 준다. (…)

③ 은행을 이용할 수 없었던 저신용/무담보의 중소 상공업자 및 농림수산업자를 위해 신용 보증 제도를 도입한다. (…)

④ 산업 합리화를 위한 자금 500억 원을 조성하여 산업 합리화 기준에 맞는 기업에 장기 저리로 대출한다.

당시 사채의 월 이자율이 대략 4%이니 연 이자는 약 60%에 달했다. 이를 16.2%로 인하하고, 3년 동안 갚지 않아도 될 뿐만 아니라, 5년에 걸쳐 분할 상환한다는 것은 너무나 큰 특혜였다. 실제로 '8.3 조치' 이후 기업들은 금융 비용 부담률이 5% 아래로 떨어지는 가운데 매출액 경상 이익률이 다시 8%까지 치솟는 호황을 누렸다. 세계대전 종전 이후 가장 강력한 불황을 경험한 다른 나라와 달리 1973년 시작된 제1차 석유 위기도 이겨낸 셈이다. 실제로 한국의 경제 성장률은 1972년에 7.3%에 그쳤지만, 1973년에는 15.0%로 뛰어 올랐다.

경제 전체로 볼 때는 큰 성취일지 모르지만, 가계와 자산가들로서는 도저히 납득할 수 없는 조치였다. 신용도가 떨어지는 개인이나 기업에 돈을 빌려줄 때는 은행 이자율 이상의 '가산 금리'

그림 5-4 제조업 매출액 경상 이익률과 금융 비용 부담률

출처: 이헌창(2021), 《한국경제통사》.

를 붙이는 게 당연하다. 예를 들어 미국의 BB 등급 회사채 이자는 6% 전후에 형성되어 있지만, 2018년 테슬라는 무려 8%대의 이자를 부담하고 회사채를 발행했다.[14] 테슬라에 2% 이상의 가산 금리가 붙은 이유는 부도 위험 때문이다. 기업이 부도나는 순간, 돈을 빌려준 사람은 원금의 약 70%에 가까운 손실을 보기 때문이다. 그래서 신용도가 낮은 기업이나 개인에 대한 대출 금리는 은행 대출보다 더 높은 금리를 물리는 게 정상이다. 하지만 '8.3 조치'는 돈을 빌린 사람의 신용도에 상관없이 일률적으로 이자율을 낮추고, 만기를 연장한 것은 물론, 이자를 내지 않아도 되는 3년의 거치 기간까지 제공했다. 이는 해방 이후 힘들게 이룬 포용적

질서를 송두리째 무너뜨린 사건으로 보아야 한다.

　포용적 질서가 무너졌다고 느낄 때 자산가들의 선택은 정해져 있다. 〈그림 5-5〉는 1965년 이후 전국 실질 토지 가격을 보여 주는데, 1970년대 초반부터 다시 상승세가 재개된 것을 발견할 수 있다.

　금융 억압 상황에서 부동산 가격이 오르는 이유는 어디에 있을까? 이 의문을 풀기 위해 소득 대비 주택 가격 배율price to income ratio(이하 'PIR')이라는 지표를 활용해 보자. 1972년에 연 소득이 100만 원에 달하는 고소득 직장인 C 씨가 있다고 가정해 보자. 그는 실질 금리가 마이너스로 전환되자 서울의 주택을 구입하려 노력 중이다. 왜냐하면 경제의 명목 성장률은 연 30%에 이르는

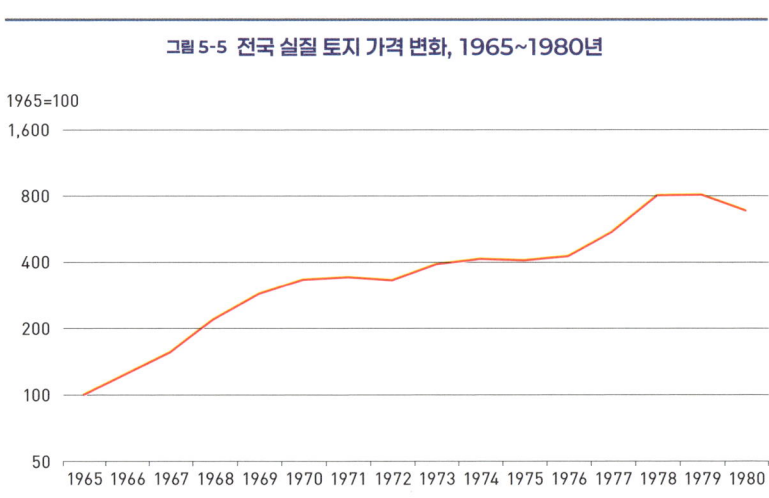

그림 5-5　전국 실질 토지 가격 변화, 1965~1980년

출처: 한국은행, 국토교통부, 프리즘 투자자문 작성.

데, 인구가 집중되는 서울의 주택 가격이 오르지 않을 수 없다고 판단했기 때문이다.• 그가 시세 2,000만 원에 이르는 서울의 집을 매입하려면, 20년간 한 푼도 쓰지 않고 저축해야만 한다. 이때 PIR은 20배이다. 2025년 기준으로 베이징의 PIR이 47배, 서울이 27배이니 무리한 가정은 아닐 것이다.[15] 다시 1972년으로 돌아가, C 씨의 연 소득이 30%씩 꾸준히 늘어난다고 가정해 보자. 그러면 1980년에 C 씨의 소득은 연간 약 815만 원이 된다. 만일 주택 가격이 2,000만 원에서 오르지 않았다면, PIR은 2.4배가 된다. 이 정도라면 주변에 사채를 빌리는 한이 있더라도 주택을 구입하는 게 이익이다. 더 나아가 전세를 끼고 사는, 이른바 '갭 투자'라는 선택지가 있으니, 집을 사려는 사람이 늘어날 수밖에 없다. 따라서 남들보다 한발 먼저 주택을 사려는 사람이 몰려들 것이니, 서울의 집값은 PIR 20배 혹은 그 이상 수준으로 높아질 것이다.

물론 연 30%의 경제 성장이 영원히 지속될 수는 없다. 2022년 이후의 중국처럼 저성장 국면에 접어드는 순간이 언젠가는 찾아오기 때문이다.[16] 다만 1972년에는 충분히 가능한 선택이었다. '8.3 조치'의 영향으로 기업의 수익성이 개선되고 근로자의 임금이 가파르게 인상되는 가운데 실질 금리마저 마이너스를 기록하니, 주택 시장으로 유입되는 돈을 막을 수 없었다. 게다가 1973년 삼환기업부터 시작된 대규모 중동 건설 수주는 미래 소득 전망

• 1963~1980년 기준 명목 GPD 성장률은 30.1%이며, 1인당 소득 증가율은 27.4%이다.

을 크게 개선했다.[17] 미래의 소득 전망 개선 여부를 판단하는 데 가장 도움이 되는 지표가 주가다. 1974년 박정희 정부가 추진한 강제 상장 조치로 인해 1972년 단 66개였던 상장 기업이 1978년 356개로 늘어났고,[18] 특히 건설주 주가는 로켓처럼 상승했다. 1975년 1월 7.65포인트로 시작한 건설 업종 지수는 1978년 6월 24일 409.91포인트까지 약 50배 상승했다. 같은 기간 종합 주가 지수는 69.6포인트에서 150.0포인트로 2.2배 남짓 오르는 데 그쳤으니, 건설주가 얼마나 강력한 랠리를 펼쳤는지 알 수 있다.

한국 정부가 주택 가격 폭등 사태를 마냥 방관한 것은 아니었다. 1976년 8월, 아파트 지구('택지 개발 지구'의 전신)로 371.9만 평이 지정되었는데, 현재 부촌으로 손꼽히는 반포와 잠실, 여의도, 이촌동 등 총 11곳이었다.[19] 이 가운데 가장 면적이 큰 것은 166.7만 평의 반포지구, 그다음이 77.4만 평의 잠실지구 순이었다. 비가 오면 범람하던 주인 없는 땅을 매립해 아파트를 지으니 비용도 얼마 들지 않았던 데다, 서울의 만성적인 주택 공급 부족을 해소해 주택 시장을 안정시킬 것이라는 기대도 있었다.

　그러나 아파트는 케이크처럼 즉각 구워 낼 수 없다. 이것을 경제학에서는 리드 타임lead time이라고 부른다. 어떤 작업이나 프로세스가 시작부터 완료될 때까지 걸리는 시간을 뜻하는데, 건설이나 철강처럼 거대한 플랜트가 필요한 산업일수록 오래 걸리는 게 일반적이다. 물론 1970년대에는 주택 공급 기간이 매우 짧았다.

여의도 시범아파트의 경우 1968년에 분양한 다음 1971년에 입주할 정도였으니 말이다. 그러나 대규모 아파트 단지를 건설하기 위해서는 기반을 단단하게 다지고 도로와 상하수도 등 각종 기반 시설을 만드는 작업이 필요하다. 이 작업이 택지 개발인데, 서울의 신규 택지 대부분이 공유 수면이었기에 물을 막고 흙으로 메우는 과정이 필수적이었다. 더 나아가 1971년 여의도 시범아파트를 시작으로 엘리베이터가 설치되는 등 고급화, 고층화 흐름이 나타난 것도 착공부터 입주까지 더 오랜 시간이 걸린 요인이 되었다. 예를 들어 지상 5층까지 지어진 잠실 1단지는 1975년에 착공해 1976년부터 입주를 시작했지만, 엘리베이터가 설치된 15층 높이의 잠실 5단지는 같은 해에 착공해 1978년이 되어서야 입주할 수 있었다.

택지 개발이 주택 가격의 하락을 가져오지 못한 또 다른 이유는 절대적인 주택 공급 물량의 부족 때문이었다. 1967년부터 1974년까지 연평균 서울 주택 건설 호수는 3.2만 호에 불과했다.[20] 그런데 흥미로운 것은 1970년 인구 센서스*에 밝혀진 서울 주택 수가 58만 호인데, 1975년에는 140만 호로 두 배 이상 급증했다는 점이다. 이런 현상이 나타난 이유는 판자촌의 형성 때문이었다. 상계동의 백사마을이나 개포동의 구룡마을처럼, 산기슭에 무

---

* 한 나라의 인구 상황을 총체적으로 파악하기 위해 일정 시점을 기준으로 행하는 전국적인 인구 조사. 1990년에 '인구 주택 총조사'로 용어가 바뀌었다.

허가 주택이 끝없이 들어섰다. 물론 서울시는 무허가 판자촌을 없애기 위해 부단한 노력을 기울였다. 1971년 8월 10일 발생한, 이른바 '광주대단지 사건'도 이 맥락에서 이해될 수 있다.[21] 1969년 9월 1일부터 청계천 일대의 판잣집을 철거하는 과정에서 집을 잃은 사람들을 광주군 중부면으로 이주시켰지만, 이들이 이주한 곳에는 제대로 된 기반 시설이 없었고, 이에 대규모 시위 사태가 벌어졌던 것이다.

끝없이 상승하던 주택 시장도 경기 흐름을 이길 수는 없었다. 1978년 8월 8일 박정희 정부가 '부동산 투기 억제 및 지가 안정을

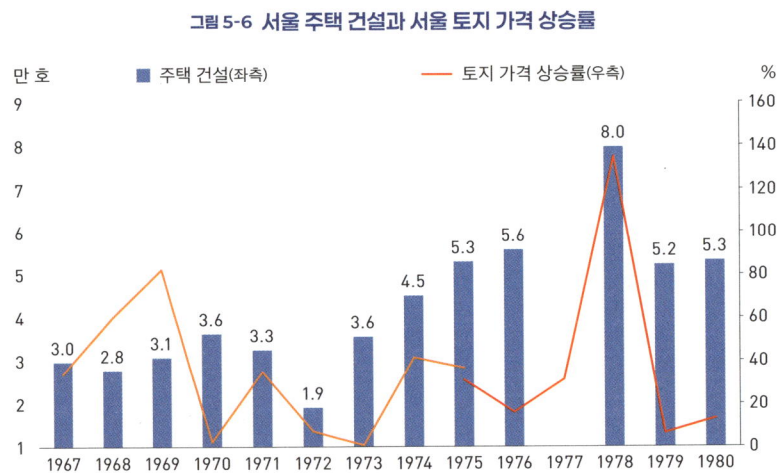

그림 5-6 서울 주택 건설과 서울 토지 가격 상승률

주 1: 1977년은 신뢰할 만한 주택 건설 통계를 찾을 수 없다.
주 2: 1967년부터 1974년까지의 서울 토지 가격 상승률은 경향신문(1978. 01. 12.)을 참고했고, 이후는 국토교통부 통계를 참고했다.
출처: 서울연구데이터서비스, 국토교통부, 프리즘 투자자문 작성.

위한 종합대책'을 발표한 데 이어, 1979년 이란 혁명 발생으로 경제 성장이 꺾였다.[22] 이른바 '8.8 대책'의 기본 내용은 1967년 11월 29일 시행된 '부동산 투기 억제 특별 조치법'과 비슷했다. 주택의 매매 차익에 붙은 세금, 즉 양도소득세율이 기존 30%에서 50%로 인상된 데 이어, 매입한 후 2년 이내에 매도하는 경우에는 70%의 세율이 부과되었다.

1967년과 1978년, 두 차례의 부동산 시장 정점을 보면 크게 두 가지 시사점을 얻을 수 있다. 첫째, 주택 가격 상승의 결정적인 요인은 경제 성장률 변화라는 점이다. 1968년부터 시작된 베트남 경기의 둔화, 그리고 1979년 이란 혁명 등으로 촉발된 불황은 가계의 미래 소득 전망을 어둡게 했다. 소득 전망이 악화될 때는 높은 PIR이 부담될 수밖에 없다. 둘째, 강력한 주택 시장 안정 대책은 성장률 둔화의 충격을 키운다는 점이다. 대대적인 양도세 부과가 이뤄진 가운데 경기가 나빠지니, 재력가들도 적극적인 주택 매수에 나서기 쉽지 않았을 것이다. 1960년대와 1970년대 주택 시장 사이클은 한국이 닫힌 세계가 아닌, 세계 경제의 영향을 많이 받는 나라라는 점을 다시 한번 새겨 주는 것 같다.

1960년대 말부터 시작해 1979년에 끝난 두 번째 주택 사이클은 두 가지 특징을 가지고 있다. 가장 중요한 포인트는 한국 부동산 시장의 사이클을 결정짓는 것이 수출 경기라는 점이다. 정부가 아무리 다양한 정책을 펼치더라도, 글로벌 경기 여건이 좋고 국민 소득이 늘어날 때는 주택 가격을 잡을 수 없었다. 두 번째로 중요한 포인트는 '부동산 불패 신화'의 형성이다. 1972년 '8.3 조치'를 계기로 정부의 사유 재산 보호가 불투명하다는 점을 인식한 재력가들은 틈이 날 때마다 부동산을 매수했다. 정부가 경제 성장을 명분으로 사채를 동결하는 마당에 부동산 이외에 다른 대안이 없다는 인식이 확산되었기 때문이다. 이 인식은 1989년 말 세 번째 주택 시장 정점까지도 부동산 시장에서 압도적인 힘을 발휘했다.

공급 앞에
장사 없다!

6장

1980년대 중반 한국 경제는 베트남 붐 이후 가장 강력한 성장세를 기록했다. 이른바 '3저 호황'이 그것으로, 대호황이 출현한 데에는 내부 요인뿐만 아니라 외부 환경 변화가 큰 영향을 미쳤다.

내부 요인은 1980년대 초반의 강력한 긴축 정책 시행으로 경제의 펀더멘털이 개선된 것을 들 수 있다. 1970년대 박정희 정부의 정책 방향은 경제 성장률 이외의 모든 현안을 신경 쓰지 않는 모습이었다. 물론 놀라운 성과를 거둔 것은 분명한 사실이지만, 중화학 공업 부실화와 만성적인 인플레 그리고 무역 적자라는 문제를 가지고 있었다. 특히 외채에 대한 높은 의존으로 인해, 외환 위기 가능성이 시시각각으로 높아지고 있었다.

이에 1979년 한국개발연구원KDI은 "경제 안정화 종합 시책"

이라는 보고서를 통해 두 가지 정책을 시행해야 한다고 권고했다.[1] 첫 번째 정책은 환율 인상으로, 당시 1달러에 484원인 환율을 600원대로 올리는 것이었다. 환율을 인상하면 수입하는 이들은 큰 타격을 받는 반면, 수출 기업들은 가격 경쟁력이 강화되기에 무역 적자 문제를 해결하는 데 큰 도움을 받을 수 있다. 두 번째 대안은 금리를 인상해 환율 상승에 따른 인플레 압력을 낮추는 것이었다. 금리가 인상되면 투자와 소비가 위축되어, 경제 전반의 수요가 줄어들게 된다.

박정희 대통령 서거 이후인, 1980년 1월 12일 최규하 정부는 환율 인상을 단행했다. 환율의 인상 폭은 계획보다 낮은 580원으로, 기존 환율에 비해 원화 가치가 19.8% 내려간 셈이었다. 대신 예금 금리는 18.6%에서 24%로 인상하고, 수출 금융 지원 금리는 9%에서 15% 선으로 대폭 끌어올려 긴축 정책 노선을 확실하게 정립했다.[2]

5.18 민주화 운동* 이후 출범한 전두환 정권도 물가 안정을 최우선 순위에 올렸다. 가장 대표적인 사례가 1981년 추곡 수매 가

---

* 1980년 5월 18일부터 27일까지 광주와 전남 지역에서 일어난 민주화 운동으로, 전두환을 중심으로 한 신군부 세력이 군사 반란 이후 계엄령을 전국으로 확대하고 민주화 운동을 탄압하자, 학생과 시민들이 민주화를 요구하며 시위를 벌였다. 계엄군의 무력 진압으로 많은 사상자가 발생했으며, 시민들은 시민군을 조직하여 저항했다. 5월 27일 계엄군의 진압 작전으로 끝났으나, 이후 한국 민주화 운동의 상징이 되었고, 1987년 6월 민주 항쟁으로 이어지는 정신적 토대가 되었다. 1997년 국가 기념일로 지정되었다.

격 인상 억제였다. 추곡 수매란 정부가 매년 가을에 쌀을 일정한 가격으로 매입해 주는 제도로, 가격 책정 등을 둘러싼 마찰이 많아 2005년 폐지되고 공공비축제로 변경되었다.[3] 1960년대 이후 한국 정부는 농민들의 지지를 얻을 목적으로 추곡 수매가를 소비자 물가 상승률보다 높은 수준으로 맞추었지만, 1981년에는 추곡 수매가를 단 14%만 인상하기로 결정한 것이다.

내부 요인 외에 해외 여건 개선도 큰 도움이 되었다. 1982년 가을을 고비로 전 세계의 인플레가 꺾이기 시작한 것이다. 1979년 이란 혁명부터 시작된 고유가 환경에 대응해, 소련 등 주요 산유국이 생산량을 늘린 것이 결정적이었다. 1980년에는 1배럴에 40달러

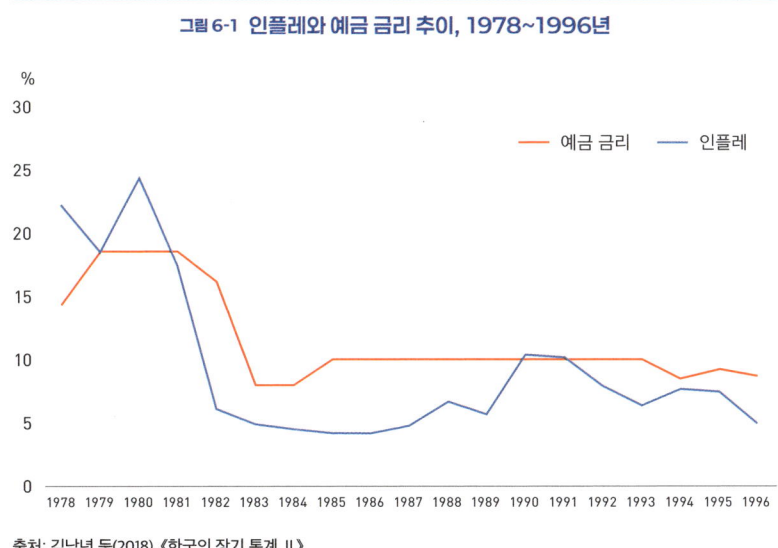

그림 6-1 인플레와 예금 금리 추이, 1978~1996년

출처: 김낙년 등(2018), 《한국의 장기 통계 II》.

전후에서 움직이던 석유 가격이, 1982년 말에는 31달러까지 떨어지고, 1986년에는 16달러까지 떨어지며 한국 경제는 큰 혜택을 입었다. 1982년 한국 소비자 물가는 7.2% 상승에 그쳤으며, 1983년과 1984년 상승률은 3.4%와 2.3%에 불과할 정도였다.

그러나 대부분의 신흥국은 1982년 유가 하락 전에 무너졌다. 특히 1979년 임명된 연준 의장 폴 볼커Paul Volcker는 정책 금리를 20%까지 인상하는 등 강력한 긴축 정책을 펼침에 따라, 아르헨티나, 브라질, 멕시코 등 많은 신흥국이 달러 이자 부담을 견디지 못하고 무너진 것이다. 한국만 하더라도 1970년대 초반에는 외채 금리가 7.9%에 불과했지만, 1980년대 초반에는 13.0%까지 인상될 정도였으니 위기일발의 순간이었다.[4]

1980년 초에 원화 평가 절하를 단행하고 금리를 인상하지 않았다면, 한국도 남미 국가처럼 국제통화기금International Monetary Fund(이하 'IMF')에 구제 금융을 신청하는 신세가 되었을 것이다. 한국과 정반대의 행동을 보인 멕시코의 사례를 보면, 한국 정부의 대응이 얼마나 시의적절했는지 알 수 있다. 멕시코는 1981년 한 해에만 외채를 150억 달러 더 늘리는 등 방만한 정책을 밀고 나가다 파국을 맞이했기 때문이다.[5]

물론 1972년 10월 유신• 쿠데타 이후 윌리엄 포터William Porter

• 　1972년 10월 17일 박정희 대통령이 비상계엄을 선포하고 국회를 해산한 후, '대통령 간선제, 6년 연임제, 연임 제한 없음' 등을 골자로 제7차 헌법(일명 유신 헌법)을 제정한 사건을 말한다. 헌법 질서를 유린한 친위 쿠데타로 평가받는다.

주한 대사가 "미국이 한국에서 27년간 노력해서 쌓아 올린 모든 것을 한 번에 날려버렸다."라고 한탄할 정도로 한미 관계가 나빠진 것은 분명한 사실이다.[6] 그러나 1979년 10.26 사건*으로 유신 체제가 붕괴되고, 1981년 레이건Ronald Reagan 행정부의 출범을 계기로 한미 관계가 회복된 것도 외채 위기를 견디는 데 큰 도움이 되었다.

1984년부터 시작된 3저 호황은 경제 성장을 더욱더 촉진했다. 여기서 3저低란 저물가, 저금리, 저환율 현상을 뜻한다. 이 가운데 가장 중요한 것은 저금리 현상으로, 미국의 연준 의장 볼커는 인플레 압력이 완화되자마자 금리를 인하해 선진국 경기 회복의 단초를 만들었다. 그는 평범한 사람이 투자 계획을 세우거나 생활을 영위하는 데 있어 물가 문제를 고려하지 않아도 되는 환경, 즉 '합리적인 물가 안정'이 시작되었다고 선언함으로써 경제 분위기를 바꿔 놓았다.[7] 이 대목에서 잠깐 미국 금리 인하의 효과를 살펴보자. 예금 금리가 내려가면 저축의 매력이 떨어지며, 저축하지 않은 돈은 소비로 연결될 가능성이 높다. 소비 증가로 매출이 늘어난 기업은 고용과 투자를 늘리며, 주택 및 주식 가격도 은행 예금에서 빠져나온 돈이 몰려들어 회복된다. 그리고 고용 및 자산 가

• 1979년 10월 26일 오후 7시 40분경, 궁정동 중앙정보부 안전 가옥에서 김재규 중앙정보부장과 그의 경호 인력이 박정희 대통령과 차지철 경호실장 외 4명을 권총으로 시해한 사건이다.

격의 증가는 다시 소비 심리를 개선하는 선순환을 일으킨다.

이때 한국의 수출 구조가 바뀐 것도 선진국 경기 회복의 영향을 확대했다. 1967년 주력 수출 품목을 살펴보면 의류(18.4%)와 섬유 제품(13.4%) 등 경공업 제품이 압도적이었다. 그러나 1982년이 되면 의류(17.3%) 등 경공업 비중이 낮아지고, 운송 기계(15.4%)와 전자 기기(9.9%) 등 이른바 중화학 공업 비중이 올라온 것을 발견할 수 있다.[8] 자동차나 전자 제품처럼 오래 쓸 수 있는 '내구 소비재'는 경기가 좋을 때 매출이 늘어나는 특성을 보인다. 따라서 경제학자들은 이러한 제품을 '소득 탄력성이 큰 재화'라고 표현한다.[9] 경기가 좋아지고 소득이 조금만 늘어나도 수요가 크게 증가하는 제품으로, 사실 가장 소득 탄력성이 큰 것은 해외여행이다. 소득이 한 단위 늘어날 때, 해외여행은 무려 두 단위나 늘어날 정도로 소득 전망에 민감하다(소득 탄력성 2.1).

1985년 플라자 합의Plaza agreement를 계기로 일본 등 경쟁국 통화 가치가 상승한 것도 큰 호재였다. 당시 《1등으로서의 일본》이라는 책이 베스트셀러가 될 정도로 일본 경제는 전성기를 보내고 있었다. 그러나 미국 입장에서 볼 때 일본 경제의 성장은 꽤 불쾌한 일이었다. 특히 반도체 분야에서 일본에 미국 기업들이 밀리는 게 문제였다. 1984년 미국 정부는 '반도체 보호법'을 제정하며 일본 기업들을 견제하는 한편, 1987년에는 '미일 반도체 협정'을 체결하여 일본산 D램*의 미국 수출을 제한하기에 이르렀다.[10]

그럼에도 일본 기업의 기세를 꺾지 못하자, 1985년 9월 미국 뉴욕의 플라자 호텔에서 열린 선진 5개국 재무장관 회담(플라자 합의)에서 다음과 같은 내용을 결정했다.[11]

① 미국의 무역 수지 개선을 위해 일본 엔화와 독일 마르크 화의 평가 절상을 유도한다.
② 이것이 순조롭지 못할 때는 정부의 협조 개입을 통해 목적을 달성한다.

플라자 합의 이후 시장 분위기는 완전히 달라졌다. 플라자 합의 직전, 달러에 대한 엔화 환율은 242엔이었으나, 9월 말에는 216엔이 되었고, 10월 말에는 211엔에 이르렀다. 국가 간 합의로 환율을 강제하는 것은 지금이라면 도저히 불가능한 일이지만, 당시에는 소련에 맞서 싸우는 자유 진영의 일원이라는 동료 의식이 있었던 데다, 특히 일본이 패전국으로서의 굴레를 벗어던지고 국제 사회에서 중요한 역할을 담당하겠다는 의지를 불태운 것이 합의를 달성한 결정적 원인으로 작용했다.[12] 반면 원화 환율은 1984년 말 806.0원에서 1985년 말 870.5원, 그리고 1986년 말 881.3원까지 상승함으로써, 원화 가치가 하락하여 수출에서 강력

•   dynamic random access memory의 약자로, 데이터를 일시적으로 저장하는 반도체 메모리를 말한다.

한 경쟁 우위를 누리게 되었다.

1986년 현대자동차가 만든 베스트셀러 포니의 미국 수출이 이뤄진 것도 원화 가치 하락 덕분이었다. (미국 진출 시 브랜드는 '포니 엑셀'이었다) 예를 들어 일본 도요타 자동차의 코롤라가 대당 2만 달러에 팔리고 있는데 현대자동차의 포니 엑셀이 1만 달러라면, 이에 매력을 느끼는 이들이 많을 것이다. 실제로 현대자동차는 미국에서 "신차 한 대 값이면 엑셀 두 대를 살 수 있다."라는 광고 문구를 내세울 정도였다.[13] 공격적인 판촉 활동에 힘입어 1986년에만 16.8만 대가 팔렸고, 1987년에는 무려 26.3만 대를 팔 정도로 큰 히트를 쳤다. 자동차뿐만 아니라 반도체도 이때 기회를 잡았다. 인텔이 메모리 반도체를 버리고 중앙 처리 장치CPU 분야에 집중하기로 하면서 한국 반도체 산업에 생산 설비를 넘겼던 것이다.[14]

실리콘 밸리는 메모리 칩 분야에서 일본의 지배에 맞서는 방법이 한국을 키우는 것이라고 생각했다. (…) 인텔의 최고 경영자 밥 노이스Bob Noyce는 "한국인들은 일본보다 더 저가로 판매할 테니, 일본이 헐값에 판매하더라도 세계 D램 시장을 독점하는 일은 불가능해질 것이다."라고 예측했다. 그리하여 인텔은 한국의 반도체 생산자들을 환영했다. 인텔은 1980년대 삼성과 함께 합작 투자에 합의한 실리콘 밸리 기업 중 하나다.

"적의 적은 친구다."라는 관점에서 시작된 것이 한국 반도체의 성장을 촉진했다. 삼성전자, LG반도체, 현대전자 등 한국의 반도체 기업들은 무서운 속도로 시장을 잠식해, 1990년대 중반에는 이윽고 세계 1위 자리를 차지하게 된다.

　경제가 가파른 성장세를 이어 가고 있었지만, 주택 시장의 회복은 매우 더디게 진행되었다. 1979년 발생한 2차 석유 위기로 경기가 급격히 나빠진 데다, 1970년대 말의 대규모 택지 개발로 공급 과잉 현상이 출현한 것도 주택 경기 침체를 가져왔다. 전두환 정부는 1980년 9월 16일 '경제 활성화 대책'을 통해 주택 매매 차익에 붙는 양도세를 5~20%로 인하했다.[15] 그래도 경기가 살아나지 않자 같은 해 12월 13일에는 '부동산 경기 활성화 대책'을 발표해 양도세 탄력 세율을 도입하는 한편, 1981년 6월 26일 '주

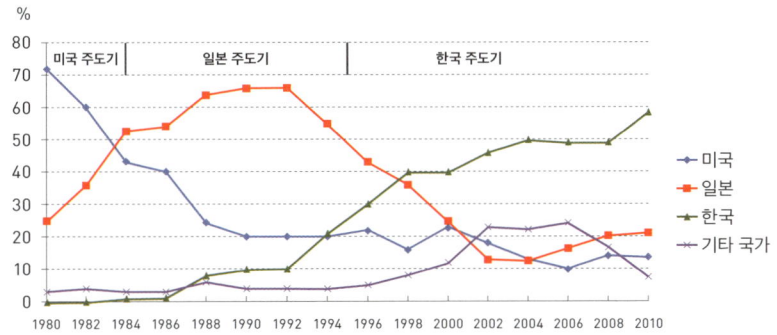

그림 6-2 1980년 이후 메모리 반도체 시장의 국가별 점유율

출처: Monolithic3d(2011. 11. 20.), How Korea Became the Hub of the Memory Industry.

택 경기 활성화 조치'를 통해 분양가에 대한 통제마저 풀기에 이르렀다. 그럼에도 부동산 경기 회복은 쉽지 않았다. 실질 토지 가격 기준으로 보면, 1978년의 고점 수준을 회복한 것은 1984년의 일이었으니 말이다.

그러나 주택 공급 물량이 가파르게 줄어드는 가운데, 수급의 균형추가 바뀌기 시작했다. 1980년 주택 건설은 21.1만 호였지만, 1981년에는 14.9만 호로 줄어들었고, 1985년에도 22.7만 호에 불과할 정도로 주택 공급 부진 현상이 장기화되었다.[16] 그뿐만 아니라 1981년 일시 완화했던 분양가 상한제를 1982년부터 다시 도입한 것이 문제를 일으켰다.[17] 정부는 1982년 12월 아파트 분양가를 105만 원으로 통제하기 시작했고, 이 조치는 1985년까지 이어졌다. 1979년부터 1981년까지 연평균 22.8%의 소비자 물가 급등이 출현했는데, 1979년의 분양가 상한을 90만 원에서 1981년 105만 원으로 인상한 후 동결한 것은 너무 가혹한 처사였다.* 그럼에도 역대 정부는 지속적으로 분양가 상한제를 도입하곤 했는데, 이는 정치 논리가 경제 분석을 압도한 탓이다.[18]

주택 공급이 부족한 가운데, 1985년부터 경기가 좋아지니 주택 가격이 급등하기 시작했다. 특히 문제가 된 것은 전세 가격의 상승이었다. 1986~1990년까지 전국 주택 매매 가격은 47.3% 상

---

* 분양가 상한제가 주택 공급을 가로막는 이유에 관해서는 9장에서 보다 자세히 다룬다.

승한 반면, 전세 가격은 82.2%나 상승한 것이다.[19] 전세 가격의 급등은 두 가지 요인 때문이었다. 첫 번째는 1980년대 중반까지의 주택 공급 부족이었다. 입주할 집이 없기에 전세나 월세 가격이 상승할 가능성이 높아졌다. 두 번째는 정부가 1989년 전세 임대차 기간을 기존 1년에서 2년으로 연장한 데 있었다.[20] 저소득자들의 주거 안정을 도모한다는 의도는 선한 것이었다. 그러나 전세 임대차 기간을 2년으로 연장하자, 임대인들이 전세 가격에 2년 치 인상분을 반영하기 시작했고, 그 결과 사회 전체적으로 대혼란이 빚어졌다.

저금리에 공급 부족 그리고 강력한 주택 매수 열기가 가세해 주택 가격이 급등할 때 어떤 대응 방법이 있을까? 이 질문에 대한 답은 1967년과 1978년에 이미 얻은 바 있다. 대규모 주택 공급을 단행하는 한편, 양도세 강화 등 부동산 규제를 시행하는 것이다. 1988년 8월 10일 발표된 '부동산 종합 대책'에는 주택 매매를 통해 발생하는 차익에 대한 양도세를 누진으로 과세하는 한편, 종합 토지세를 1990년에 도입한다는 내용이 담겨 있었다.[21] 특히 1989년 2월 4일 발표된 '긴급 부동산 투기 억제 대책'을 통해 노태우 정부는 대도시 주택 공급을 확대하고, 분당과 일산 등 5개의 신도시를 건설할 것이라고 밝혔다.

〈그림 6-3〉은 1977년부터 1994년까지의 실질 토지 가격 변화와 주택 인허가 물량을 함께 보여 주는데, 1988년부터 1994년까

그림 6-3 실질 지가 상승률 및 주택 인허가, 1977~1994년

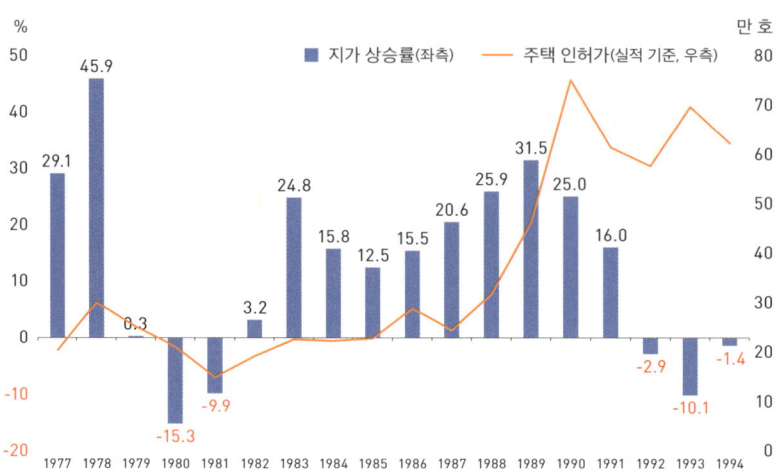

출처: 한국은행, 건설교통부, 한국부동산원, 프리즘 투자자문 작성.

지 403만 호의 주택이 공급된 것을 알 수 있다. 1990년 한국의 총 가구 수가 1,136만 가구에 불과했음을 감안할 때 지나치게 많은 공급이었다. 이 결과 주택 시장 역사상 가장 강력한 약세장이 시작되었다. "부동산 불패" 신화가 깨진 순간이자, 새로운 출발점에 서게 될 사건이었다.

6장을 마무리하면서 짚어 둘 점은 같은 시기에 일본, 스웨덴, 핀란드, 미국 등 선진국 부동산 시장도 급격한 하락세를 보였다는 점이다. 이런 면에서 볼 때 한국 부동산 시장도 국내의 수급 요인 뿐만 아니라, 해외 변수에 노출되기 시작했다고 볼 수 있다. 다음 장에서는 일본과 달리, 한국 부동산 시장이 2000년대에 부활한 이유를 살펴보도록 하자.

 요약 및 교훈

1978년부터 시작된 약세장은 주택 공급 부족 및 3저 호황을 계기로 끝나고 새로운 강세장이 시작되었다. 그러나 유례를 찾기 힘든 대규모 주택 공급과 부동산 규제 조치 영향으로 상승세가 꺾였다. 특히 일본은 물론 스웨덴을 비롯한 북유럽 국가와 함께 불황이 시작되었다는 면에서, 한국 부동산 시장이 글로벌 사이클에 편입된 첫 번째 국면이었다고 볼 수 있다.

일본형 장기 불황을
겪지 않은 이유는?

7장

1991년부터 2000년까지 10년 동안 약세 국면이 이어졌다. KB부동산에서 발표한 아파트 매매 가격 지수를 보면, 1991년 평균이 33.2포인트인데, 2000년 평균은 30.3포인트에 불과하다. 같은 기간 소비자 물가가 50.1% 상승했으니, 실질적인 전국 아파트 매매 가격은 반 토막이 난 셈이다. 주택 시장의 붕괴는 자산가들이 주로 거주하는 고급 주택도 예외가 아니었다. 1978년 7월 평당 62만 원에 분양된 압구정 현대아파트 80평형의 가격은 1989년 평당 1,000만 원의 벽을 돌파했고, 외환 위기 직전이었던 1996년에는 평당 2,000만 원 전후에서 거래되고 있었다.[1] 그러나 외환 위기 이후 다시 평당 1,000만 원 수준으로 떨어지고 말았다.

왜 이토록 강력한 주택 가격 하락이 나타났을까? 가장 직접

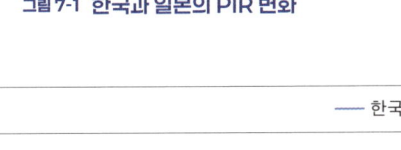

그림 7-1 **한국과 일본의 PIR 변화**

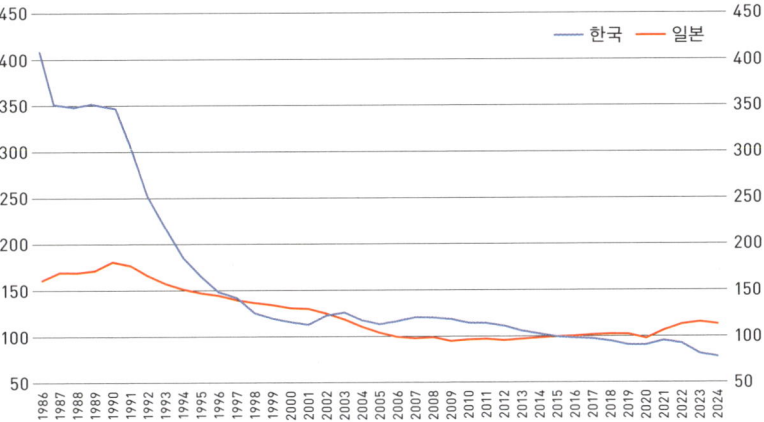

출처: OECD, 프리즘 투자자문 작성.

적인 이유는 1990년 한국 주택 가격이 소득에 비해 지나치게 비싼 데 있다. 〈그림 7-1〉은 경제협력개발기구Organization for Economic Cooperation and Development, OECD에서 연도별 PIR 변화 추이를 작성한 것으로, 1980년대 중반 이후 지속적인 하락 흐름을 관찰할 수 있다. 2015년을 기준(=100)으로 보면, 1986년의 소득 대비 집값 수준은 400에 이르렀다. 즉, 소득과 주택 가격의 경주에서 가계가 번번이 패배하는 상황이 지속된 셈이다.[2]

1987년 겨울부터 시작된 이번 부동산 이상 폭등은 그 진폭이 유례없이 커 전국의 집값을 불과 1년 반 만에 2배나 뛰어오르게 했고, 서울 강남 지역 아파트는 무려 3배가 뛰는 기현상을 보였다.

강남 반포주공아파트 25평형의 경우 1978년에 1,100만 원하던 것이, 1989년 4월에는 무려 1억 5,000만 원으로 13.6배나 뛰었다. 반면 같은 기간에 노동자 월평균 임금은 5.7배밖에 오르지 않아, 월급이 오르기만 기다려서는 도저히 집을 살 수 없다는 것을 보여 주고 있다.

인용된 기사에 포함된 임금 통계를 보면, 1978년 월평균 임금이 8.2만 원에서, 1980년에는 14.2만 원, 그리고 1989년에는 44.3만 원으로 늘어난 것을 볼 수 있다. 불과 10년 만에 임금이 5.7배 상승했는데도, 집값 상승을 따라잡을 수 없었다는 이야기다.

주택 시장 불황이 장기화된 또 다른 이유는 한국 기업들의 경쟁력 약화다. 단 10년 만에 임금이 5.7배 오르는데, 이익을 낼 기업은 많지 않았을 것이다. 당시 사정을 다룬 기사 한 편을 보자.[3]

삼성 그룹의 전 계열사와 럭키금성 그룹의 2개 계열사가 올해 사원들의 임금을 작년보다 18~20% 인상하기로 노사 간에 합의했다. (…) 대기업의 올해 임금 인상률이 대체로 18~20% 선에서 결정되고 있으며, 사무직보다는 생산직을 더욱 올리는 경향을 보이고 있다.

물론 근로자 임금이 오르는 것은 경제 전체의 소비 기반을 확충할 뿐만 아니라, 성취동기를 높이는 긍정적 효과를 지닌다. 특히 임금 상승에 따른 생산성 향상 현상을 경제학자들은 효율 임금efficient wage이라고 부른다.*

그러나 1980년대 말 한국에서는 정반대 현상이 나타나고 말았다. 생산성과 임금 상승률의 관계를 보여 주는 것이 바로 단위 노동 비용unit labor cost인데, 생산성 향상률이 임금 인상 속도를 따라가지 못할 때 단위 노동 비용이 상승한다. 단위 노동 비용이 상승하면 기업들은 인력 채용을 줄이는 한편, 기계 장비에 대한 투자를 늘리는 방향으로 움직인다. 왜냐하면 단위 노동 비용의 상승은 곧 생산 단가의 인상으로 연결되어 글로벌 경쟁에서 패배할 가능성을 높이기 때문이다. 그러나 한국 기업들은 3저 호황에 도취되어 노동에서 기계로의 전환을 신속하게 추진하는 데 어려움을 겪었다. 1981~1997년 연평균 취업자 수 증가율은 2.6%를 기록했는데, 이는 인구 증가율 1.1%를 감안할 때, 기업들이 미래에도 지속적인 노동 수요가 발생할 것으로 낙관했음을 시사한다.

〈그림 7-2〉는 1970년부터 2010년까지 단위 노동 비용의 변화를 보여 주는데, 1970년대 후반과 1980년대 후반에 강력한 비용 상승이 나타났음을 알 수 있다. 특히 1986~1990년 한국의 생산성은 8.5% 높아졌지만, 임금은 10.1% 상승한 것으로 나타난다.[4]

---

* 효율 임금에 관한 자세한 설명은 '부록 Ⅶ'을 참고하길 바란다.

그림 7-2 한국의 단위 노동 비용 상승률 추이

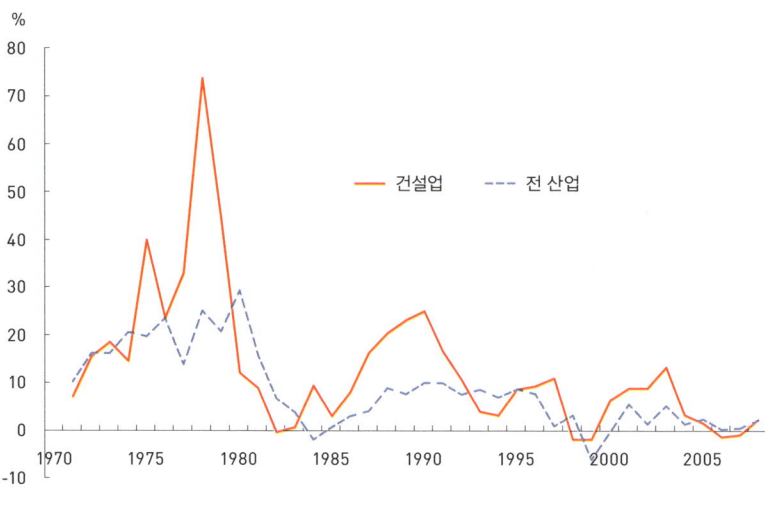

출처: KDI(2010).

반면 같은 기간 일본의 생산성은 4.5% 개선되었는데, 임금 상승은 단 3.2%에 그쳤다. 1985년 플라자 합의 이후 시작된 엔화 강세로 얻은 경쟁 우위가 대부분 소멸된 셈이다.

기업들의 경쟁력이 약화되는 가운데, 미국 부시George H. W. Bush 행정부가 일본에 이어 한국을 무역 전쟁의 타깃으로 삼은 것도 문제가 되었다. 1988년 미국 정부가 한국과 대만을 이른바 '환율 조작국'으로 지정했던 것이다.[5] 사실 환율 조작국으로 지정된 데 따른 직접적 충격은 크지 않았지만, 상징적인 의미가 매우 컸다. 미국 입장에서 "당신은 우리와 정당한 경쟁을 하는 것 같지 않다."

116

라는 신호를 준 것이니 말이다. 결국 우리 정부는 미국의 위협에 굴복해 환율 인하를 결정했다. 달러에 대한 원화 환율은 1987년 말 861.4원에서 1989년 말 679.6원까지 떨어졌다.

더 나아가 한국이 '슈퍼 301조' 적용 대상 국가가 된 것도 문제였다.[6] 슈퍼 301조란 무역 상대국을 우선 협상 대상으로 지정하는 한편, 광범위한 보복 조처를 할 수 있게 허용하는 법안이다. 최근 공개된 1987~1989년 외교 문서에 따르면, 미국 측은 "미국 행정부가 주요 대미 흑자국의 시장 개방 성과를 과시해야 할 필요가 있다."라며, 외교 채널을 통한 압박을 강화했다.[7] 결국 3년여에 걸친 협상 끝에 오렌지와 위스키 등의 농산물 시장을 개방하는 한편, 1989년 해외여행을 전면 자유화하는 등 대미 무역 흑자를 줄이기 위한 행동을 취할 수밖에 없었다.[8]

물론 미국의 통상 압력이 우리 경제에 나쁜 영향만 미친 것은 아니다. 원화 가치가 상승하며 소비가 진작되고 임금이 가파르게 오른 덕분에 1989년과 1990년 한국의 경제 성장률은 각각 7.1%와 9.1%에 이르렀기 때문이다. 그러나 이때부터 기업들의 생산 설비 해외 이전이 본격화되고, 경영 성과가 악화되기 시작했다. 〈그림 7-3〉은 경제 성장률과 제조업 영업 이익률의 관계를 보여주는데, 1980년대 후반 가파른 추락을 확인할 수 있다. 참고로 영업 이익률이란 기업이 영업 활동을 통해 번 이익이 매출에 비해 얼마나 되는지 측정한 것이다.

6장에서 언급했듯, 한국 주택 시장의 흐름을 좌우하는 가장

그림 7-3 한국의 경제 성장률과 제조업 영업 이익률

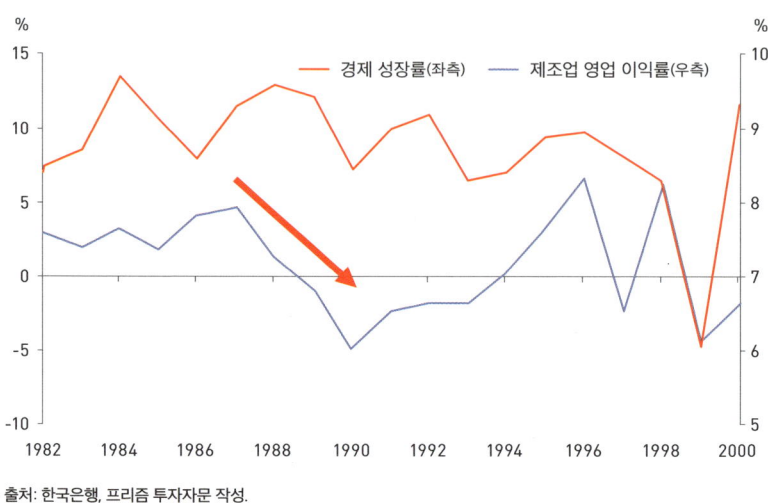

출처: 한국은행, 프리즘 투자자문 작성.

중요한 요인은 경기와 주택 공급이다. 경기가 나빠지면 소득 전망이 악화되고, PIR이 높아지니, 주택 수요가 위축되는 것은 당연한 순서다. 더 나아가 공급이 수요를 넘어서면 미분양이 증가하고, 가계는 "조금만 더 기다리면 싼값에 집을 장만할 수 있겠구나."라는 기대감을 품는다. 물론 건설사들이 분양가를 인하하면 되지만, 이미 집을 분양 받은 사람들이 문제가 된다.[9] 같은 집을 분양받았는데, 누구는 더 싸게 구입한다면, 참을 이는 많지 않을 것이다.

도시화 속도가 1990년대부터 느려진 것도 악영향을 미쳤다. 도시화율은 1960년에 28.7%에 불과했지만, 1990년에는 73.8%로 가파르게 상승했다. 그러나 2000년에는 79.6%에 그침으로써,

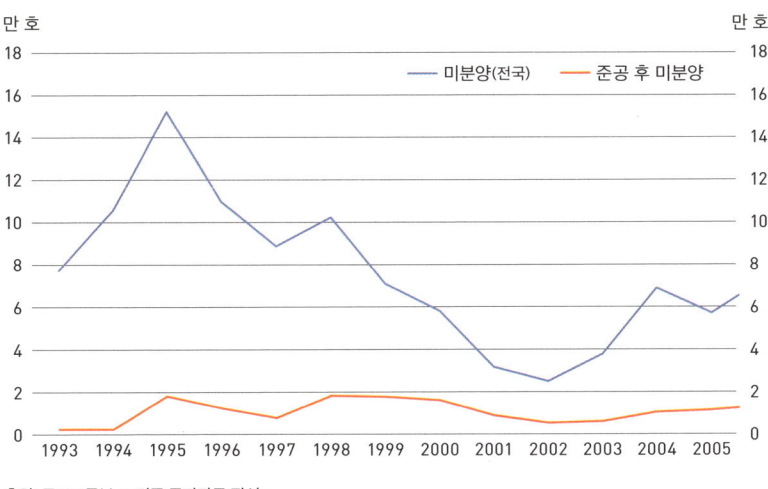

그림 7-4 주택 미분양 추이

만 호 / 만 호

출처: 국토교통부, 프리즘 투자자문 작성.

한국전쟁 이후 시작된 기나긴 이촌향도離村向都 현상이 막을 내렸다.[10] 도시로의 대규모 이주가 일단락되면, 신규 수요보다는 교체 수요가 늘어나는 게 당연한 일이다. 그런데 1990년대 내내 주택 공급이 폭발적으로 늘어났으니, 탈이 나지 않을 수 없었다. 결국 1990년대의 주택 가격 폭락 사태는 1997년 외환 위기라는 외부 충격 외에도 경제 성장 둔화, 도시화 흐름 중단 등 다양한 요인이 영향을 미쳤던 것으로 보아야 한다.

이제 한발 더 나아가 1998년 이후 부동산 시장이 다시 상승하게 된 이유를 살펴보자. 한국 주택 시장이 10년 만에 다시 상승세로 복귀한 가장 직접적인 이유는 명목 가격이 1997년을 제외하고는 그대로 유지된 데 있다. 〈그림 7-5〉는 한국과 일본의 명목 지가 흐름을 보여 주는데, 둘 사이에 괴리가 뚜렷한 것을 볼 수 있다. 그러나 〈그림 7-6〉의 실질 가치로 보면 한국의 토지 가격이 일본보다 더 가파른 하락세를 보인 것을 발견할 수 있다.* 1990년을 기준(=100)으로 계산해 보면, 1998년 한국은 57에 불과한 반면, 일본은 80이었다. 그럼에도 한국이 장기 불황의 늪에 빠지지 않은 이유는 사람들이 인플레를 감안한 '실질' 개념에 익숙하지 않은 덕이다. 대신 겉으로 드러난 가격, 예를 들어 '국민 평수(84제곱미터) 아파트 가격이 10억'이라는 식으로 이야기한다. 이러다 보니 외환 위기 때 잠깐 폭락했을 뿐 금방 가격이 회복한 것으로 착각하는 것이다.

반대로 일본의 경제 상황은 달랐다. 한국보다 물가가 훨씬 안정되어 있었기에, 실질 가격은 별로 내리지 않았더라도 명목 가격이 크게 하락했다. 소니Sony나 도요타Toyota 등 세계적인 경쟁력을 보유한 기업들이 즐비한 데다, 해외에 투자되었던 거액의 자산이 일본으로 회귀하는 과정에서 발생한 엔화 강세로 수입 물가가 하락하여 인플레를 억제했기 때문이다.[11] 따라서 1억 엔 하던 명목 집값이 7,000만 엔으로 내려가자 큰 충격을 받을 수밖에 없었다.

•   '명목 가격'은 시장에서 실제로 거래되는 가격이고, '실질 가격'은 명목 가격에서 물가 상승률(인플레)을 제거하여 화폐의 실질 구매력 변화를 반영한 가격이다. 예를 들어 10년 전 1억 원이던 토지가 현재 2억 원이 되었다면, 명목 가격은 2배 상승했지만, 같은 기간 물가도 2배 올랐다면, 실질 가격은 변동이 없는 셈이다. 이처럼 실질 가격은 자산의 진정한 가치 변화를 파악하는 데 유용하다.

그림 7-5 한국과 일본의 명목 지가 변화

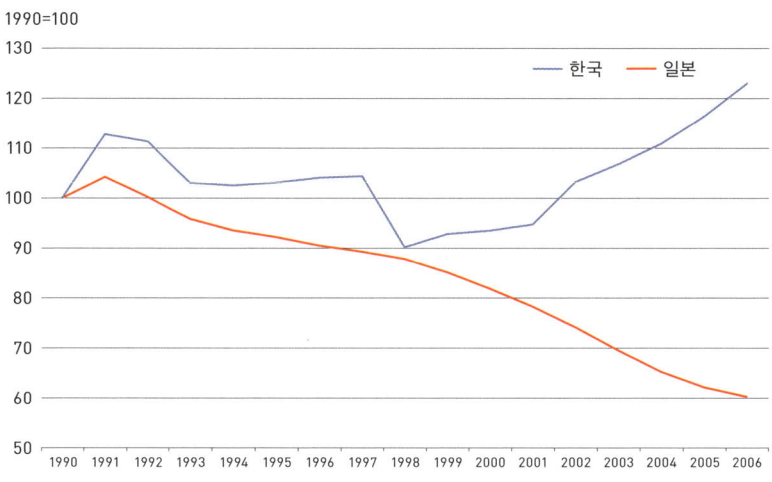

출처: 국토교통부, 프리즘 투자자문 작성.

그림 7-6 한국과 일본의 실질 지가 변화

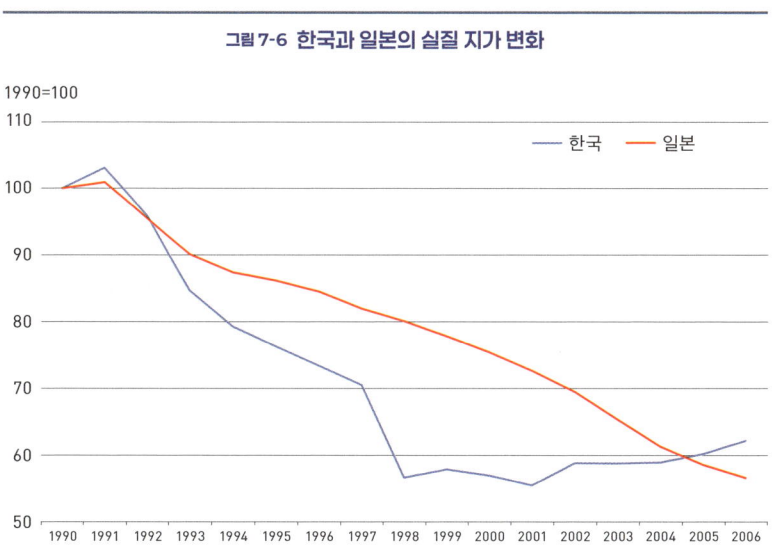

출처: 세인트루이스 연방준비은행, 국토교통부, 프리즘 투자자문 작성.

한국 부동산이 외환 위기 이후 회복할 수 있었던 두 번째 요인은 주택 담보 대출이 미미한 데 있다. 박정희 시대 부동산 시장의 흐름을 다루면서 사채 동결 조치를 유독 강조했던 이유가 여기에 있다. 기업들에 대출해 줄 돈도 없는데, 주택 담보 대출 시장이 존재하기란 힘들었다.[12] 주택은행이 주택 구입 자금을 일부 공급했지만, 1996년 총대출금은 단 1.9조 원에 불과할 정도였다.[13]

반면 일본의 담보 인정 비율loan to value(이하 'LTV')*은 90% 이상이었기에, 명목 주택 가격의 하락이 바로 대출 회수로 이어졌다. 금융 기관 입장에서 1억 엔의 가치가 있다고 보고 9,000만 엔의 주택 담보 대출을 제공했는데, 집값이 7,000만 엔 아래로 내려가면 대출 회수에 나설 가능성이 높다. 이 결과 일본 경제는 대출 회수가 주택 가격 폭락으로 이어지는 악순환에 빠져들었다.[14] 약 4년 치 GDP 규모(1,500조 엔)의 자산 손실이 발생하여 가계와 기업의 재무 건전성이 악화된 데다, 가계와 기업이 이자와 원리금 상환을 위해 지출을 줄이는 과정에서 디플레 압력이 높아진 것이다.

더 나아가 원화 가치가 크게 떨어진 것도 힘이 되었다. 1998년 달러에 대한 원화 환율이 2,000원까지 상승하는 가운데, 수출 경쟁력이 가파르게 개선된 것이다. 이에 더해 IMF의 고금리 정책이

---

* LTV는 주택 가격 대비 대출 가능 금액의 비율을 의미한다. 예를 들어 LTV가 60%로 규제되면 10억 원의 주택을 구입할 때 최대 6억 원까지만 대출받을 수 있다. LTV를 낮추면 대출 규모가 줄어 주택 구매력이 감소해 부동산 시장이 억제되는 경향이 있으며, 반대로 LTV를 높이면 대출 규모가 늘어 주택 구매력이 증가해 부동산 시장이 활성화되는 경향이 있다.

그림 7-7 주택 담보 대출의 상대적 비중, 1980~1995년

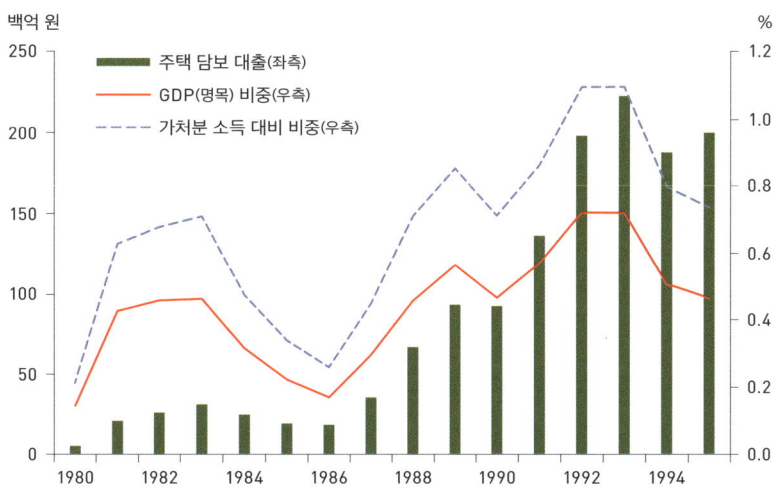

출처: 국토교통부 《국민주택기금 업무편람》, 한국주택은행(1997) 《한국주택은행 30년사》, 한국은행 경제통계시스템.

1999년부터 완화되고, 기업 대출에서 큰 손실을 본 은행들이 주택 담보 대출 시장에 뛰어든 것이 전환점을 제공했다. 물론 김대중 정부가 약 169조 원에 이르는 거대한 공적 자금을 투입해 금융 기관을 살린 덕분에 시중 은행이 예전보다 건전해진 것도 가계 대출이 확대된 요인으로 작용했다.[15]

이 결과 한국 주택 시장은 1998년 말을 전후해 살아나기 시작했다. 전국 기준 토지 가격의 하락은 1999년에 이미 멈추었고, 2002년과 2003년 각각 9.0%와 3.3%라는 인상적인 상승률을 기록하며 본격적인 강세장의 막을 올렸다. 〈그림 7-8〉은 은행권 대출과 주택 가격의 관계를 보여 주는데, 1999년부터 은행 대출이

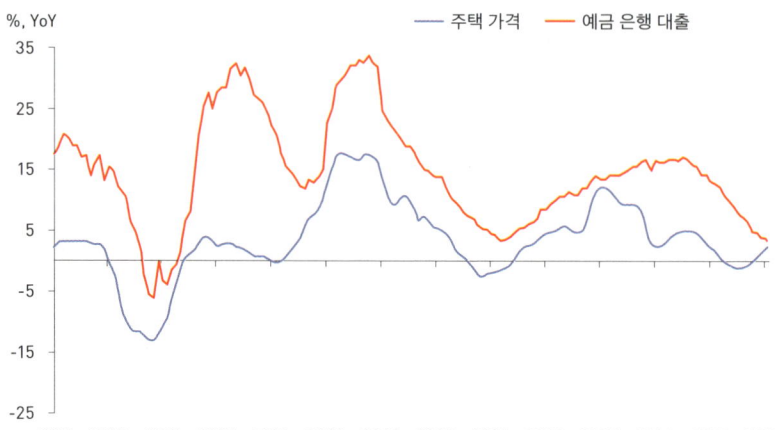

그림 7-8 대출 증가율과 주택 가격 상승률의 관계, 1997~2010년

출처: 한국은행, 프리즘 투자자문 작성.

회복되기 시작한 것을 발견할 수 있다. 즉, 다른 선진국처럼 정부의 금리 인하를 계기로 주택 수요가 증가하며, 이게 다시 대출 증가로 이어지는 순환 구조가 형성된 셈이다. 1999년 이전까지 한국의 주택 시장은 성장률과 주택 공급만 보면 되었지만, 이때부터는 금리와 대출 조건도 투자 의사 결정의 중요 부분으로 부각되었다.

1999년부터 시작된 강력한 호황이 2008년에 마무리된 것도 이런 맥락에서 설명할 수 있다. 2008년 세계 금융 위기가 촉발되면서 수출 전망이 어두워진 것, 그리고 중국의 원자재 수요로 촉발된 인플레에 대응해 한국은행이 정책 금리를 인상한 것이 주택 시장에 강력한 충격을 가했기 때문이다. 반면 과거와 달리 주택 공급 변화는 주택 시장에 큰 영향을 미치지 않았는데, 이 부분은 8장에서 보다 자세히 다루도록 하겠다.

 요약 및 교훈

1990년대 한국 부동산 시장은 '한국판 잃어버린 10년'을 경험했다. 외환 위기와 공급 과잉의 파도 속에 주택 가격이 떨어지고 대규모 미분양이 발생한 것이다. 그러나 일본과 달리 명목 가격의 하락이 크지 않았고, 주택 금융이 발달하지 않은 탓에 디플레 스파이럴deflationary spiral*로 이어지지 않았다. 더 나아가 1999년부터 주택 담보 대출이 활성화되고 수출이 살아나자, 주택 시장은 강력한 상승세를 맛보았다.

- 물가가 지속적으로 하락하는 '디플레이션'으로 인해 소비와 투자가 줄고, 이로 인해 다시 물가가 하락하는 악순환이 반복되는 현상을 말한다. 이는 경제 전체의 침체를 야기하며, 물가, 소득, 기업 수익성 등이 모두 저하되는 상황을 낳는다.

수도권 주택 공급이 부족하다면, 인구를 지방으로 옮기면 되지 않을까?

8장

1999년부터 시작된 강세장의 가장 큰 특징은 서울 특정 지역 아파트 가격의 독주였다. 2000년을 기준(=100)으로, 2008년 강남 아파트의 실질 매매 가격은 212.2를 기록한 반면, 강북 지역 아파트의 실질 매매 가격은 160.4에 불과했다. 물론 전국 아파트의 실질 매매 가격이 148.7에 그쳤으니, 강북 12개 구가 전국 평균보다 높은 상승률을 기록한 것은 맞다. 그러나 강남 13개 구의 독주는 너무나 놀라운 것이었고, 이에 대한 다양한 대책이 노무현 정부부터 수립되기 시작했다.

강남 지역을 중심으로 주택 가격이 급등하자, 노무현 정부는 강남 접근성이 좋은 지역(판교, 광교, 위례, 동탄 등)에 집중적으로 2기 신도시 건설을 추진했다. 그러나 입주 시기가 가장 빠른 판교조

그림 8-1 서울, 인천, 경기도의 아파트 입주 물량

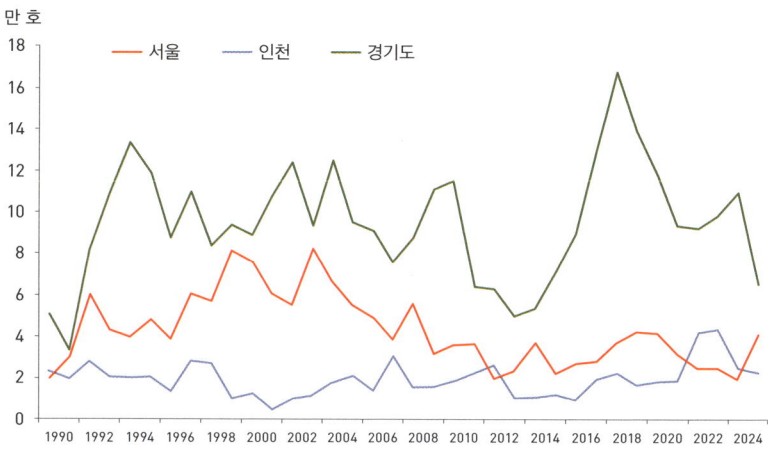

출처: 통계청, KB부동산, 프리즘 투자자문 작성.

차, 이미 주택 시장이 침체의 늪에 빠진 2008년 12월에서야 입주가 가능할 정도로 주택 공급에 많은 시간이 걸렸다.[1]

〈그림 8-1〉은 서울, 인천, 경기도의 아파트 입주 물량 흐름을 보여 주는데, 2008년 세계 금융 위기를 고비로 입주가 일제히 줄어드는 것을 발견할 수 있다. 즉, 과거와 달리 공급 과잉 때문에 주택 시장이 약세를 보인 것은 아니었다. 그렇다면 어떤 요인이 수도권 주택 가격의 하락을 이끌었을까?

노무현 정부의 '지역 균형 발전' 정책이 가장 큰 역할을 담당했다. 서울 주변의 신도시 건설로 공급 부족 문제를 타개할 수 없으니, 아예 수도권 인구를 줄이는 것이 가장 효과적인 정책이라는 결론을 내린 것이다. 그럼 어떻게 수도권 인구를 지방으로 내려보

낼 수 있을까? 이 문제를 고심하던 노무현 정부는 행정 수도 이전을 추진하기 시작했다. 사실 행정 수도 아이디어는 박정희 대통령이 1977년에 제안한 것이었다.[2] 그는 인구 100만 명 규모의 행정 수도 설계 방침을 밝히고, 행정부는 물론 대법원도 함께 옮길 계획을 세웠다. 특히 박 대통령은 "행정 수도 건설 계획이 발표됨으로써, 집을 지으려던 사람이 계획을 포기하는 등 서울의 인구 집중 현상이 다소 둔화된 것 같다."라며 서울 집값을 잡는 게 행정 수도 이전의 중요한 목적임을 밝히기도 했다.

박정희 대통령 사후 약 26년 만에 행정 수도가 추진되는 과정에서 수많은 사건이 벌어졌지만, 8장의 주제와 맞지 않으니 생략한다.[*] 노무현 정부는 2005년 제정된 특별법을 통해 2030년까지 인구 50만 명 규모의 행정 수도를 건설하기로 결정했다.[3] 대상 지역은 충청남도 연기군과 공주시 일대로, 73제곱킬로미터의 토지를 정부가 1조 3,500억 원, 한국토지공사가 4조 9,000억 원을 들여 매입했다.[4] 그뿐만 아니라 2003년 '국가 균형 발전을 위한 공공 기관 지방 이전' 방침을 발표하면서 전국에 총 10개의 혁신 도시를 건설하기에 이르렀다.[5] 세종시에는 국회와 청와대를 제외한 중앙 정부 부처가 이전했고, 혁신 도시에는 150개 공공 기관이 터전을 옮겼다.[6]

지역 균형 발전 정책이 경제 전반에 어떤 영향을 미쳤느냐에

* 행정 수도 이전 과정 및 문제점에 관해서는 15장에서 자세히 다룬다.

관해서는 지금까지도 많은 논란이 있다. 다만 한 가지 분명한 것은 수도권 주택 가격 안정이라는 목적은 큰 성과를 거두었다는 점이다.[7] 혁신 도시와 세종시로의 이전이 시작되며 수도권 인구 비중이 2012년 49.6%를 정점으로 떨어지는 가운데, 지방 광역시 주택 가격은 꾸준한 상승세를 지속했기 때문이다.[8] 특히 KB부동산이 집계한 서울 아파트 매매 가격은 2010년부터 2014년까지 4년 연속 하락하는, 이른바 '하우스 푸어' 사태가 발생하기도 했다.

지역 균형 발전 정책뿐만 아니라, 남동 임해 벨트를 중심으로 제조업 도시들이 큰 호황을 누린 것도 서울 주택 가격의 하락을 유발한 요인이다. 2008년 세계 금융 위기 이후 발생한 심각한 경기 부진을 타개할 목적으로 중국 후진타오胡錦濤 정부가 4조 위안 규모의 대규모 재정 지출 확대에 나섬으로써 조선, 화학, 철강 제품 수요가 폭발적으로 늘어났다.[9] 2010년 필자가 모 은행 이코노미스트로 일할 때, 한 달에 한 번은 목포와 통영, 거제 등 이른바 남동 벨트로 출장 갔던 기억이 선명하다. 특히 통영에서 거제로 이어지는 아름다운 해안 곳곳에 조선소가 끝도 없이 이어진 풍경을 보면서 중공업계가 얼마나 호황을 누리고 있는지 실감했다. 당시 언론에서 "강아지도 만 원권 지폐를 물고 다닌다."라는 말이 있을 정도의 경기였기에, 이 지역의 주택 가격 상승은 당연한 일이었다.[10]

　그러나 2010년대 중반에 양극화 흐름이 반전되기 시작했다. 가장 큰 변화의 징후는 정부 정책 흐름이 달라진 것이었다. 2014년

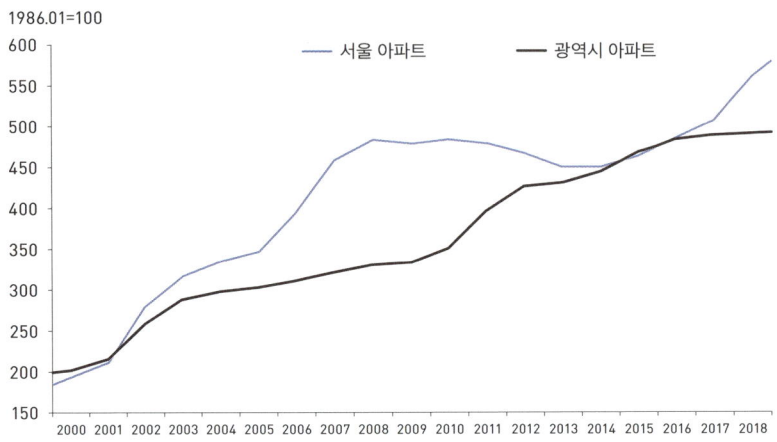

그림 8-2 서울 및 광역시 아파트 가격 추이, 2000~2018년

출처: KB부동산, 프리즘 투자자문 작성.

박근혜 정부는 이명박 정부 때부터 추진한 보금자리 주택 공급을 전면 중단하기로 결정했다.[11] 극적인 정책 전환이 시작된 이유는 수도권의 주택 경기 침체가 점점 심각성을 더해 가고 있었기 때문이다. 특히 2010년 말부터 시작된 저축 은행 사태*로 가계 부채 위기가 터질 것이라는 공포가 높아졌다.[12] 결국 2014년 9월 1일에 발표한 부동산 대책을 통해 재건축 규제를 상당 부분 폐지하고, LTV를 낮추기에 이르렀다.[13] 특히 공공 부문 택지 개발을 전

• 저축 은행들이 아파트 건설 등 부동산 개발 사업 대출에 과도하게 집중했다가 부동산 경기 침체로 대출금을 회수하지 못하면서 일어난 연쇄 부실 사태다. 2011년 1월 부산저축은행을 시작으로 2년간 총 16개 저축 은행이 영업 정지 또는 파산했으며, 예금자와 투자자에게 큰 피해를 줬다. 이 사태는 저축 은행에 대한 감독 강화와 금융 규제 개선의 계기가 되었다.

면 중단한 것이 이후 수도권 부동산 시장에 강력한 상승 에너지를 불어넣었다.[14] 앞으로 수도권에 추가적인 신도시를 건설하지 않겠다는 뜻이니, 미래에 주택 공급이 부족할 것이라는 신호를 준 셈이었다.

2014년 당시 필자는 국민연금공단에서 펀드 매니저 생활을 하고 있었는데, 모 증권사 건설 담당 애널리스트가 세미나에서 "박사님, 앞으로 강남권에서 신축 아파트 분양가 3,000만 원대는 영원히 구경 못할 겁니다."라며 아파트 입주권을 매수하라고 조언해 주었다. 즉시 행동에 옮겼다면 필자도 큰돈을 벌었을 텐데 "인구 감소가 부동산 시장의 장기 불황으로 이어질 것"이라는 스토리텔링에 영향을 받고 있었던 것이 문제였다. 이 주제로 2006년에 책을 쓰며 "인구가 감소하는 2018년을 전후해 주택 가격이 하락할 것"이라고 자신 있게 전망한 바 있었기에, 기업 분석가의 조언을 수용하기가 힘들었던 것이다.

그러나 일본 도쿄에서 열린 국제 콘퍼런스에 참석한 것이 결정적인 전환점이 되었다. 전문가들에게 일본 부동산 시장이 바닥을 찍은 원인에 관해 열정적으로 질문을 던졌고, 대형 서점에서 부동산 관련 책을 죄다 구입해 읽기 시작했다. 약 2년에 걸친 공부 끝에 인구가 줄어들더라도 서울을 비롯한 핵심 지역 부동산 시장은 큰 타격을 받지 않을 것이라는 결론을 내리고, 서울 강북에 위치한 뉴타운 아파트 입주권을 매수하기에 이르렀다.

하지만 아파트를 구입한 다음 밤잠을 이루지 못하는 고민의 시기가 이어졌다. 왜냐하면 시진핑 정부가 중국 금융권에 만연한 부실을 청산하겠다며, 이른바 '그림자 금융' 규제를 추진했기 때문이다.* 2013년 중국의 수입 증가율이 7.0%로 떨어진 데 이어, 2015년 -14.4%를 기록하자, 국제 상품 가격도 폭락했다. 2013년 말 1배럴에 98달러에 거래되던 서부 텍사스산 중질유WTI 가격은 2014년 말 53달러로 추락하고, 2015년에는 37달러까지 떨어졌다. 중국 수요가 끝없이 지속될 것이라는 기대 속에 생산 능력을 늘린 조선, 해운, 철강 산업의 연쇄적인 구조 조정이 시작되었다.[15]

이 지경이 되었는데 지방 부동산 시장이 멀쩡할 순 없었다. 특히 거제도의 깊은 골짜기 곳곳에 지어진 신축 아파트의 입주 시기가 도래하면서 주택 시장이 순식간에 얼어붙고 말았다. 여기에 2010년대 후반을 고비로 다시 지방 인구가 감소하기 시작한 것도 주택 시장의 흐름을 바꾼 요인으로 작용했다. 2019년 인구 센서스에 다르면, 우리나라의 총인구 5,178만 명 중에서 2,589만 명이 수도권에 거주하는 것으로 나타나 역사상 처음으로 인구 비중 50%를 돌파했다.[16] 2000년까지만 해도 수도권 인구 비중이 46.3%에 그쳤던 것을 감안하면, 혁신 도시와 행복 도시 건설을 통한 수도권 집중 현상 억제 노력이 한계에 달했음을 시사한다.

반면 2016년에 시작된 '반도체 슈퍼 사이클'이 수도권 부동산 시

---

* 중국 그림자 금융 문제에 관한 자세한 설명은 '부록 Ⅷ'을 참고하길 바란다.

장을 구원했다. 반도체, 통신 장비, 디스플레이 등의 정보 통신 산업은 대표적인 '지식 산업'으로 높은 수준의 지식을 갖춘 근로자와 기업의 적극적인 연구 개발 등이 결합해 강력한 생산성 향상을 지속하는 특성을 지니고 있다.[17] 따라서 각국은 지식 산업을 육성하기 위해 많은 노력을 기울이는데, 이게 참 쉽지가 않다. 지식 근로자들은 높은 소득 수준을 가질 뿐만 아니라, 꽤 강한 '취향'을 지니고 있기 때문이다. 여기서 취향이란 문화적인 요소 외에 적은 시간만으로도 비슷한 연구를 하는 기술자나 학자를 만날 수 있는 고등 교육 기관의 밀집까지 포괄하는 개념이다.

이런 연유로 지식 산업은 특정 지역에 집중적으로 분포하는 경향을 지닌다. 예를 들어 과학 기술 클러스터 세계 1위는 도쿄-요코하마이며, 2위는 베이징-톈진, 3위는 홍콩-광저우-선전, 그리고 세계 5위는 미국의 실리콘 밸리다. 참고로 한국의 서울과 대전은 각각 세계 4위와 17위로 세계 최상위권 클러스터다.[18] 따라서 글로벌 정보 통신 경기가 호황 국면에 진입할 때, 서울-대전 사이에 형성된 경부선 지역을 중심으로 주택 가격이 상승하는 것은 당연한 일이라 할 수 있다. 〈그림 8-3〉은 한국 반도체 수출 가격과 서울 아파트 매매 가격의 관계를 보여 주는데, 매우 강력한 연관을 발견할 수 있다. 반도체 가격이 상승하면 서울 아파트 가격이 반등하며, 2022년처럼 반도체 가격이 폭락하면 주택 경기도 꺾인다.

이 자리를 빌려 다시 한번 강조하자면, 단일한 요인 하나로 전

그림 8-3 반도체 수출 금액과 서울 아파트 매매 가격

출처: KB부동산, 한국은행, 프리즘 투자자문 작성.

체 부동산 시장을 설명하려 들면 위험하다. 1970~1980년대에는 수출과 주택 공급이 가장 중요한 변수였다면, 2000년대 이후에는 지역별 인구 이동, 금리 변화, 품목별 수출 동향 등이 중요한 영향을 미치고 있기 때문이다. 따라서 "이것만 보면 부동산 시장을 정확하게 예측할 수 있다."라고 이야기하는 이들은 전문가가 아니거나 불순한 의도를 지니고 있다고 보아 경계할 필요가 있다.

요약 및 교훈

2000년대 초반 수도권 아파트의 강력한 가격 상승에 대응해, 노무현 정부는 지역 균형 발전 카드로 대응했다. 즉, 서울 등 수도권에 거주하는 사람들을 지방으로 내려보냄으로써 수요 기반을 없애자는 것이었다. 실제로 이 정책은 2010년 중반까지 큰 효과를 보았다. 수도권 인구 비중이 줄어드는 동안 서울 부동산 시장이 '하우스 푸어' 사태를 겪었으니 말이다. 그러나 이 흐름은 2014년을 고비로 꺾이고 말았다. 시진핑 정부가 그림자 금융을 규제하면서 조선, 화학, 철강 등 동남 벨트 제조업 경기가 악화된 데다, 혁신·행복 도시로의 이주가 일단락되면서 수도권 인구 감소 현상이 멈추었기 때문이다. 특히 2016년부터 시작된 반도체 호황으로 수도권에 본거지를 둔 기업들의 실적이 개선되고 돈이 풀리면서 새로운 상승장이 시작되었다. 이상의 시장 변화가 시사하듯, 주택 시장은 미분양이나 금리 변화와 같은 한두 가지 요인으로 설명할 수 없는 복잡성을 띠고 있다. 부디 한두 가지 요인으로 시장을 설명하려는 선무당에게 넘어가지 않았으면 하는 바람이다.

분양가 상한제와
임대차 3법의 불행한 만남

9장

2015년부터 시작해 2021년 말까지 지속된 수도권 아파트 가격 급등 현상은 한두 가지 요인만으로 설명하기 힘들다. 가격 상승을 촉발한 계기는 박근혜 정부의 부동산 경기 부양 정책과 2016년부터 시작된 반도체 호황에서 찾을 수 있다. 하지만 2017년 문재인 정부 출범 이후 강력한 부동산 규제가 도입되고, 2018년 반도체 붐이 꺾였음에도 가격 상승 속도가 더 가팔라진 것이 문제였다.

이 의문을 푸는 핵심 단서는 주택 공급 감소 현상이다. 〈그림 9-1〉은 서울의 아파트 실질 가격과 입주 물량의 관계를 보여 주는데, 2003년 이후 지속적으로 공급의 감소가 나타난 것을 발견할 수 있다. 뉴타운 건설과 보금자리 주택 공급에도 불구하고 서울 입주 물량은 계속 줄었다.

그림 9-1 서울 아파트 실질 가격과 서울 아파트 입주 물량

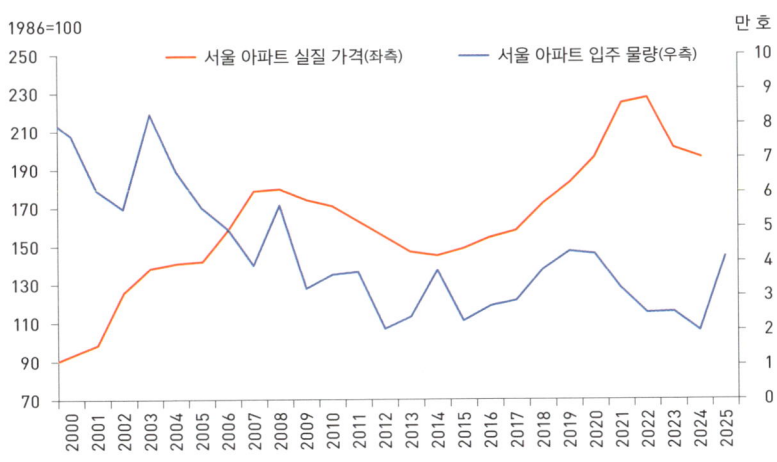

출처: 통계청, KB부동산, 프리즘 투자자문 작성.

서울 아파트 공급이 지속적으로 감소한 가장 직접적인 이유는 용적률* 규제 때문이다.[1] 1979년 서울시의 일반 주거 지역 아파트 용적률 상한은 180%로 설정되었지만, 주택 가격이 폭등한 1985년 공급을 확대할 목적으로 300%로 상향되고, 1990년에는 무려 400%에 이르렀다. 그러나 주택 시장이 기나긴 침묵의 늪에 빠진 1998년에는 용적률이 300%까지 내려갔고, 2000년에는 250%로 조정되어 현재에 이르고 있다. 용적률이 낮아지면, 동일한 땅에 공급되는 주택의 숫자가 줄어든다. 특히 지분 쪼개기 등으로 토지 소유자 숫자가 많은 곳은 재개발 후 주택 수가 더 줄어

• 용적률에 관한 자세한 설명은 '부록 IX'를 참고하길 바란다.

들었다.

더 나아가 당국이 재건축, 재개발 관련 규제를 지속적으로 강화한 것도 공급 차질을 유발했다.[2] 특히 2019년 신축 주택 분양 가격을 '택지비+건축비' 이하로 제한하는, 이른바 분양가 상한제가 대표적이다.[3] 물론 감정적으로는 타당한 조치처럼 보인다. 2018년 6월부터 2019년 6월까지 서울 아파트 분양 가격 상승률이 21.0%에 이르러, 기존 주택 가격 상승률인 5.7%의 약 3.7배에 달했기 때문이다. 따라서 당국은 "분양가 상승이 기존 주택 가격의 상승 압력으로 작용한다."라는 결론을 내리고 분양가 상한제를 추진하기에 이르렀다. 그러나 이는 경제학자의 입장에서 볼 때 몇 가지 문제를 지니고 있다.

가장 큰 문제는 분양가가 억제되면 재건축, 재개발의 동력이 약화된다는 점이다. 안 그래도 용적률 규제가 매우 빡빡한데, 분양가를 억제하면 재건축, 재개발의 채산성이 악화된다. 기존에 150%의 용적률을 가지고 있는 구축 아파트를 250%의 용적률을 적용해 재건축한다고 가정하면, 기존 주민들이 같은 평형의 아파트를 분양받을 때 주택 수가 용적률만큼 늘어난다. 즉, 기존 단지가 1,000세대였다면, 재건축 후에는 1,666세대로 늘어나는 셈이다.

그러나 이런 경우는 매우 드물고, 재건축 시 24평 아파트를 33평으로 주거 면적을 키우는 게 일반적이다. 이렇게 되면 늘어난 용적률을 적용해도 주택 공급은 오히려 줄어드는 일이 생긴다.[4] 주거 면적이 24평에서 33평으로 72.7%나 늘어나기 때문이다. 이런 현상은 의외로 자주 벌어진다. 현재 추진 중인 중랑구의 중화 뉴타운은 1만 8,234호가 재개발 이후 8,126호로 오히려 세대수가 줄어든다는 분석이 제기될 정도다. 그만큼 재개발 대상 지역의 주거 밀도가 높았던 것이다.

이런 연유로 대부분의 재건축, 재개발 아파트는 33평 혹은 그 이상의 대형 아파트만으로 구성하기보다 작은 평형을 끼워 넣는 방식으로 주택 수를 늘리는 게 일반적이다. 즉, 1,000세대를 1,200세대로 늘리고, 이 과정에서 늘어난 200세대를 일반 분양함으로써 건축비를 조달하는 식이다. 그런데 일반 분양 세대의 분양가를 통제하면, 재건축을 추진하는 이들 입장에서 굳이 사업을 서둘러 추진할 이유가 없어진다. 집을 철거하고 새로 짓는 과정에서 발생한 비용, 즉 '자기 분담금'을 규제 이전보다 더 많이 내야 하기 때문이다.

실제로 우리나라에서 재건축 사업성이 가장 좋을 것으로 예상되는 압구정 현대 아파트조차 분양가 상한제하에서 가구당 10억 원이 넘는 분담금을 내야 한다는 추산이 나올 정도다.[5] 아마 소형 아파트를 추가로 공급하지 않는다는 가정이겠지만, 분양가가 재건축, 재개발 사업성을 좌우하는 요인이라는 점을 알 수 있다. 더 나아가 청약이나 추첨 등을 통해 일반 분양 아파트를 받는 사람들이 횡재한 것에 거부감이 존재하는 점도 문제다. 재건축 조합원들은 수십 년 동안 낡은 집에 거주하면서 하루라도 빨리 새집으로 바뀌기를 기대했는데, 재건축의 과실은 청약 가점이 높거나 운

좋게 당첨된 사람들에게 돌아가기 때문이다.

그럼에도 분양가 상한제는 끈질기게 살아남았고, 책을 집필하는 이 순간에도 갈등의 씨앗을 뿌리고 있다. 이런 현상이 나타나는 이유는 정책 결정권자가 재건축, 재개발 현장에 대한 지식이 부족한 상태에서 즉각 대책을 내놓아야 한다는 압박을 받기 때문이다. 2020년 김현미 장관이 "아파트가 빵이라면 제가 밤을 새워서라도 만들겠다."라며 "아파트는 공사 기간이 오래 걸려 당장 마련하는 것이 어렵다."라고 말한 것처럼, 실무 경험이 쌓이면서 주택 공급에 얼마나 오랜 시간이 걸리는지 이해하는 게 일반적이다.[6]

분양가 상한제가 공급을 위축하겠지만, 수요 또한 위축하는 효과가 있지는 않을까? 청약 당첨에 기대를 품은 사람들이 주택 매수를 꺼릴 수도 있기 때문이다. 그러나 '청무피사'라는 말이 유행어로 떠오르는 것을 감안할 때 분양가 상한제가 주택 매수세를 약화한다는 주장은 사리에 맞지 않는 것 같다.[7] 청무피사란 "청약은 무슨, 입주권 프리미엄 주고 사."라는 조언을 줄인 말로, 청약 가점이 낮은 상황에서는 당첨 가능성이 낮은 청약을 빨리 포기하고, 프리미엄(웃돈)을 주더라도 아파트를 사는 게 더 낫다는 의미다.

2019년 서울 신축 아파트 당첨 최하 점수가 64점이었는데, 이는 15년 이상 무주택(32점), 청약 통장 가입 기간 15년(17점), 그리고 3명 이상의 부양가족(20점)이라는 조건을 갖춰야 가능했다.[8] 더 나아가 2017년 투기 과열 지구에서 33평(85제곱미터) 이하 국민 주택을 대상으로 100% 가점 제도를 도입함으로써 청년층이 주택 청약으로 새집을 마련한다는 것이 사실상 불가능해졌기에, '청무피사'는 현실을 정확하게 파악한 조언이라는 생각이 든다.[9]

분양가 상한제뿐만 아니라, 2020년 7월 31일부터 시행된 '임대차 3법'도 주택 시장의 수급 균형을 무너뜨렸다.[10] 임대차 3법은 임대료 인상률을 직전 계약의 5% 이내로 제한하는 '전월세 상한제', 집을 빌린 사람이 계약 갱신을 1회 요구할 수 있는 '계약 갱신 청구권', 그리고 임대차 계약 체결 후 30일 이내에 계약 내용을 신고하도록 의무화한 '전월세 신고제'를 통칭하는 말이다. 1989년 전세 계약 기간이 2년으로 연장되며 심각한 후유증을 겪었던 것처럼, 임대차 3법의 출현은 전세 가격의 급등을 유발했다.

물론 임대차 3법이 세입자의 주거 안정을 도모한다는 좋은 의도에서 시작된 것임을 잘 알고 있다. 그러나 시장 경제는 정책 당국자의 의도대로 움직이지 않을 수 있음을 잊지 말아야 한다. 임대 주택을 공급하는 사람 혹은 기업들은 앞으로 전세 혹은 월세 가격을 신속하게 조정하지 못한다고 판단하는 순간, 다음과 같은 두 가지 선택을 내릴 가능성이 높다.

만일 주택 시장의 가격 상승을 계기로 세놓던 집을 아예 매각하기로 결정하면, 전세 시장의 공급이 줄어들 것이다. 더 나아가 주택 매각이 쉽지 않다고 판단하는 경우, 앞으로 임대료 조정이 쉽지 않을 것이라고 판단해 3년 혹은 4년 치 인상분을 한 번에 전

그림 9-2 전세 가격과 주택 가격 상승률의 관계

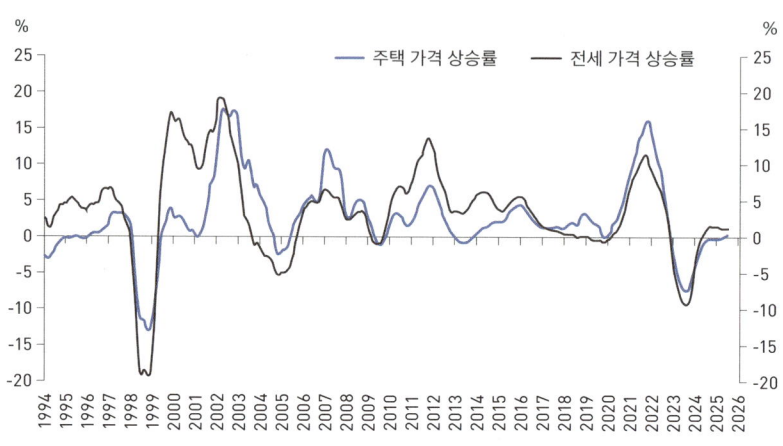

출처: KB부동산, 프리즘 투자자문 작성.

세 보증금에 반영하려 들 것이다. 실제로 임대차 3법의 대상이 되는 주택과 그렇지 않은 주택의 전세 가격이 크게 차이 나는 일이 벌어지기 시작했다.[11]

　더 큰 문제는 전세 보증금 인상이 주택 매매 가격 상승으로 연결된 데 있다. 〈그림 9-2〉는 1990년대 중반 이후 한국의 전세 가격과 매매 가격의 관계를 보여 주는데, 매우 강력한 선행성과 동행성을 발견할 수 있다. 이런 현상이 나타나는 이유는 주택 가격이 사용 가치와 콜 옵션°의 성격을 모두 반영하고 있기 때문이다. 일단 전세가 주택의 사용 가치를 반영한다고 가정하면, 콜 옵션은

●　　콜 옵션에 관한 자세한 설명은 '부록 X'을 참고하길 바란다.

그 주택의 미래 가격 상승 잠재력에 대한 시장 참가자들의 판단 이라고 볼 수 있다.

예를 들어 전셋값이 3억 원인데, 매매가가 10억 원인 노후 단독 주택이 있다면, 이 집이 '재개발 대상 지역'에 속했음을 금방 알 수 있다. 즉, 주택 가격에서 거주에 따른 효용은 30%밖에 되지 않고, 시세의 70%는 미래에 새로운 아파트를 받을 때 기대되는 차익이 반영되어 있는 셈이다.

이런 환경에서 전세 가격의 상승은 두 방향으로 주택 가격에 영향을 미친다. 첫 번째 방향은 전세 가격 상승이 매매 가격과의 차이를 줄여, 이 주택에 관심을 가진 사람들의 매수를 촉발하는 것이다. 예를 들어 10억 원에 거래되는 아파트의 전세 가격이 기존 5억 원에서 7억 원으로 높아진다면, 시장 참여자에게 "3억 원만 투자하면 집을 살 수 있다."라는 신호를 주는 셈이다. 두 번째 방향은 전세 가격에 반영된 '주택 사용 가치'의 상승으로 집값이 오르는 것이다. 2010년대 중후반에는 두 현상이 다 발생했다. 그 결과 서울의 고가 주택뿐만 아니라, 양주 옥정과 인천 검단 그리고 남양주 다산 등 미분양에 고통받던 수도권 2기 신도시 신축 주택이 갭투자의 대상으로 부각되었다.[12]

여기에 사상 유례를 찾기 힘든 저금리 현상이 부동산 시장에 강력한 상승 압력을 가했다. 2012년부터 2020년까지 소비자 물가 상승률이 연간 기준 단 한 번도 2% 선을 넘어서지 못할 정도로 저물가 국면이 이어지자, 정책 금리의 인하가 계속되었다. 특히 2020년 코로나19 팬데믹이 닥치며 급격히 경제 활동이 둔화되자, 한국은행은 급기야 정책 금리를 0.5%까지 인하하기에 이르렀다.[13]

금리 하락은 주택 시장에 세 가지 긍정적인 영향을 미친다. 첫째, 금리가 내려가면 가계의 저축 욕구가 낮아지는 가운데, 경제 전반에 유동성이 크게 늘어난다. 가계가 낮은 금리에 실망해 소비를 늘리면, 기업의 매출이 늘어나고, 기업은 대출을 받아 신규 채용을 늘리거나 투자를 기획할 것이기 때문이다. 이 과정에서 다시 은행의 예금과 대출이 늘어나며, 경제 전반에 선순환을 일으키는 것이다.

둘째, 금리 하락으로 주택 구입의 기회비용opportunity cost이 낮아진다. 여기서 기회비용이란, 어떤 선택을 함으로써 포기해야 하는 다른 선택이 유발하는 이익이라고 볼 수 있다. 예를 들어 예금 금리가 3%이고 전세가율이 50%일 때, 시세 10억 원의 주택을 보유한 가계의 기회비용은 1,500만 원이라고 볼 수 있다. 집을 사는 대신 전세를 택하면, 전세 보증금 5억 원을 제외한 돈 5억 원을 은행에 예금했을 때 연간 1,500만 원의 이자 소득을 기대할 수 있기 때문이다. 그러나 2020년처럼 예금 금리가 0.5%까지 인하하면, 주택 보유에 따른 기회비용은 단 250만 원에 불과하다. 따라서 금리가 인하되면 이전에 주택을 보유하지 않던 이들도 "집 한 채 사 두는 게 낫겠다."라며 매수 대열에 참여하게 된다.

셋째, 금리 인하의 마지막 효과는 차입 비용의 감소다. 어느 나라나 주택은 매우 값비싼 자산이기에, 대부분 담보 대출을 통해 집을 구매한다. 물론 한국의 LTV는 다른 선진국 평균에 비해 낮다. 2020년 서울 아파트의 LTV는 40%에도 미치지 못했고, 광역시도 50% 초반에 불과할 뿐이었다.[14] 하지만 아무리 대출이 적더라도 이자율이 낮아지는 순간, 차입 비용의 감소 효과가 발생하는 것은 당연한 일이다.

그러나 끝이 없는 잔치란 없는 법. 2020~2021년 주택 시장에 거품이 끼고 말았다. 필자는 주택 가격이 얼마나 고평가되어 있는지 판단할 때 한국주택금융공사HF가 제공하는 '주택 구입 부담 지수'를 주로 활용한다. 주택 구입 부담 지수housing affordability index란 각 지역의 중위 소득 가구가 장기 분할 상환 대출을 이용해 중위 주택을 구입할 때 짊어지는 부담을 숫자로 환산한 것이다.[15] 여기서 중위 가구란 각 지역 가구의 소득을 1등에서 100등으로 나눌 때 50등에 해당하는 가구의 소득을 뜻한다. 평균이 아닌 중위 소득을 활용하는 이유는 소수의 큰 부자들이 평균값을 왜곡하는 일을 막기 위함이다. 이 지수가 100이라는 뜻은 집을 구입함으로써 발생하는 부담이 소득의 25%를 차지한다는 뜻이다. 100 이상이면 소득의 25% 이상을 원리금 상환에 쓰고 있다는 뜻이며, 반대로 100 이하라면 25% 미만의 자금을 주택 관련 지출로 사용한다는 뜻이다. 그러나 전국 집값 수준이 다르고 일자리 여건에 차이가 있기에, 100을 절대적인 기준으로 보기보다, 각 지역의 역사적인 주택 구입 부담 지수를 기준으로 주택 가격의 버블 여부를 판단해야 한다.

2022년 9월 말 서울의 주택 구입 부담 지수는 214.6포인트를 기록해 역사적인 평균(131.4포인트)에 비해 64%나 높은 수준이었다. 경기도는 역사적 평균 수준에 비해 51.5%, 부산은 43.2% 높았다. 물론 현재의 소득과 이자율로 감당하기 어려울 만큼 주택 가격이 부풀어 올랐다고 해서, 꼭 부동산 가격이 하락하는 것은 아니다. 그러나 미래 소득 전망이 크게 악화된다면 문제가 달라진다. 2022년 초에 발생한 러시아-우크라이나 전쟁과 9월에 발생한 레고랜드 사태로 시장 참가자들의 미래 소득 전망이 크게 악화되자, 시장은 순식간에 무너지고 말았다.

레고랜드 사태란 2020년 강원중도개발공사가 각 증권사로부터 빌린 춘천 레고랜드 건설 자금을 제때 갚지 못하면서 발생한 채권 금리 폭등 사건을 말한다.[16] 강원중도개발공사는 2012년 레고랜드 사업을 담당하기 위해 설립된 회사로, 강원도가 44%의 지분을 소유하고 있는 공기업이다. 레고랜드 같은 대규모 프로젝트를 추진할 때는 특수 목적 법인special purpose company(이하 'SPC')을 만들어 자금을 조달하는 경우가 많은데, SPC인 '아이원제일차'가 모기업인 강원중도개발공사의 재무 상태에 영향을 받지 않게 되면서 높은 신용 등급(A1 등급)을 받을 수 있었고, 덕분에 무려 2,050억 원이라는 거액의 자금을 빌릴 수 있었다. 이게 가능했던 이유는 강원도에서 채무 관계를 보증했기 때문이다.

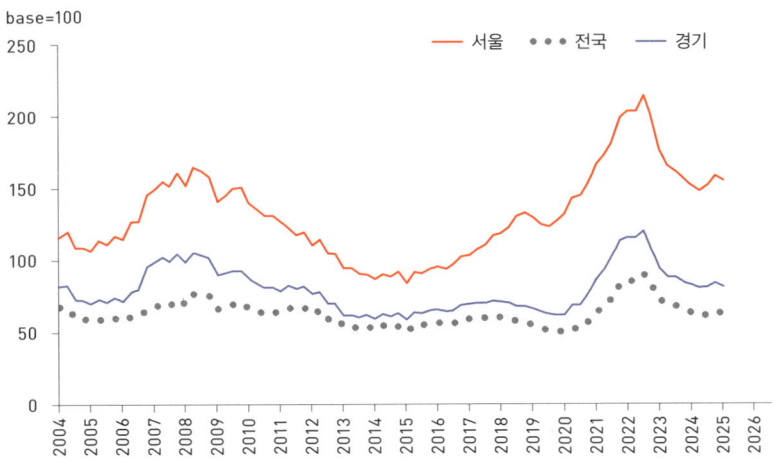

그림 9-3 지역별 주택 구입 부담 지수 차이

base=100

출처: 한국주택금융공사, 프리즘 투자자문 작성.

그러나 2022년 6월 당선된 김진태 강원도지사는 레고랜드 사업에 수익성이 없다고 보고, 아이원제일차가 발행한 채권의 만기 하루 전인 2022년 9월 28일 강원중도개발공사에 대한 기업 회생을 신청했다. 기업 회생은 기업이 혼자서 도저히 사업을 진행할 수 없을 때 법의 도움을 받는 방법이니, 투자자들은 이를 강원도가 빚을 갚지 않겠다는 뜻으로 받아들였다. 결국 2,050억 원의 만기일인 9월 29일에 강원중도개발공사는 돈을 갚지 못하게 되었고, 채권 시장은 패닉에 빠졌다. 그리고 10월 5일 아이원제일차는 신용 등급이 A1에서 D까지 떨어지면서 최종 부도 처리되었다. 채권 투자자들에게 "이제 정부도 믿을 수 없다."라는 불신이 확산되

었고, 한국 전력 채권 같은 공기업 채권에 대한 무차별 매도 사태가 촉발되었다.[17]

그러나 이때 필자는 주택을 구입했다. 주택 시장이 패닉에 빠졌음에도 행동에 나선 이유는 레고랜드 사태가 일회성 해프닝으로 끝날 가능성이 높다고 판단했기 때문이다. 이어지는 2부에서 이 문제를 주제로 이야기 나눌 것을 약속하며 이번 장을 마무리하겠다.

요약 및 교훈

2020년 코로나19 팬데믹 이후 한국 부동산 시장은 강력한 가격 상승을 경험했다. 역사상 유례를 찾기 힘든 저금리와 공급 부족 그리고 임대차 3법의 효과가 복합적으로 작용한 결과였다. 이 결과 서울을 비롯한 한국의 주요 도시 주택 가격은 소득이나 이자율에 비해 심각한 버블 수준에 도달하게 되었다. 물론 버블이 형성된다고 해서 곧바로 붕괴되는 것은 아니지만, 부실한 기초 체력은 외부 충격에 쉽게 무너지는 결과를 가져온다는 점을 잊어서는 안 된다. 특히 2022년에 발생한 레고랜드 사태는 시장 금리의 급등을 유발하는 한편, 정부에 대한 신뢰를 떨어뜨렸다는 측면에서 부동산 시장의 폭락을 유발하기에 부족함이 없었다.

2부

왜 2022년 말에
서울 아파트를 샀나?

10장

2022년 9월 발생한 레고랜드 사태가 주택 시장에 그토록 큰 충격을 준 이유는 대도시 아파트가 일종의 금융 자산이기 때문이다. 2000년대 초반부터 시작된 은행의 부동산 담보 대출 확대, 그리고 2006년부터 아파트 실거래가 공개가 이뤄진 것 등이 금융 자산으로서의 특성을 갖게 한 요인으로 꼽힌다. 여기에 '호갱노노'나 '리치고'와 같은 다양한 부동산 앱이 출시되어, 실시간으로 주택 가격의 변화를 관측하고 비교할 수 있게 된 것도 큰 영향을 미쳤다.[1]

이 모든 변화 중에서 가장 중요한 것은 당연히 주택 담보 대출 활성화다. 〈그림 10-1〉은 한국 정책 금리와 주택 가격 상승률의 관계를 보여 준다. 주택 가격 상승률은 오른쪽 축에 대응하는데,

그림 10-1 한국 정책 금리, 주택 가격에 1년 선행

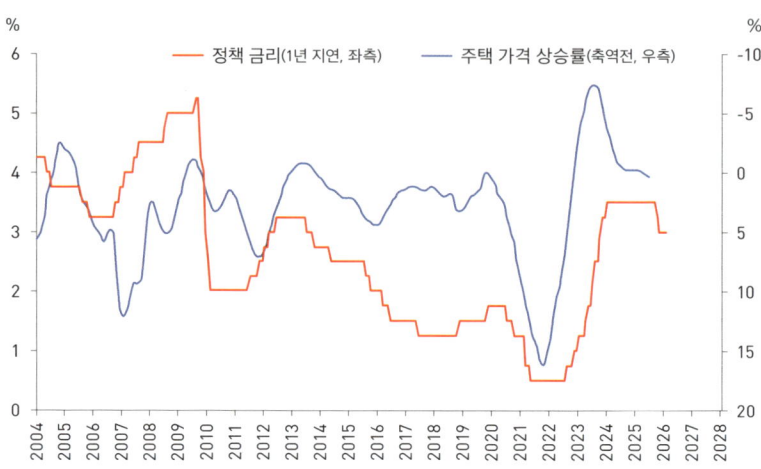

출처: 한국은행, KB부동산, 프리즘 투자자문 작성.

축이 거꾸로 되어 있음을 알 수 있다. 즉, 금리가 인상되고 약 1년 정도의 시차를 두고 주택 가격이 떨어지는 관계를 파악할 수 있다.

〈그림 10-1〉을 2004년부터 그린 이유는 이때부터 주택 담보 대출이 활성화되었기 때문이다. 물론 금융 기관이 처음부터 주택 담보 대출을 쉽게 제공한 것은 아니다. 금융 기관들은 2000년대 초반까지 카드 신용 대출에 집중했다. 김대중 정부는 2000년 초부터 정보 통신 기업 주가가 폭락하며 경기가 나빠지자, 2001년 카드 발급 규제를 완화하기로 결정했는데, 이것이 카드 사태의 출발점이 되었다. 1999년까지만 해도 신용 카드 발급은 대단히 어려웠지만, 2001년의 규제 완화 이후 경쟁이 촉발되어, 2002년 한

해 동안 발행된 신용 카드 수가 2억 장에 이를 정도였다.[2]

그러나 제대로 된 절차 없이 신용 카드 발급 건수가 폭발적으로 늘어남에 따라 심각한 부작용이 발생했다. 2001년에 이미 일반 은행 신용 카드 연체율은 7.7%를 넘어섰고, 2002년에는 8.6%를 기록하기에 이르렀다. 2002년 2월 뒤늦게 신용 카드 발급 규제에 나섰지만, 이미 때가 늦었다. 2003년 말 기준으로 신용 불량자 수가 372만 명으로 불어나, 경제 활동 인구 여섯 명 중 한 명이 은행 등 금융권에서 거래할 수 없는 지경에 이르렀다. 이 결과 2003년 민간 소비 증가율은 −0.4%를 기록했고, 2004년에도 0.4% 성장에 그쳤다. 더 나아가 신용 카드 회사의 연쇄적인 경영 위기가 시작되었다. 2002년 신용 카드사의 순이익은 4,964억 원에 이르렀지만, 2003년에는 무려 10조 4,742억 원의 적자를 기록해 연쇄적인 구조 조정 및 매각이 추진되었다. 외환은행이 미국의 사모 펀드인 론 스타Lone Star Funds에 팔린 것도 카드 부문 부실이 직접적인 원인이었다.[3]

카드 사태를 계기로 시중 은행의 경영진은 주택 담보 대출에 집중하기로 결정을 내렸다. 특히 노무현 정부가 강력한 대출 통제 정책을 펼치며 LTV를 매우 낮은 수준으로 유지했기에, 손실을 볼 가능성도 낮았다.[4] 투기 과열 지구에 대한 은행의 대출은 시가의 40%가 한도였으니, 만에 하나 주택 가격이 하락하더라도 은행은 경매를 통해 얼마든지 원금을 회수할 수 있었기 때문이다. 2022년 한국 가계 부채가 GDP의 100% 수준까지 늘어난 것은 카드 위기 트라우마를 빼고는 이해할 수 없다.

은행의 수익성은 예대 마진, 즉 대출 금리와 예금 금리의 차이에 의해 좌우된다. 예금으로 들어온 돈을 다시 기업이나 가계에 대출하여 이익을 내는 것이다. 대출 금리는 고객의 신용도에 따라 달라진다. 담보가 충분한 우량 고객에게는 1~2% 내외의 마진을 덧붙여 대출할 것이며, 고정적인 수입이 없고 담보 가치가 큰 부동산을 보유하지 못한 이에게는 3~4% 이상의 신용 가산 금리를 부과할 수도 있다. 물론 은행이라고 맘 편히 장사하는 것은 아니다. 카드 사태처럼 이자 마진보다 연체로 인한 손실이 더 커질 때는 적자를 기록할 수도 있고, 심지어 금융 당국에 의해 강제적인 구조 조정을 당할 수도 있기 때문이다. 따라서 은행은 이자율이 낮아서 이자 마진을 넓히기 편하고, 주택 가격이 상승해 충분한 담보 가치가 확보된다고 판단될 때 대출을 늘리는 경향이 있다.

이런 까닭에 금리는 주택 시장의 경기 사이클을 좌우한다. 정부의 정책 금리가 인상되면 예금 금리가 오르고, 이는 다시 대출 금리 인상으로 연결되는 것이다. 반대로 2020년처럼 금리가 인하되면 시중 유동성이 늘어나는 가운데 대출 금리도 내려간다. 2022년 9월 발생한 레고랜드 사태가 주택 시장에 치명적인 악영향을 미친 이유가 여기에 있다. 특히 주택 구입 부담 지수가 역사상 최고치를 경신하는 등 버블 징후가 뚜렷했기에, 금리 인상이 연쇄적인 주택 가격 폭락을 유발하고 말았다.

2022년 말 주택 시장이 붕괴될 때, 필자는 주택 담보 대출을 받기 위해 제2 금융권 대출 창구를 방문했던 기억이 생생하다. 2019년 12월 23일부터 시가 15억 원 이상의 아파트를 구입할 때 주택 담보 대출이 전면 금지되었기 때문이다.[5] 주택을 구입하기 위해서는 대출이 필요한데, 은행 창구에서는 대출이 되지 않으니, 제2 금융권 말고 대출받을 데가 없었던 것이다. 보험사 혹은 저축 은행의 대출 금리가 워낙 높기에, 평상시에는 대출받을 엄두를 내지 않는다. 그러나 필자는 이때야말로 약간의 위험을 무릅쓸 필요가 있다고 판단했다.

무엇보다 주택 가격이 매력적인 수준으로 내려갔다. 서울 아

그림 10-2 한국과 미국의 10년 만기 국채 금리

출처: tradingeconomics.com

파트 실거래 가격이 고점 대비 22.4%나 빠졌기에, 인플레를 감안한 실질적인 주택 가격은 30% 정도 빠진 셈이었다. 더 나아가 시장 금리의 급등세가 이어질 가능성이 낮았다. 〈그림 10-2〉는 한국과 미국의 국채 금리 흐름을 보여 주는데, 2022년 말 미국 국채 금리가 급락한 것을 발견할 수 있다. 한국 채권 시장의 참가자들은 늘 미국의 금리 동향을 살펴본다. 글로벌 1등 국가의 경제 흐름은 한국처럼 수출로 먹고사는 나라에 직접적인 영향을 미치기 때문이다. 물론 나라마다 사정이 다르기에 금리의 절대적인 수준에는 차이가 발생한다. 그러나 금리의 방향성은 동일하게 움직이는 경향이 있음을 놓치지 말아야 한다. 따라서 미국 시장 금리의 급락은 한국 금리의 하락 가능성을 높이는 요인으로 작용할 가능성이 높았다.

더 나아가 달러에 대한 원화 환율의 하락도 큰 호재였다. 〈그림 10-3〉은 달러에 대한 원화 환율과 서울 아파트 실거래 가격의 관계를 보여 주는데, 2008년이나 2022년처럼 환율이 바닥에서 400~500원 이상 상승한 시기에 주택 가격이 급락했음을 알 수 있다. 반대로 환율의 급등세가 진정되면서 안정을 찾을 때, 주택 시장도 회복되는 게 일반적이다.

이러한 현상이 나타나는 이유는 환율이 '경제의 신호등' 역할을 하기 때문이다. 환율의 상승은 두 가지 요인에 의해 촉발된다. 하나는 글로벌 외환 시장의 동향이다. 미국 달러 가치가 상승할 때, 변방의 지역 통화인 원화 가치는 떨어질 가능성이 높다.[6] 환율

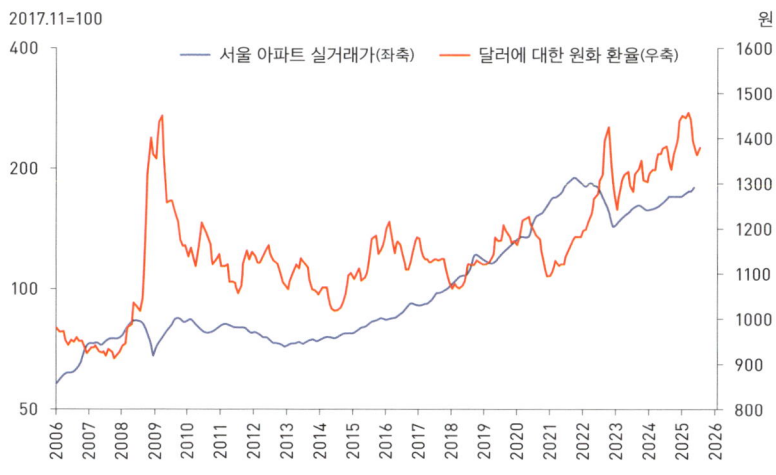

그림 10-3 **2006년 이후 서울 아파트 실거래가와 달러에 대한 원화 환율**

출처: 한국은행, 프리즘 투자자문 작성.

에 영향을 미치는 두 번째 요인은 국내 외국인 투자자들의 동향이다. 외국인 투자자들이 한국 주식이나 채권의 미래를 비관하면서 매도하면, 외환 시장에서 '달러 매수'로 연결될 것이기 때문이다.

일단 환율이 상승하면 부동산 시장은 두 가지 충격을 받는다. 무엇보다 환율이 급등할 때, 투자 심리가 급격히 위축된다. 1997년 외환 위기 트라우마가 아직 남아 있는 상태에서 환율이 급등하면 "나라에 무슨 일이 생긴 것 아닌가?"라는 공포심을 자극하는 것이다. 두 번째 악영향은 환율 상승이 불러오는 인플레 위협이다. 한국개발연구원의 분석에 따르면 달러에 대한 원화 환율이 1% 상승할 때, 수입품 물가가 1.07%p 인상하는 것으로 이어진다고 한다.[7] 기름 한 방울 나지 않아 대부분의 에너지를 수입하는 나라이니, 환율 상승이 곧 물가 상승으로 연결되는 것이다. 반대로 환율이 안정되기 시작하면, 인플레 압력이 약화되고 한국은행의 금리 인하 가능성이 높아질 것이다.

이런 면에서 볼 때, 2022년 말은 주택을 구입하기에 아주 좋은 시기였다. 급등했던 환율이 2023년 초부터 가파르게 떨어진 데다, 인플레 압력도 약화되었기 때문이다. 더 나아가 시장 금리도 급락하니, 변동 금리 대출을 받은 사람들의 이자 부담이 크게 내려갔음은 물론이다. 마지막으로 윤석열 정부가 양도세 완화 등 강력한 주택 경기 부양 정책을 시행한 것도 주택 매수에 나선 계기를 제공했다.[8] 이에 관해서는 12장에서 더 자세히 다루도록 하겠다.

요약 및 교훈

2022년 봄부터 시작된 서울 등 핵심 지역 주택 가격의 하락은 절호의 매수 기회를 제공했다. 금리가 급등했다가 크게 떨어진 데다, 레고랜드 사태 때 1,400원까지 상승했던 달러에 대한 원화 환율이 연말에는 1,300원을 밑돌았기 때문이다. 더 나아가 윤석열 정부가 부동산 시장 안정을 위해 양도세를 일시 완화하는 등 적극적인 부양에 나선 것도 주택 가격의 상승을 유발했다. 마지막으로 단 7개월 만에 서울 아파트 실거래 가격이 20% 이상 하락하는 등 '저평가 매력'이 부각된 것도 주택 시장의 반등을 유발한 요인으로 볼 수 있다. 주택 시장의 단기적인 흐름을 읽고자 하는 사람은 환율과 금리 그리고 정부 정책에 대한 관심을 놓치지 말아야 할 것이다.

중국 부동산 시장은
왜 회복되지 못했나?

11장

2022년 말 서울 아파트를 매수할 때, 가장 진지하게 고려한 것은 1990년 일본의 사례였다. 32년 전 일본처럼 주택 가격 하락 흐름이 장기화된다면 집을 사는 것은 바보짓이 될 수 있기 때문이다. 비슷한 고민을 한 사람이 필자만은 아니었으리라 생각한다. 그러나 한국은 2023년 3월을 고비로 새로운 상승 사이클에 올라탔다. 한국은행의 금리 인하와 강력한 주택 시장 부양 정책 그리고 환율 상승을 계기로 촉발된 기업 실적 개선이 시장의 흐름을 돌려놓았다는 사실은 앞서 10장에서 이야기했다.

반면 베이징과 상하이 그리고 선전 등 중국의 1선 도시 주택 가격은 3년 넘게 떨어지며 1990년대 일본의 경험을 반복하는 것 같다. 〈그림 11-1〉은 중국 1선 도시의 주택 가격 변화를 보여 주

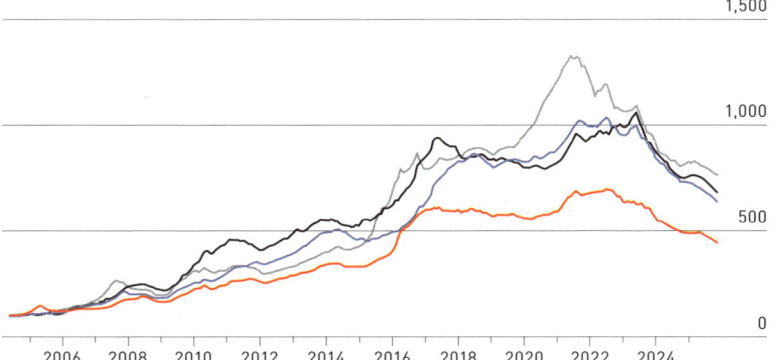

그림 11-1 중국 1선 도시 기존 주택 판매 가격, 2005~2025년

출처: Bloomberg(2025. 11. 24.), China Property Crisis: Why Market Is a Mess? What Stimulus Measures Are Planned?

는데, 중국에서 가장 높은 소득 수준을 자랑하는 선전의 주택 가격은 2022년 초의 정점에 비해 절반 수준으로 내려앉았으며, 상하이나 베이징도 비슷한 상황이다.

중국 주택 시장이 불황의 늪에 빠져든 이유는 크게 세 가지 요인 때문이다. 가장 중요한 이유는 중국 당국의 지나친 대출 규제 정책에서 찾을 수 있다. 코로나19 팬데믹 기간 중 주택 가격이 폭등

• 이 통계를 제공한 Centaline Property(中原地産)는 1978년 홍콩에서 설립된 대형 부동산 중개 법인으로, 홍콩과 중국 본토 전역에서 주택과 상업용 부동산의 매매, 임대, 평가, 경매 등 종합 부동산 서비스를 제공한다. 1선 도시(一線城市)는 베이징, 상하이, 광저우, 선전 네 곳을 지칭하며, 베이상광선(北上廣深)으로 묶여 불린다.

하자, 2020년 8월에 이른바 '3대 레드 라인' 규제를 시행한 것이다. 부동산 개발 기업은 ① 자산 부채 비율 70% 이하 ② 순 부채 비율 100% 이하 ③ 단기 부채 대비 현금성 자산 비율 100% 이상이라는 조건을 충족해야 하며, 이 조건을 충족하지 못하면 새로운 대출이 불허된다는 내용을 담고 있다.[1]

부동산 규제 대책의 첫 번째 희생양은 헝다그룹恒大集團이었다. 1996년 쉬자인許家印이 설립한 이래 주택 판매액 기준으로 중국의 최대 개발사로 성장했으나, 가파른 성장 과정에서 많은 부채를 짊어졌다. 2021년 말 기준으로 총부채가 3,600억 달러에 달할 정도로 재무 상태가 엉망이었기에, 중국 정부의 신규 대출 중단 조치가 치명적인 결과를 가져왔다. 헝다그룹은 2021년 12월 해외에서 발행한 채권을 채무불이행한 데 이어, 2024년 11월에는 홍콩 증권 시장에서 상장 폐지되고 말았다.[2]

중국 당국이 주택 가격의 폭등세를 억제하기 위해 대출 규제 정책을 펼친 것은 타당한 면이 있다. 그러나 헝다그룹 사태를 계기로 부동산 가격이 떨어지기 시작했음에도 대출 규제 정책을 지속한 것이 문제였다. 헝다그룹 파산 이후 1년 반이 지난 2023년 8월 25일에서야 "(앞으로 주택을 구입하는 사람은) 과거 부동산 이력과 무관하게 생애 첫 주택 구입자로 간주한다."라며 대출 규제를 완화했지만, 이것만으로는 주택 경기를 살리기에 역부족이었다.[3] 핵심 지역을 중심으로 연쇄적인 악순환이 시작되었기 때문이다.

삼천을 비롯한 일부 도시를 제외하고 대도시 자가 주택 보유율이 70~90%에 이른 데다, LTV도 70% 이상으로 치솟아 가계 부채 부담이 상당했다.[4] 이런 상황에서 갑작스러운 주택 가격 하락이 시행되니, 2020~2021년 주택 시장 정점에 집을 구매한 가계부터 차례대로 빚을 갚지 못하는 일이 벌어졌다.

장기 불황의 늪에 빠져든 두 번째 이유는 부동산 버블의 규모가 감당할 수 없는 수준으로 부풀어 오른 데 있다. 1990년대 초반까지 중국 당국은 주택 소유를 허용하지 않았기에, 아예 주택 매매 시장이 존재하지 않았다. 상하이를 비롯한 주요 도시에 살고 있는 사람들은 나라에 매우 저렴한 임대료를 낼 뿐, 어떠한 재산권도 행사할 수 없었다.

대신 지방 정부는 임대 주택 건설과 관리에 막대한 재정을 투입해야 했다. 막대한 비용이 수반되는 이유는 '소유권 부재'에 있다. 필자가 모 공공 기관에 근무하던 시절, 임대 주택 단지를 정기적으로 방문해 방을 청소하고 설거지했는데, 그때마다 악취 때문에 많이 힘들었다. 자기 소유가 아니다 보니 일부 주민들이 복도에서 볼일을 보고, 공용 공간을 창고처럼 사용한 탓이다.

중국에서도 시 정부의 공동 주택 관리는 어려운 문제였으며, 관리 비용이 걷잡을 수 없이 상승했다. 이 문제로 골머리를 앓던 상하이시의 서기 주룽지朱鎔基는 1991년 대대적인 국유 주택 개혁을 단행함으로써 역사적인 전환점을 만들었다.[5] 그가 추진한 주택 개혁의 주요 내용은 다음 네 가지로 요약된다.[6]

① 주택 적금 제도를 신설해 상하이 주민과 단위(개인이 소속된 공산주의 조직)가 공동으로 적금을 부어, 주택을 구입할 때 사용할 재원을 마련한다.

② 공공 주택 임대료를 현실화하는 대신 주택 보조금을 지원한다. (상하이시는 1991년 한 해에만 임대료를 100% 인상했고, 1995년부터 1998년까지 매년 50%씩 추가로 인상했다)

③ 공공 주택에 새롭게 입주하는 거주자는 의무적으로 상하이 주택발전저축관리센터에 20~80위안을 납부해야 하고, 이 투자금은 5년 후 연 3.6%의 금리로 회수할 수 있다.

④ 정부 소유 주택을 시세보다 훨씬 저렴한 가격으로 장기간에 걸쳐 할부 판매한다.

상하이 시민들은 저렴한 가격으로 자기 집을 살 수 있어 좋았고, 지방 정부는 매각 차익을 활용해 푸둥浦東 지구 건설 같은 대규모 프로젝트를 시행할 수 있어, 모두에게 이익인 정책이었다. 상하이 주택 개혁이 대성공을 거두자, 1998년부터 전국으로 확산되었다.[7] 1998년에는 인구의 1/3만 도시에 거주했지만, 2024년에는 2/3로 늘어나며 강력한 주택 가격 상승이 출현했다. 2019년 중국의 신규 및 기존 주택 가치는 약 52조 달러로, 미국 부동산 시장의 약 두 배 규모에 이르렀다.[8]

투자 붐 속에서 상하이를 비롯한 1선 도시의 주택 가격은 일반적인 가계가 도저히 접근할 수 없을 정도로 부풀어 올랐다. 중

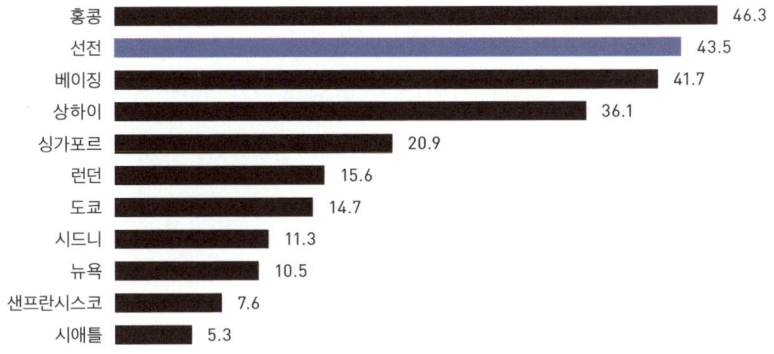

그림 11-2 세계 주요 도시의 PIR, 2020년 기준

■ 소득 대비 주택 가격 배율(PIR)

도시	PIR
홍콩	46.3
선전	43.5
베이징	41.7
상하이	36.1
싱가포르	20.9
런던	15.6
도쿄	14.7
시드니	11.3
뉴욕	10.5
샌프란시스코	7.6
시애틀	5.3

출처: Bloomberg(2025. 12. 21.), Workers Flocking to China's Tech Hub Can't Afford to Buy Homes.

국의 부동산 플랫폼 이하우스易居企業集團는 2020년 선전의 아파트 가격이 주민 평균 연봉의 43.5배에 달한다고 추산했다.[9] 이 결과 선전에 거주하는 사람 중에 아파트를 소유한 비율은 1/3에 불과했고, 도시는 서서히 활력을 잃어버리고 있었다. 주택 가격이 너무 심각한 레벨로 부풀어 오름에 따라, 약간의 외부 충격만으로도 심각한 폭락이 출현할 상황이었던 것이다.

중국 부동산 시장의 회복을 가로막는 마지막 문제는 저가 매수세 실종이다. 1선 도시 주택 가격이 2022년 최고가에 비해 30~40% 하락했음에도 매수 문의가 끊기니, 낙관론자들의 항복이 잇따르고 있다.[10] PIR이 40배에서 25배까지 떨어졌으니, 핵심 지역의 매력적인 주택에 대한 수요가 살아날 법도 하지만, 현실은 전혀 달랐다. 예를 들어 2025년 11월 기준 주택 판매액은 2024년의 같은 기간에 비해 32.5% 감소했다.[11] 주택 수요가 위축된 가장 직접적인 이유는 건설·부동산 경기가 악화되며 실업률이 상승하고 미래 소득 전망이 악화된 데 있다. 2022년 건설·부동산 부문은 중국 GDP의 약 1/4, 가계 자산의 80%에 이를 정도였기에, 주택 가격 하락이 연쇄적인 고용 감소를 유발했다. 더 나아가 강력한 디플레로 실질적인 대출 이자 부담이 증가한 것도 문제다.

표 11-1 최근 3개년 중국 경제 공작 회의 중점 추진 과제

순위	2023년	2024년	2025년
1	기술혁신을 통한 현대화 산업체계 구축	내수 확대	내수 확대
2	내수 확대	기술혁신을 통한 현대화 산업체계 구축	혁신 주도 새로운 성장 동력 육성
3	핵심 분야 개혁	핵심 분야 개혁	핵심 분야 개혁
4	대외개방 확대	대외개방 확대	대외개방 확대
5	핵심분야 리스크 완화	핵심분야 예방 및 해결	도시·농촌 및 지역간 발전 추진
6	농업 및 농촌 관련 질적 향상	도시화 및 농촌 발전 추진	탄소감축·전면적 녹색성장 추진
7	도농융합, 지역발전	지역발전	민생안정 및 개선
8	녹색저탄소발전 심화	탄소감축·녹색성장 추진	핵심분야 리스크 해결
9	민생안정 및 개선	민생안정 및 개선	

출처: 한국은행(2025. 12. 15.).

디플레가 발생한 원인을 이해하기 위해 〈표 11-1〉에 나오는 중국 경제 공작 회의 중점 추진 과제를 유심히 살펴볼 필요가 있다.[12] 2022년부터 주택 시장이 붕괴되고 있는데, 2023년 말 열린 회의에서 "기술 혁신을 통한 현대화 산업 체계 구축"이 가장 중요한 정책 추진 과제로 선정된 것을 발견할 수 있다.

물론 2022년 말 '챗지피티 3.5 쇼크'에서 보듯, 신성장 산업에 대한 투자는 매우 중요한 과제임이 분명하다. 그러나 전광리電光二(전기차, 태양광, 이차전지)로 대표되는 신성장 산업에 정책 자금이 대거 투입됨에 따라, 건설·부동산 부문에 대한 적극적인 지원을 기대할 수 없게 되었다.

더 나아가 신성장 산업에 속한 기업들이 하루빨리 성과를 내기 위해 치열한 가격 경쟁을 펼친 것도 문제를 일으켰다. 2025년 6월, 중국 공산당 기관지 인민일보人民日報는 "지난 2년간 일부 자동차 회사가 '가격 전쟁'의 방아쇠를 당겨 산업 생태계와 시장 질서, 산업 사슬, 공급망에 심각한 악영향을 미쳤다."라고 비판했다.[13] 인민일보는 "중국 제조업이 선두로 도약할 수 있었던 이유는 낮은 가격이 아니라 혁신 덕분"이라고 비난했는데, 얼마나 심각한 가격 경쟁이 벌어졌는지 짐작할 수 있다. 이로 인해 중국의 생산자물가는 2022년부터 3년 넘게 마이너스 성장률을 기록하고 있다.[14]

잘못된 경제 정책이 꾸준히 시행된 결과, 중국 경제에 두 가지 문제가 발생했다. 무엇보다 전광리 등 신성장 산업은 많은 고용이 필요하지 않기에, 건설·부동산 부문에서 발생한 실업자를 흡수하기에는 역부족이었다. 더불어 가격 인하 경쟁이 치열하게 진행되는 과정에서 소비자들이 "조금만 기다리면 더 좋은 물건을 싸게 살 수 있을 것."이라고 기대하게 되었다. 이를 '디플레 기대'라고 부르는데, 디플레 기대가 강화될수록 소비가 위축되는 것은 당연한 일이다.

디플레 기대 심리가 부각되고 물가가 하락할 때, 가장 큰 고통을 느끼는 곳은 빚을 짊어진 가계와 기업이다. 부채는 명목 가치로 고정된 반면, 실질적인 대출 이자율은 상승하기 때문이다. 예를 들어 부동산 담보 대출 금리가 4%라고 할 때, 물가 상승률이 -2%라면, 실질적인 이자율은 6%라고 보아야 한다. 물론 중앙은행이 금리를 적기에 인하하면 실질 이자율 상승 문제를 해소할 수 있지만, 중국인민은행PBoC의 대출 금리는 2022년 3월 3.85%에서 2025년 말 3.00%로 소폭 떨어졌을 뿐이다.

이제 마지막으로 중국 정부가 부동산 경기 부양에 큰 의지를 보이지 않는 이유를 살펴보자. 2021년 시진핑 주석이 발표한 공동부유 정책 노선이 폐기되지 않았기에, '대도시에 아파트를 가진' 부자들을 도와주지 않으려는 게 가장 직접적인 이유라고 생각된다.[15] 더 나아가 미국과의 치열한 무역 전쟁에도 불구하고 중국의 수출이 잘나가는 것도 어느 정도 영향을 미친 것으로 보인다.

특히 호주 맥쿼리 은행Macquarie Bank의 래리 후Larry Hu 애널리스

그림 11-3 중국 대출 우대 금리와 중국 주택 가격 상승률의 관계

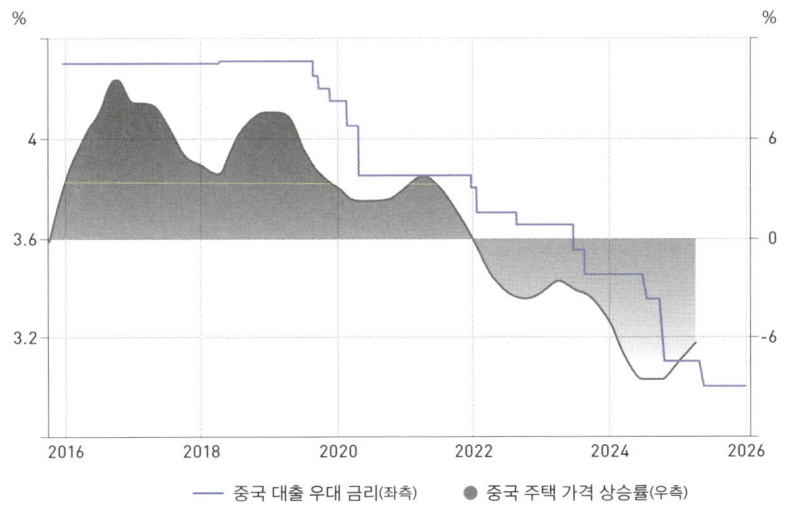

트는 "중국 지도부가 부동산 시장을 되살리기 위해 노력하지 않는 이유는 그럴 필요를 못 느꼈기 때문이다."라고 주장한다.[16] 다시 말해 중국 수출이 잘나가는데, 굳이 부동산 시장까지 부양할 필요가 있느냐는 이야기다. 그러나 글로벌 경기 여건에 따라 중국 제품에 대한 수요가 얼마든지 달라질 수 있다는 점에서 위험천만한 일이 아닐 수 없다.

필자는 중국이 1990년대 일본이 겪은 장기 불황의 전철을 되풀이할 가능성이 대단히 높은 것으로 판단한다. 2022년 이후 중국 소비자들의 심리가 꺾였다는 징후가 확연하기 때문이다. 소비

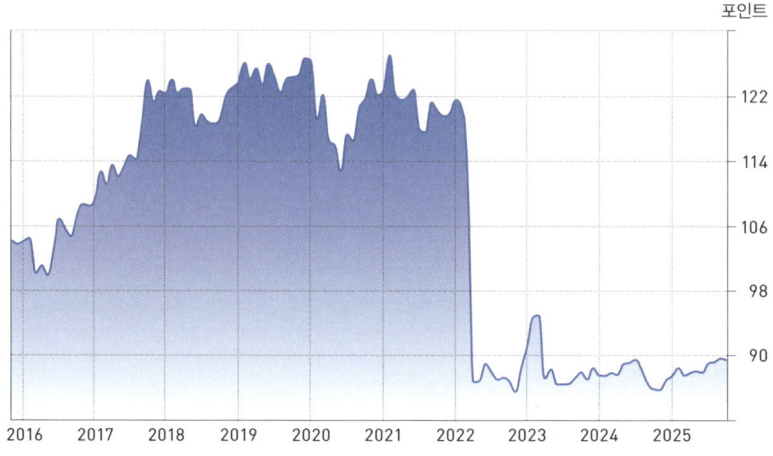

그림 11-4 중국의 소비자 신뢰 지수*

포인트

출처: tradingeconomics.com

심리가 무너지며 내수 시장이 위축되는 상황에서는 약간의 외부 충격만으로도 수출 기업의 경쟁력이 무너질 수 있기 때문이다. 이런 면에서 2022년 한국 부동산 시장 침체 당시 한국 정부의 대응은 매우 적절했던 것으로 평가할 수 있을 것이다.

•   소비자 신뢰 지수는 중국경제모니터링분석센터(CEMAC)가 작성한다. CEMAC는 중국 전역의 20개 도시에서 15세 이상 700명을 대상으로 매월 설문 조사를 실시한다. 소비자 신뢰 지수는 0에서 200까지의 척도로 소비자 신뢰도를 측정하며, 200은 극도의 낙관, 0은 극도의 비관, 100은 중립을 나타낸다.

요약 및 교훈

2022년 봄부터 시작된 중국 주택 가격의 하락세가 만 3년을 넘기고 있다. 1990년대 초반 일본처럼 PIR이 세계 최고 수준에 도달하고, 가계 자산에서 부동산이 차지하는 비중이 80%를 훌쩍 넘긴 상황에서 발생한 주택 가격 폭락 사태는 경제에 심각한 악영향을 미칠 것으로 보인다. 건설·부동산 부문에 종사하던 근로자들의 대량 실업 사태와 수요 위축으로 인한 디플레 위험뿐만 아니라 통화 정책 당국이 신속한 대처에 나서지 않았다는 점에서, '일본형 장기 불황'의 위험이 날로 커지고 있기 때문이다. 이런 면에서 2022년 한국 정부의 적극적인 대응에 대해 높은 점수를 줄 수 있을 것 같다.

정부 정책만 보면
부동산 바닥을 잡을 수 있다

12장

주택 시장의 변화를 파악하는 데 가장 도움이 되는 것은 금리와 환율 등 거시 경제 지표이지만, 정부 정책도 매우 중요한 영향을 미친다. 필자가 2022년 말 주택을 구입하기로 한 결정적 계기 중 하나가 바로 '11.10 대책'이었다.[1] 11.10 대책의 핵심 내용을 살펴보면, 역대 정부가 부동산 경기를 부양할 때 사용했던 카드가 집약되어 있다.

11.10 대책의 가장 중요한 사항은 투기 과열 지구의 해제였다. 투기 과열 지구는 해당 지역 주택 가격 상승률이 물가 상승률보다 현저히 높으면서, 직전 2개월 평균 청약 경쟁률이 모두 5:1을 초과하는 경우에 지정된다.[2] 투기 과열 지구 내에서는 분양된 주택

의 입주권을 전매할 수 없으며, 2019년 10월부터는 분양가 상한 제도 적용되었다.[3] 더 나아가 주택 매매에 따른 양도세를 기준 시가가 아닌 실거래가로 부과하는 등 다양한 규제가 적용된다. 2022년 11월 11일 윤석열 정부는 강남 3구 외에 강동구, 마포구, 영등포구, 노원구 등 11개 지역만 남기고 투기 과열 지구를 해제 했고, 2023년 초 강남 3구와 용산구를 제외한 모든 지역을 투기 과열 지구에서 해제하기에 이른다.[4]

당국이 투기 과열 지구를 대거 해제한 가장 직접적인 이유는 1만 3,000세대에 이르는 둔촌주공 재개발 사업의 대규모 미분양 위험 때문이었다.[5] 고금리와 부동산 가격 폭락 속에 프로젝트 파이낸싱project financing(이하 'PF')*의 부실 위험이 크게 높아져 주택 시장 규제 완화를 촉발했는데, 특히 둔촌주공은 강동구에 속해 있기에 투기 과열 지구 해제의 효과를 직접적으로 누릴 수 있다는 점이 고려되었다. 이 덕분에 둔촌주공의 미분양 위험이 일거에 해소된 것은 물론, 청약한 사람들은 막대한 차익을 누릴 수 있었다.

PF란 각각의 프로젝트 단위로 자금을 조달하는 것을 의미한다. 대표적인 사례로 서울 신사동에서 경기도 광교를 잇는 신분당선

• 대규모 건설이나 개발 사업의 미래 사업성과 현금 흐름을 담보로 자금을 조달하는 금융 기법이다. 사업 시행사의 신용이나 자산이 아니라, 해당 프로젝트 자체의 수익성을 기반으로 대출이 이루어진다. 기업 대출과 달리 사업 자체에 자금을 지원하며, 사업을 전담하는 SPC를 통해 자금이 운용되는 것이 특징이다. 한국에서는 2000년대 중반 이후 아파트 분양 사업 등에 활용됐으나, 부동산 경기 침체 시 사업성 악화로 부실화되면서 금융 리스크의 주요 요인이 되기도 했다.

건설이 있다. 정부는 토지를 빌려주거나 인허가를 해 주고, 시행사는 당장에 돈이 많이 들어도 장기간 수입이 기대된다며 투자자를 모집하며, 저축 은행은 이 프로젝트에 고금리로 돈을 빌려주는 식으로 참여한다. 물론 프로젝트를 추진하면서 예상치 못한 돌발변수가 발생할 수도 있고, 아예 사업 환경이 바뀌어 돈을 벌 가능성이 사라져 PF가 재앙으로 바뀔 수도 있다. 이러한 위험 때문에 PF를 해 주는 저축 은행과 증권사는 매우 높은 금리를 요구한다. 그러나 2015년부터 시작된 부동산 호황에 도취된 결과, 2023년 말 PF 규모는 약 135조 원으로 부풀어 있었다.[6]

2022년 초를 고비로 부동산 경기가 악화되면서 PF의 연체율, 다시 말해 빌린 돈의 이자나 원금의 지급이 늦어지는 일이 급증하기 시작했고, 가장 큰 자금이 투자된 곳이 둔촌주공 재건축 사업이었다. 따라서 정부 입장에서는 부동산 경기를 부양할 목적으로 이때 가장 효과 좋은 정책을 사용했던 셈이다. 특히 11.10 대책에 이어 발표된 2023년 '1.3 대책'을 통해 이미 한 채의 주택을 보유한 사람이 주택 청약에 당첨될 때 기존 주택을 처분해야 한다는 의무 조항이 폐지된 것도 둔촌주공 미분양 사태를 해결하는 데 결정적인 도움을 주었다.[7]

11.10 대책의 두 번째 핵심 사항은 금융 규제 완화다. 우선 규제 지역 내 무주택자에 대한 LTV를 50%까지 허용하는 한편, 15억 원을 초과하는 가격의 주택에 2019년부터 적용되던 주택 담보 대출 제한이 해제된 것이다. 여기에 2022년 5월부터 시작된 규제

지역 다주택자에 대한 양도세 중과 유예도 큰 영향을 미쳤다.[8] 다주택자 양도세 중과는 문재인 정부 때 시작됐다. 투기 과열 지역 주택을 매도하는 2주택자는 양도세율을 기본 세율에 20%p, 3주택자는 30%p 더 내야 했다. 윤석열 정부는 이를 '징벌적 과세'라고 판단해, 2022년 5월부터 해당 조치를 매년 유예했다.

이상의 정책이 주택 시장의 바닥을 만드는 이유는 간단하다. 돈이 있어도 주택을 구입하지 못하던 사람들에게 매수 기회를 제공하기 때문이다. 2022년 말 필자가 주택 매수에 나설 수 있었던 이유는 달러 자산을 다량 보유한 덕분이었다. 2021년 초 달러에 대한 원화 환율이 1,080원 전후에 형성되었다가, 2022년 말 1,400원까지 상승하니 달러 자산을 보유한 이들은 환차익을 실현하려는 동기를 가지고 있었다. 이때 정부의 부동산 경기 부양 대책이 발표되지 않았다면, 필자도 주택 구입에 나서기가 쉽지 않았으리라 생각된다. 아마 달러를 매도한 자금으로 삼성전자나 현대차 또는 SK 하이닉스 같은 수출 대기업 주식을 매수하지 않았을까 싶다.

환율이 급등할 때 수출 대기업을 매수하는 이유는 수출 경쟁력 개선 때문이다.[9] 반도체 산업을 분석하는 애널리스트들에 따르면, 환율 100원이 상승할 때 삼성전자의 순이익이 대략 2조 원 이상 개선된다고 한다. 특히 환율이 상승할 때 외국인 주주들이 이탈하는 것도 호재로 작용한다. 삼성전자의 경우 외국인 지분율이 50%를 넘어서기에 환율 상승 국면에 환차손을 우려한 투자자들의 이탈이 발생한다. 따라서 기업의 기초 체력과 상관없이 주가가 크게 빠지며, 저가 매수를 노리는 투자자들에게는 좋은 기회를 제공하는 셈이다.

그럼에도 주식 대신 주택을 매수한 이유는 한국 부동산이 지닌 한 가지 장점 때문이다. 바로 부동산 시장이 붕괴될 위험에 처할 때 정부가 적극적으로 개입한다는 점이다. PF 사례에서 보듯, 금융 기관 대출의 대부분이 부동산이나 토지와 관련되어 있다. 따라서 정책 당국으로서는 부동산 가격의 하락을 마냥 방치할 수 없고, 더 큰 위험을 방지하기 위해서라도 적극적인 개입에 나설 수밖에 없다.

가장 대표적인 사례가 2013년 박근혜 정부였다. '하우스 푸어' 사태를 해결할 목적으로 박근혜 정부는 강력한 주택 시장 부양 정책을 펼치기 시작했다. 먼저 2013년 4월 1일, 공공 분양 주택의 공급 물량을 연 7만 호에서 2만 호로 축소하는 한편, 생애 최초 주택 구입 가구에게 취득세를 면제하는 등의 조처를 취했다.[10] 주택 시장 부양의 초기 국면이기에, 양도세 폐지나 투기 과열 지구 해제 같은 강력한 정책보다 특정 계층에 대한 취득세나 등록세 등을 완화하는 조처를 통해 시장의 반응을 살피는 것이다. 이런 식으로 움직이는 이유는 지나치게 강력한 부양 정책을 시행했다가, 다시 주택 가격의 버블을 유발할까 두렵기 때문이다.

그럼에도 주택 시장의 온기가 살아나지 않자, 유례를 찾기 힘든 강력한 대책이 연이어 발표되었다. 특히 기획재정부 장관에 임명된 최경환 의원은 2014년 6월 13일, 기자들과 만난 자리에서 LTV 등 부동산 규제에 대해 "지금은 부동산이 불티나게 팔리고 프리미엄이 붙던 한여름이 아니라 한겨울"이라며, "한여름 옷을 한겨울에 입으면 감기 걸려 죽지 않겠냐."라며 전면적인 규제 완화의 방침을 밝혔다.[11] 여론은 그리 좋지 못했지만, 2014년 7월 24일 LTV와 DTI 규제가 완화되었다.[12] LTV는 '7.24 대책' 이전까지 수도권 50~70%, 비수도권 60~70%였던 한도가 70%로 통일됐다. DTI는 'Debt to Income'의 약자로, 총부채 상환 비율을 뜻한다. 즉, 연소득 대비 원리금 또는 이자를 갚는 데 드는 비용의 비율을 나타낸다. 한국주택금융공사가 작성하는 주택 구입 부담 지수는 DTI 25%를 기준(=100)으로 삼아 만들어진 지표다. DTI는 7.24 대책 이전에 서울 50%, 경기와 인천 지역 60%였던 상한이 60%로 통일됐다.

주택 시장 부양 정책은 여기서 그치지 않았다. 같은 해 8월 14일 한국은행의 금리 인하가 단행된 것이다. 기존 2.50%였던 정책 금리를 2.25%로 인하한 것을 시작으로, 2016년 6월까지 5번의 금리 인하가 단행되어 1.25%까지 떨어졌다. 여기에 '9.1 대책'이 시행됨으로써, 주택 시장은 기나긴 하락세에 종지부를 찍게 된다.[13] 9.1 대책의 핵심은 재건축 연한을 40년에서 30년으로 완화하고, 택지개발촉진법을 폐지하여 2017년까지 토지주택공사LH의 공공 택지 지정을 전면 중단하는 것이었다.

〈그림 12-1〉은 한국의 공공 택지 개발 흐름인데, 2010년대 이

그림 12-1 한국의 택지 개발 면적

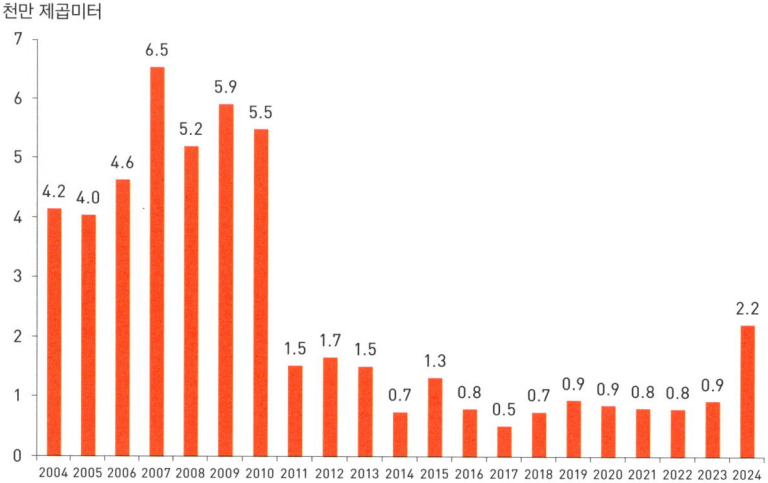

천만 제곱미터

출처: 통계청, 프리즘 투자자문 작성.

후 공급 규모가 크게 위축된 것을 발견할 수 있다. 박근혜 정부가 공공 택지 개발 중단을 발표한 이유는 노무현 정부 시절 2기 신도시, 행복 도시, 혁신 도시 개발로 택지 공급량이 너무 많이 늘어났다는 지적이 제기되었기 때문이다.[14] 2004년에 공급된 택지는 수원 광교, 남양주 별내, 고양 삼송 등이었고, 2006년에는 평택이 신규 택지로 공급되었다. 2007년에는 파주 운정, 인천 검단, 화성 동탄이, 2009년에는 하남 미사, 서울 서초 등이 공급되었다. 이처럼 신도시 건설을 위해 2004~2010년에 집중적으로 건설된 아파트들은 대규모 미분양 사태를 일으켰다.

이명박 정부도 미분양 문제의 심각성을 인지하고, 2011년부터 택지 공급을 크게 줄이기 시작했다.[15] 택지 공급과 분양의 시차가 5년 이상이라는 것을 감안할 때, 2015년 이후에는 주택 입주 물량이 줄어들 것이라고 다들 짐작 가능한 상황이었다. 따라서 박근혜 정부의 9.1 대책은 시장 참가자들에게 "주택 시장이 안정을 되찾을 때까지 정부는 어떠한 공급도 하지 않겠다."라는 강력한 신호를 준 셈이었다.

이에 대해 시장 참가자들은 열광적으로 반응하기 시작했다. 2013년 말 8.1만 호에 이르렀던 미분양 주택은 2014년에 4.0만 호로 줄어들었다. 그럼에도 주택 가격의 상승은 신속하게 이루어지지 않았다. 2000년대 후반에 공급된 택지에 지어진 아파트 분양이 시작되었기 때문이다. 주택 시장이 아직 회복되지 못했음에도 대규모 분양이 시행된 이유는 건설 업체의 경영난 때문이었다. 2000년대에 사들였던 공공 택지에 집을 짓지 못한 상태였기 때문에, 건설 업체는 심각한 자금 부족에 시달리고 있었다. 이 결과 전국 주택 착공 물량은 2013년 8.4만 호에서, 2014년 9.2만 호, 2015년 11.2만 호로 늘어났다. 막대한 입주 물량으로 집값이 오르지는 못했지만, 경제가 살아나기 시작했다. 아예 거래도 이뤄지지 못하던 시장에서 벗어났고, 시간이 걸리기는 했지만 신규 분양 아파트가 완판되었기 때문이다.

2014년 국제 유가 폭락 사태 속에 이른바 '대우조선해양 회계 분식 사건'이 발생했을 때, 수많은 금융 기관과 기업이 타격을 받았음에도 경제 성장세는 꺾이지 않았다.[16] 2014년 3.5% 성장에 이어, 2015년에는 6.5%라는 놀라운 성장을 기록했으니 말이다.* 수출 주력 산업이 차례대로 무너지는데 고성장을 할 수 있었던 이유는 건설 경기가 살아나고 부동산 거래가 늘어난 덕분이었다.

이제 마지막으로 김대중 정부 때의 주택 경기 부양 정책을 살펴보자. 김대중 정부는 외환 위기로 망가진 경제를 살리는 것 이외에 다른 선택지가 없었다. 1998년 5월 22일 발표된 '주택 경기 활성화 대책'을 통해 분양가 자율화는 물론 양도소득세 한시 면제 그리고 분양권 전매 허용 등 대단히 강력한 부양책을 내놓았다.[17] 국민 주택 이하 규모의 신축 아파트를 매입할 때 5년간 양도세를 100% 깎아 준 것은 놀라운 정책 변화였다. 특히 김대중 정부는 1998년 단 한 해에만 무려 7.6조 원에 이르는 주택 자금을 지원하여 금융 시스템에 일대 변화를 불러왔다.[18]

　　물론 '5.22 대책' 하나로 주택 가격이 상승세로 반전한 것은 아니었다. 이때 한국은행이 금리를 조정한 것도 주목할 만한 변화였다. IMF의 '긴축 정책' 요구가 1998년 여름부터 완화되는 가운데, 시장 금리가 가파르게 하락했다. 당시 정책 금리 역할을 하던

---

* 　이는 국민 총소득(gross national income, GNI) 기준 성장률이다. GNI란 한 나라의 국민이 일정 기간(보통 1년) 동안 국내외에서 벌어들인 소득의 총합을 말하는 것으로, GDP가 '영토 개념'이라면, GNI는 '국민 개념'이라 할 수 있다. 국민 총생산(gross national product, GNP)과 사실상 동일한 개념으로, 생산(product)보다 소득(income)이 경제 실상을 더 잘 반영한다는 판단에 의해, 1993년 UN이 GNP를 GNI로 명칭을 변경했다.

콜 금리는 1997년 말 26.04%에서, 1998년 말에는 6.74%까지 내려갔고, 1999년 말에는 4.75%까지 떨어졌다. 시중 은행끼리 자금을 융통하는 콜 금리의 하락은 곧 예금 금리의 인하로 이어지기에, 주택 시장은 순식간에 순풍을 맞이할 수 있었다. 단 2년 만에 1/6 수준으로 내려간 예금 금리에 실망한 자산가들이 적극적으로 위험 자산, 특히 부동산에 베팅을 나섰기 때문이다.

이상과 같은 세 차례의 경험은 투자자들에게 아주 큰 도움을 준다. 즉, 정책 변화를 '저점'을 확인하는 지표로 활용할 수 있다는 점이다. 분양가 상한제 완화, 양도세 중과 해제, 그리고 투기 과열 지구 해제와 같은 신호는 경험 많은 투자자들의 매수세를 부르기 때문이다. 부디 많은 독자가 이 지표를 투자에 잘 활용하길 바라는 마음이다.

 요약 및 교훈

주택 담보 대출이 부동산 시장에 자리를 잡은 1990년대 말 이후, 가장 중요한 지표는 금리가 되었다. 그런데 금리 못지않게 중요한 부동산 순환 지표가 바로 정부의 주택 시장 부양 대책이다. 다주택자들의 적극적인 시장 참여를 독려하는 신호, 예를 들어 양도세 완화, 분양권 전매 제한 해제, 분양가 상한제 폐지와 같은 일이 벌어질 때는 비관론을 내려놓고 시장을 긍정적으로 바라볼 필요가 있을 것이다.

서울 아파트를 팔고 수도권에
단독 주택을 지으면 안 될까?

13장

필자는 페이스북이나 인스타그램 등 다양한 소셜 미디어 서비스를 애용하는데, "서울의 매력 없는 아파트를 매수하느니, 경기도에 단독 주택을 짓는 게 더 낫다."라는 주장을 종종 접한다. 집값의 구성 요소는 '사용 가치+콜 옵션'이니, 앞의 주장은 콜 옵션 부분이 적은 집을 팔고 사용 가치가 높은 집을 사라는 조언이 된다. 2025년 6월 말 서울 아파트 중위 매매 가격이 10.1억 원이니 이걸 팔아서 경기도 지역 중위 단독 주택을 5.5억 원에 구입하면 약 4.6억 원에 이르는 돈이 남는다는 계산법이다.[*]

매우 그럴듯한 주장인데, 여기에는 두 가지 함정이 있다. 첫 번

• KB부동산 '중위 주택 가격'을 기준으로 했다.

째는 '직주 근접'의 원칙에 위배된다는 것이다. 직장과 사는 곳의 거리가 멀어지면 멀어질수록 각종 비용이 발생한다. 예를 들어 서울 강남의 사무실까지 약 한 시간 반에 걸친 출근 시간이 필요한 직장인의 시간당 임금이 2만 원이라면, 그는 하루에 약 6만 원의 비용을 지불하는 셈이다. 그가 하루 세 시간의 통근 시간을 버리지 않았다면, 초과 근무를 하거나, 하다못해 다른 부업을 해서라도 더 나은 소득을 올릴 수 있었을 것이기 때문이다. 참고로 한국 근로자의 평균 통근 시간은 73.9분인데, 수도권에 사는 사람일수록 이 시간이 더 길어져 82.0분에 이른다.[1] 통근 시간이 길어질수록 삶의 만족도가 크게 떨어지는 것은 물론 건강에도 문제가 생긴다는 최근 연구를 감안할 때, 물질적, 정신적 비용이 대단히 크다는 것을 알 수 있다.[2]

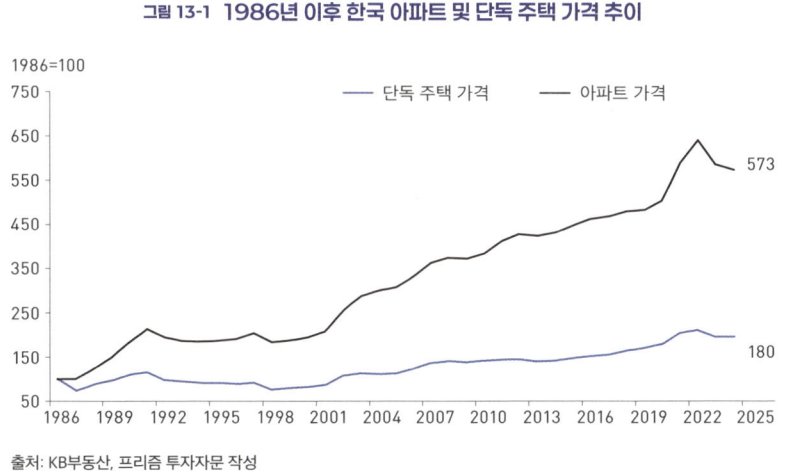

그림 13-1 1986년 이후 한국 아파트 및 단독 주택 가격 추이

출처: KB부동산, 프리즘 투자자문 작성

두 번째 함정은 단독 주택 가격이 좀처럼 오르지 않는다는 것이다. 〈그림 13-1〉은 1986년부터 2024년까지 아파트와 단독 주택의 매매 가격 변화를 보여 주는데, 아파트 가격은 473% 상승한 반면 단독 주택 가격은 단 80%만 상승한 것을 발견할 수 있다. 같은 기간 소비자 물가가 210% 상승한 것을 감안할 때, 단독 주택을 보유한 사람은 심각한 가치 파괴를 경험한 셈이다. 따라서 단독 주택을 살 때에는 "토지 가격이나 받고 팔 수 있으면 다행"이라는 생각을 가질 필요가 있다.

그런데 이 대목에서 한 가지 의문이 제기된다. 왜 아파트 가격만 상승할까? 여러 이유가 있겠지만, 가장 직접적인 요인은 "1970년대 이후 지어진 아파트가 살 만한 공간"으로 부각된 데 있다. 한국전쟁 이후 서울로 밀려온 많은 사람은 손바닥만 한 땅만 있으면 판잣집을 지었고, 이런 집들이 서울 주택의 1/3을 넘어서게 되었다. 가장 대표적인 곳이 노원구 북쪽 끝에 자리 잡은 '백사마을'이다. 이곳을 배경으로 2022년 큰 인기를 끌었던 드라마 〈재벌집 막내아들〉의 주인공이 순양그룹 도련님으로 환생하기 전, 부모님이 국밥을 팔았던 '삼거리 식당'이 나온다.[3] 백사마을을 걷다 보면 방향 감각을 상실하고 길을 잃게 되는데, 어디를 봐도 칙칙한 질감의 집이 반복되는 데다, 오르락내리락 가파른 길을 걷다 보면 미로에 갇힌 분위기를 자아내기 때문이다.

처음 방문한 사람이 길을 잃어버릴 정도로 복잡한 공간이다 보니 화재가 발생하는 순간 큰 인명 피해를 볼 가능성이 높다. 무허가 판잣집 문제를 해결하기 위해 1966년을 기점으로 서울시 당국이 행동에 나섰다. 첫 번째 대책은 시민아파트 건설로, 사람들이 살기 힘든 급경사 지역에 대규모 아파트를 짓는 것이었고, 두 번째 대책은 경기도 광주군에 대규모 주택 단지를 건설하는 것이었다. '광주대단지 사건'은 다음에 자세히 다루기로 하고, 이번 장에서는 시민아파트 건설에 집중해 보자.

김현옥 서울 시장은 한강 변을 매립해 건설사에 매각했고, 이때 조성한 40억 원을 활용해 37개 지구, 총 1만 8,000가구에 이르는 시민아파트 건설 계획을 세웠다. 시민아파트는 11평 규모의 작은 방 2개, 마루, 부엌 등으로 구성되어 있었고, 연탄 난방을 했다. 좁은 평수를 감안해 화장실은 공동으로 사용했다. 대학 다니던 시절, 친구가 연희동 시민아파트에서 자취를 했기에 여러 번 방문한 적이 있는데, 평면이 그리 좋은 구조는 아니었던 것으로 기억한다. 더 나아가 지은 지 오래된 데다 관리가 제대로 되지 않아 "언제 무너지는 게 아닌가…"하는 불안을 지울 수 없었다.

실제로 시민아파트 건설에는 많은 문제가 있었다. 경부고속도로를 단 1년 만에 완공했던 데에서 드러나듯, 박정희 정부는 군사작전하듯 건설 공사를 추진하는 경향이 강했다. 마포구 와우아파트는 1969년 6월에 착공하여 1969년 12월에 완공되었다. 6개월이라는 짧은 기간 만에 건설된 것이다. 입주하자마자 많은 문제가 발견되었다. 1970년 3월 20일에는 거주민이 14동과 15동 건물을 지지하는 1층의 받침대에 금이 간 것을 발견하고 구청과 경찰에 신고했으나, 현장을 둘러본 관계자들은 14동 주민만 대피시키고 15동은 보수 공사로 충분하다며 그대로 돌아갔다.[4] 그리고 4월 8일 새벽, 15동 건물 전체가 무너지며 33명이 사망하고 39명이 부상을 당하는 참극을 빚었다.[5]

2010년대 초, 필자가 서울에 첫 집을 마련한 곳이 바로 와우아파트 인근이었다. 한국을 대표하는 대형 건설사의 브랜드 아파트 후문을 나와 와우산을 오르면 가파른 나무 계단이 나타나는데, 이곳이 바로 와우아파트 자리다. 당시 초등학생이던 큰아들은 한 번도 쉬지 않고 뛰어올라갔지만, 어린이집에 다니던 둘째 아들의 손을 잡고 올라가면서 숨이 턱에 닿았던 기억이 선명하다. 가파른 비탈에 시민아파트를 졸속으로 지어댔으니, 무너지는 것은 시간 문제였겠다는 생각이 들었다.

시민아파트 건설이 비극으로 끝나자, 아파트는 "갈 곳 없는 서민들이나 거주하는 곳"이라는 인식이 팽배해졌다. 그러나 당국은 아파트 건설을 포기할 수 없었다. 땅은 한정되어 있는데 많은 사람이 거주하기 위해서는 용적률을 높이는 것 이외에 다른 대안이 없기 때문이다. 도시의 주택은 한계 건폐율이 60%인데, 1층짜리 건물을 지으면 용적률이 60%에 머물고 만다.* 하지만 층수를 높게 올리면 더 많은 용적률을 얻을 수 있고, 그만큼 더 많은 시민의 주거 공간을 만들 수 있다.

따라서 다음번에 지어질 아파트는 시민아파트의 편견을 깨부

술 만큼 매력적이어야 했다. 1969년 7월 주택 공사가 분양을 시작한 용산구 '한강맨션'은 중앙 공급식 온수난방 시설을 갖추는 등 매력적인 세일즈 포인트가 있었지만, 주택 공사 사원들에게 강제로 입주를 할당할 정도로 인기가 없었다.[6] 그러나 사람들의 인식이 바뀌면서 1970년 12월경에는 27평형의 거래 가격이 450만 원으로 상승하며 분양가인 335만 원을 크게 넘어섰다.

1970년 서울시가 분양한 여의도 시범아파트는 분양 개시 2개월도 안 되어 1,584가구가 모두 완판될 정도로 성공을 거두었다. 특히 중앙난방은 물론, 엘리베이터를 설치함으로써 생활 편의성을 극적으로 높여 아파트에 대한 대중의 인식을 바꿔놓았다.[7] 필자는 2000년대 중반에 여의도 시범아파트에 거주했는데, 생각보다 편의성이 높은 것에 놀랐다. 특히 1971년에 지어졌음에도 온수가 나오는 목욕탕이 완비되어 있었는데, 1980년 전체 가구의 단 10%만이 누리던 호사였다고 한다.[8]

여기에 1986년 서울 아시안 게임을 개최하며 지어진 아시아 선수촌 아파트가 주거 혁명을 가져왔다. 아직 자동차 보급이 전면적으로 이뤄지기 전이었음에도 지하 주차장을 건설한 것이다. 이때부터 2000년대 초반까지 지어진 아파트를 흔히 '2세대'로 지칭

• 60%는 제1종 일반 주거 지역 기준이며, 제1종 전용 주거 지역의 건폐율은 50% 이하다. 건폐율은 대지 면적에서 건물이 차지하는 비율을 말하고, 용적률은 대지 면적 대비 모든 지상층 면적의 합계 비율을 말한다. 예를 들어 100평 땅에 50평 규모의 4층 건물을 짓는다면, 건폐율은 50%이고, 용적률은 200%가 된다.

하는데, 시범아파트 때 도입된 중앙난방과 엘리베이터는 물론, 차도와 인도를 구분하고 지하 주차장을 대규모로 건설한 것이 특징이다.

특히 1990년대 초반에 지어진 '1기 신도시' 건설 과정에서 2세대 아파트의 특성이 대거 채택됨으로써, 아파트는 고급 주택이라는 인식이 정착되었다.[9] 1975년 전체 670만 가구 중에서 아파트 비중은 단 1.4%(9.6만 가구)에 불과했지만, 1990년에는 전체의 14.8%가 되고, 2000년에는 36.8%까지 상승했다.

아파트의 성공 속에 단독 주택과 빌라는 '열등재'로 변모했다.

표 13-1 주거 유형별 가구 분포

(단위: 천 가구, %)

연도	전체	단독 주택		아파트		연립, 다세대		기타 영업 건물	
	가구	가구	비중	가구	비중	가구	비중	가구	비중
1975	6,702	6,165	92.0	96	1.4	295	4.4	146	2.2
1980	7,926	7,107	89.7	391	4.9	205	2.6	224	2.8
1985	9,536	7,838	82.2	863	9.0	442	4.6	393	4.1
1990	11,301	8,506	75.3	1,678	14.8	729	6.5	388	3.4
1995	12,090	7,716	59.8	3,478	26.9	1,139	8.8	576	4.5
2000	14,227	7,103	49.9	5,238	36.8	1,294	9.1	593	4.2
2005	15,670	7,064	45.1	6,629	42.3	1,695	10.8	282	1.8

출처: 통계청, 2005년 인구주택총조사 전수조사 집계 결과.

열등재inferior goods란 소득이 증가할수록 수요가 감소하는 재화를 말한다. 반대로 소득이 증가할수록 수요가 증가하는 재화를 정상재normal goods라고 한다. 예를 들어 소비자들의 소득이 증가할 때 쇠고기의 수요가 늘고 돼지고기의 수요가 줄었다면, 전자는 정상재, 후자는 열등재이다.[10]

이 대목에서 잠깐 다가구 주택과 다세대 주택을 정의하면 다음과 같다. 다가구 주택을 비롯한 단독 주택은 한 명의 소유주가 건물 전체를 소유하고, 등기도 건물 전체에 하나만 존재한다. 다른 이들에게 세를 주는 형태로, 3층까지 주택으로 사용할 수 있다. 한편 다세대 주택은 '빌라'로 불리기도 하는데, 각 호실을 여러 명이 소유할 수 있는 공동 주택이며, 등기도 호실별로 존재할 수 있다. 660제곱미터 이하의 연면적*에 주택으로 사용되는 층수가 4개 층 이하라는 특징을 지닌다.[11]

빌라와 다가구 주택의 공급 탄력은 주차 규제에 달려있다. 자동차 보급률이 급격히 높아지던 1984년 개정된 '주차장법'으로 주차 요건이 강화되자, 빌라와 다가구 건설이 일거에 중단되었다. 도시의 골목길을 걷다가 자동차를 한두 대도 주차하기 힘든 집을 만나면, 1984년 이전에 지어진 건물이라 보면 된다. 한편 1997년에는 다가구 주택 주차 대수를 세대당 0.6대로 완화했고, 1999년에는 다가구, 다세대 주택 모두 세대당 0.7대로 통합함으로써 대

• 　건물 각 층의 바닥 면적을 합한 전체 면적을 말한다.

대적인 건설 붐이 촉발되었다.[12]

　최근 지어진 빌라나 다가구 주택은 1층이 주차장으로 활용되고 2층부터 주택이 들어선 것을 발견할 수 있는데, 이는 2000년의 규제 변화 때문이다. 이때부터 1층 전체를 필로티 구조로 만들어 주차장으로 이용하는 경우, 다가구 주택은 4층, 그리고 다세대 주택은 5층까지 지을 수 있게 허용한 영향을 받았다. 그러나 빌라나 다가구 주택의 건설주들이 상대적으로 영세하다 보니, 주어진 용적률과 건폐율을 최대한 활용하기 위해 건물들이 바짝 붙어 있어 사생활 침해 사례가 생길 위험이 크다. 더 나아가 빌라와 다가구 주택 밀집 지역에 가면 인도가 없거나, 나무가 심어진 곳을 찾기 힘든 게 현실이다.

반면 아파트는 보통 15~20%의 건폐율을 보인다. 즉, 100평의 땅 중 15~20평만을 건물이 점유하고 나머지 75~80평은 녹지, 커뮤니티 시설 등 조경을 넣어 생활 환경이 훨씬 쾌적하다.[13] 한국에서 아파트가 인기를 끌게 된 것은 2세대 아파트가 나오면서 넉넉한 주차 공간과 편리한 주거 공간을 제공했을 뿐만 아니라, 아파트 단지 내의 공원과 커뮤니티 시설 그리고 상대적으로 널찍한 도로 건설이 이뤄져 주변 삶의 질도 개선된 덕분이라고 할 수 있다.

　물론 이는 신도시 혹은 재건축된 아파트에 해당하는 이야기이며, 노후 단독 주택이나 다세대 주택을 정비한 재개발 아파트는 주변 도로 교통 문제를 해결하지 못한 경우가 많다. 2024년 이문

·휘경 뉴타운을 방문한 적이 있는데, 수도권 전철 1호선 철도가 지상으로 다니는 것은 물론, 편도 1~2차선 도로가 1990년대 초반 시절 그대로인 것을 발견했다. 도로에 붙은 건물 대부분이 상업 용지이다 보니, 월세를 받으며 생활하는 건물주들이 재건축 사업에 반대해 도로를 넓히는 게 불가능한 탓이다.[14]

더 중요한 것은 퀄리티다. 아파트는 대형 건설사들이 주로 짓기에 상대적으로 품질이 일정하다. 물론 최근 '순살 아파트' 파동에서 보듯, 대기업이라고 무조건 믿어서는 안 된다.[15] 그러나 대형 건설사는 문제가 발생할 경우 잃을 게 상대적으로 크다. 브랜드 가치가 떨어지고, 주가가 폭락하며, 심지어 정부의 강력한 규제를 받을 수도 있다.[16] 따라서 과거에 비해 최근 입주하는 아파트의 퀄리티는 점점 더 높아지는 추세라고 볼 수 있다.

반면 단독 주택과 빌라를 주로 건설하는 기업들은 매우 영세하며, 평판을 관리해야 할 유인도 크지 않다. 물론 최근 강남을 중심으로 빌라 고급화 흐름이 나타나고 있는 것은 분명한 사실이기에, 앞으로 단독 주택의 퀄리티가 개선될 것이라 기대해 본다. 다만 시장 참가자들의 신뢰를 얻는 데에는 많은 시간이 소요될 것으로 판단된다. 따라서 상당 기간 아파트 독주 현상이 지속될 것이라 생각된다.

1990년대 초반, 2세대 아파트가 주된 주거 형태로 떠오르기 시작했다. 지하 주차장과 엘리베이터 그리고 사시사철 온수가 제공되는 가운데, 아파트는 열등재에서 정상재의 자리에 올라서게 되었다. 반면 자동차 보급률이 가파르게 높아지는 가운데 주차장 유무가 빌라와 다가구 주택의 형태를 좌우하는 흐름이 나타났다. 최근 빌라를 중심으로 고급화 바람이 불고 있지만, 아파트 선호 현상을 바꾸는 데에는 오랜 시간이 걸릴 것으로 판단된다.

새집 줄게,
경기도 살자

14장

13장에서 와우아파트 붕괴 사건을 길게 다루었는데, '광주대단지 사건'도 신도시 계획의 원형을 만들었다는 점에서 대한민국 부동산 시장의 역사에서 빼놓을 수 없는 사건이었다. 1960년대 후반, 서울은 말 그대로 만원이었다. 서울과 전국 인구는 1966년 379만 명과 2,916만 명에서, 1970년 각각 543만 명과 3,088만 명으로 늘어났다. 연평균 증가율을 계산해 보면 전국이 1.45%인 반면, 서울은 9.4%에 달했다. 매년 인구가 10% 가까이 늘어나는데, 주택 공급이 이를 따르지 못하니, 주택 보급률은 1944년 59.8%에서 1966년 50.0%까지 떨어졌다.[1]

서울 토지 가격이 급등하는 것은 당연했고, 주거 여건도 날로 악화되었다. 특히 무허가 건축물과 불량 주택, 즉 판잣집 문제가 심각하게 대두되었다. 이에 대해 서울시는 이른바 '정착지 조성 사업'이라는 미봉책으로 대응했다.[2] 한마디로 말해, 도심의 판잣집에 화재나 수해가 발생할 때 이들을 서울시 외곽의 국유지나 공유지로 이전하는 방법이다. 그러나 1960년대 중반, 이 정책은 벽에 부딪히고 말았다. 서울시 경계 안에 더 이상 판잣집을 이전할 빈 땅이 남지 않았던 것이다.

이때 부각된 방법이 바로 시민아파트를 건설하는 한편, 경기도에 새로운 신도시를 조성하는 것이었다. 김현옥 당시 서울 시장의 이야기를 들어 보자.[3]

"와우아파트 사건은 지금 생각해도 가슴이 아픕니다. 당시 서울에 무허가 판잣집이 13만 가구 정도였습니다. 3개년 계획으로 시영 아파트를 건설, 10만 가구를 수용하고 남은 3만 가구는 성남으로 이주시키려고 했지요. 그런데 하루는 마포구 청장이 찾아와 관내의 4동은 구청 사업으로 세우겠다고 해요. 그 정도 규모의 사업은 구청 독자적으로 할 수 있겠다 싶어 허락했었죠. 바로 그 4동 중 1동이 무너져 내렸습니다."

13만 가구의 판잣집 중 3만 가구를 지금의 성남 지역에 보내는 것이 '광주대단지 사건'을 유발했다.[4] 서울-의정부, 서울-수원, 서울-광주 중 한 곳의 토지를 일괄 매입해 대규모 주택 단지를 조성할 계획이었는데,[5] 최종적으로 광주군 수전리와 단대리 일대 300만 평의 땅으로 정해졌다. 후보지 중에 땅값이 가장 싼 탓이었다. 서울시는 1968년부터 1970년까지 약 10.5만 가구 50만 명의 사람들을 수용할 계획이었으나, 현실은 녹록지 않았다. 1968년부터 토지 매입을 개시했는데, 땅 소유자들이 감정 평가 가격에 땅을 팔려고 들지 않던 것이 가장 문제였다. 이미 소문이 다 퍼져 토지 브로커들이 원주민으로부터 대거 땅을 매입했던 것이다. 결국 1971년까지 192만 평을 매입하는 데 그쳤다.

시간과 비용이 줄줄 새는 가운데, 1969년부터 용산역 주변 철거민 3,301가구부터 이전이 시작됐다. 그러나 토지 매입도 제대

그림 14-1 광주대단지 위치

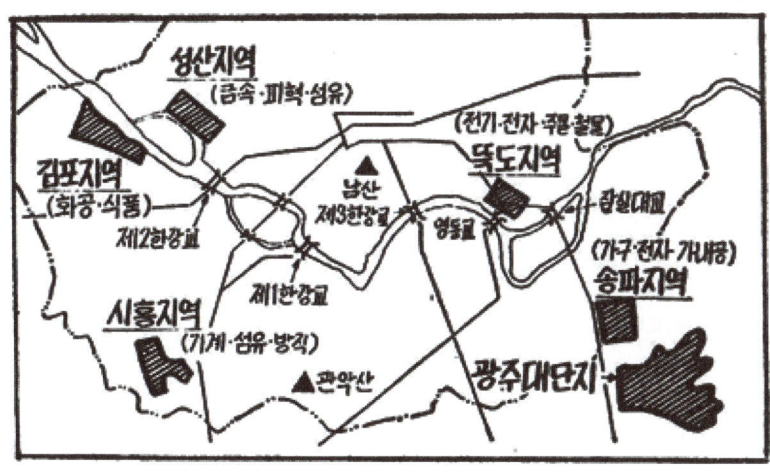

출처: 동아일보(1970. 06. 30.), 시흥·구로洞 등 5地區540萬평 工場專用地로 指定.

로 되지 않은 상황에서 상하수도와 도로 등 사회 간접 자본이 제대로 갖춰질 리 만무했다. 삶의 터전이 서울에 있는데, 광주대단지로 이어지는 길은 천호동에서 연결되는 너비 7미터의 국도뿐이었다. 서울시는 1.1억 원을 들여 11킬로미터 길이의 국도를 포장했지만, 버스 기준으로 최소 1시간 30분이 소요되었고, 탑승객은 시내버스 요금의 2배를 내야 했다. 서울시는 1970년 4.9억 원의 예산으로 광주대단지에서 말죽거리(현재의 양재역 인근)로 이어지는 너비 30미터, 길이 8.5킬로미터의 도로를 새로 개설했으니, 이게 현재의 헌릉로獻陵路다.

이렇게 시간이 흘러가는 동안 광주대단지 입주권(이하 '딱지')은 상당 부분 브로커들에게 넘어갔다. 생활 기반이 서울 사대문 안쪽이었기에, 서울로 다시 돌아가서 새로운 무허가 건물을 짓고 사는 사람이 늘어난 탓이었다. 가구당 20평의 토지가 책정되어 있었어도, 그 땅에 주택을 건설할 경제적 능력이 없었던 것도 문제였다. 결국 1970년을 전후해 광주대단지에는 서울에서 온 철거민보다 다른 지역 사람이 더 많아지게 되었다. "광주대단지에 가서 무허가 건물이라도 짓고 살면 딱지를 얻을 수 있고, 아니면 딱지를 직접 사면 된다. 그러면 20평 땅을 얻을 수 있다."라는 소문이 전국 방방곡곡에 퍼져 나갔기 때문이다.

사태가 이 지경에 이르자, 서울시는 1970년 7월 13일 딱지를 보유한 이들이 8월 30일까지 일시불 시가로 매입할 때만 권리를 보장한다고 발표하기에 이르렀다. 수십 혹은 수백 개의 딱지를 사들였던 부동산 투기꾼들이 서둘러 입주권을 팔아치우면서 가격이 대폭락했고, 광주대단지에 사는 사람들은 정부가 언제 태도를 바꿀지 몰라 불안한 마음을 갖게 되었다. 1971년 5월 25일 국회의원 선거에 출마한 차지철 후보가 "광주대단지 토지 무상 양여, 5년간 면세"라는 공약을 발표해 기대에 부풀기도 했지만, 현실은 차가웠다. 총선이 끝나자마자 서울시는 원래 토지를 소유한 철거민에게만 평당 2,000원의 실비를 받고 토지를 불하하고,• 딱지를 사들인 사람은 평당 8,000~16,000원에 이르는 시가를 적용해 7월 31일까지 완납하라고 통보했다.

서울시가 이렇게 무리한 짓을 한 이유는 재정난 때문이었다. 공무원에게 제때 월급을 주지 못할 정도로 어려움을 겪고 있었기에, 자금 회수 압박을 받고 있었던 것이다. 결국 8월 10일, 파국이 도래했다. 3만 명이 넘는 군중이 집결해 서울시 성남출장소 뒷산을 빼곡하게 매웠다. "살인적인 불하 가격 결사반대"라는 리본을 단 군중이 협상장에 양택식 서울시장이 도착하기를 기다렸지만, 약속 시간인 11시가 지나도록 그는 나타나지 않았다. "서울시에 또 속았다."라는 생각에 군중은 서울시 성남출장소로 몰려가 닥치는 대로 폭력을 행사하기 시작했다.

　양 시장이 주민들의 요구 조건을 무조건 수락했다는 소식이

•　국가 또는 공공 단체의 재산을 개인에게 팔아넘기는 것을 말한다.

전해지자, 폭력 사태는 6시간 만에 일단락되었다. 주민과 경찰 100여 명이 부상했고, 2,000만 원의 재산 피해가 났으며, 결국 주민 22명이 구속됨으로써 사태는 일단락되었다.[6] 사태 발생 다음 날 내무부는 광주대단지를 '성남시'로 승격하는 한편, 양주군수를 초대 시장에 내정하여 독립된 지자체로 운영하도록 했다. 1인당 3.6킬로그램의 구호 밀가루 지급, 대단지 개발을 위한 공장 건설, 1일 3,000명의 취업 인원 확보, 상수도 건설, 경부고속도로 서초 나들목을 잇는 도로 개통 등 후속 대책도 나왔다.

그러나 광주대단지 사건은 지금도 현재 진행형이다. 1기 신도시부터 2기를 거쳐 3기 신도시까지 지정되었지만, 서울과 이어지는 주요 간선 도로와 철도망을 만드는 데에는 인색하기 때문이다. 이런 현상은 일본의 신도시 건설과 정면으로 대치된다.[7] 일본에서는 철도 회사가 철도 부설 후 인근 지역을 개발하는 게 일반적이다.

교통 인프라 문제가 가장 심한 곳은 위례 신도시다. 노무현 대통령 시절, 강력한 부동산 경기 안정 대책(8.31 대책)의 핵심 사업으로 위례 신도시 개발이 추진되었다.[8] 위례 신도시의 행정 구역은 서울 송파구, 경기도 하남시, 경기도 성남시 등 3개 지역에 걸쳐 있어, 강남이나 잠실 등 핵심 업무 지구로 이동이 편리할 것으로 기대를 모았다. 그러나 현실은 기대와 너무나 달랐다.[9] 국토부가 위례 신도시 분양 당시 '2021년 완공, 강남까지 10분'이라고 경전철 위례신사선 사업을 홍보했지만, 약 2,300억 원에 이르는 교통 분담금만 분양가에 포함해 받아 갔을 뿐, 책을 쓰는 2025년 말까지도 삽을 뜨지 못한 상태다.[10] 〈그림 14-2〉는 수도권의 신도시 지도인데, 최근 발표된 3기 신도시를 제외하고 1~2기 신도시가 서울로부터 상당한 거리를 두고 있음을 알 수 있다.

그림 14-2 수도권 신도시 지도

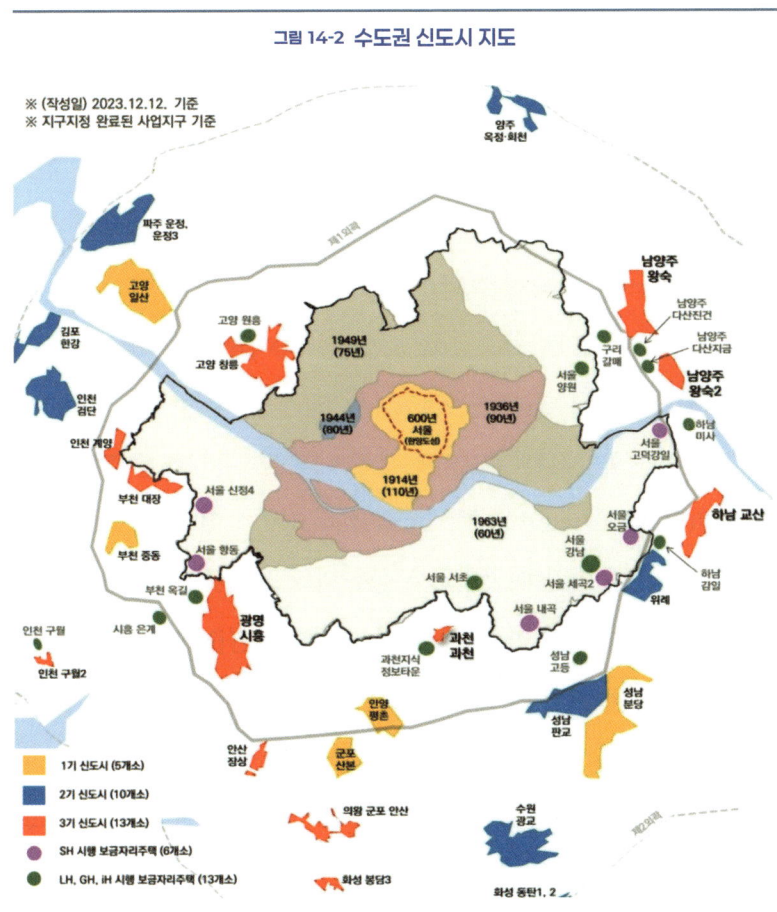

출처: 서울연구원(2013), 《지도로 본 서울 2013》, 서울시 행정 구역 변천 1914년~1963년.

결국 역대 정부는 주택 가격 상승을 꺾을 목적으로 무작정 신도시 건설 계획을 발표하고, 각종 비용과 책임은 다음 정부에 떠넘기는 패턴을 반복한 셈이다. 최근 모 경제 신문에 실린 기사는 광주대단지 사건이 현재 진행형임을 여실히 보여 주는 것 같다.[11]

'선 교통 후 입주'를 목표로 시작한 3기 신도시의 입주가 1년 앞으로 다가왔지만, 당초 예정됐던 교통인프라 구축은 뒷전으로 밀린 지 오래다. 고양 창릉 지구에 설치될 예정인 GTX-A 창릉역은 설계 변경과 추가 공사 기간 등의 이유로 당초 2026년 목표에서 2030년까지 미뤄졌다. 또 하남 교산 지구의 송파하남선은 당초 2030년에서 2032년으로 개통 시기가 늦어졌다.

역대 정부는 새로운 신도시 건설 계획을 발표할 때마다 입주 시기에 맞춰 교통 서비스를 제공하겠다고 약속했지만, 헛된 공약으로 끝났다. 우리가 대한민국 부동산의 역사를 공부해야 하는 이유가 여기에 있는 것 아닐까?

요약 및 교훈

1971년 발생한 광주대단지 사건은 한국형 신도시 건설의 단면을 보여주었다. 아무런 도시 기반 시설 없이 서울에서 한참 떨어진 곳에 택지를 개발하는 패턴 말이다. 이런 현상은 1~3기 신도시까지 계속되고 있으며, 앞으로도 별로 달라지지 않을 것 같다. 1기 신도시 착공만 주택 가격 급등세를 억제하는 데 기여했을 뿐, 이후 별다른 효과를 거두지 못한 데에는 이 같은 경험이 큰 영향을 미친 것으로 판단된다.

제2의 강남은 어디일까?

15장

오프라인 강의에서 "제2의 강남은 어디일까요?"라는 질문을 자주 듣는다. 결론부터 이야기하자면 '제2의 강남은 없다'고 생각한다. 왜냐하면 강남만큼 고소득자의 선호에 알맞은 주거 지역이 만들어질 가능성이 극히 낮기 때문이다. 강남의 가장 큰 장점은 직주 근접이다. 지하철 2호선, 3호선, 7호선, 9호선에 수인분당선과 신분당선까지 다양한 지하철이 일자리 중심지를 빽빽하게 연결하고 있다.

필자는 여의도 증권사에서 일할 때 일산 신도시에서 출퇴근했다. 3호선 주엽역에서 탑승해 종로 3가에서 내려 5호선으로 갈아타면 회사까지 1시간 40분이 넘게 걸렸다. 어쩔 수 없이 자동차를 이용했는데, 6시 반 전에 집을 나서지 않으면 1시간 반 이상 자유로에 갇히곤 했다. 자동차 유지 부담이 커서, 출근 시간에는 여의도 친구들과 카풀을 하기도 했지만, 퇴근 시간이 문제였다. 야근하는 친구들이 있기에 어쩔 수 없이 버스 편을 이용하는 일이 잦았는데, 이번에는 배차 간격이 너무 길었다. 고양시청에 질의한 적도 있지만, "일산 – 여의도 노선은 출퇴근 시간만 이용객이 있어 추가 편성이 어렵다."라는 답변만 들었다.

일산 신도시 생활을 9년 만에 접고 여의도 시범아파트로 이사한 후 삶의 만족도가 크게 높아졌다. 전체 통근자 2,329만 명 중에서 18%만 가능하다는 도보 출근의 삶을 누리니, 행복감이 물밀듯 차오르는 느낌이었다.[1] 실제로 여러 연구자가 통근 시간과 정신 건강 사이에 대단히 밀접한 연관이 있다고 지적한다.[2] 특히 1시간이 넘는 출퇴근 시간은 의학적으로 유의미한 수준의 정신 건강 악화로 이어질 수 있다고 한다.

물론 시범아파트 생활은 그리 편하지 않았다. 일단 집이 너무 낡아서 불편함이 적지 않았다. 2008년 추석을 하루 앞둔 날, 천장의 배관이 터져 수건으로 틀어막고 수리 기사님을 기다리던 기억이 지금도 생생하다. 나중에 이야기를 들으니, 우리가 살던 7층뿐만 아니라 6층과 5층도 녹물이 새서 가구를 다 버렸다고 한다. 서울시의 안전 진단 결과는 '우량'한 것으로 나오지만, 사람이 살기는 힘든 형편이었던 셈이다. 그럼에도 행복했다. 출근길에 아들을 초등학교에 데려다 줄 수 있다는 게 얼마나 큰 기쁨인지 느낄 수 있었으니 말이다.

그림 15-1 수도권 출근지 상위 10곳

단위: 명

※ 2023년 4월 평일 7시부터 8시 59분까지 야간 상주지에서 주간 상주지로 이동한 인구기준

❶ 영등포구 여의동		189만5,062
❷ 강남구 역삼1동		160만2,534
❸ 종로구 종로 1·2·3·4가동		115만8,168
❹ 금천구 가산동		108만6,602
❺ 중구 명동		106만7,655
❻ 서초구 서초3동		88만5,438
❼ 중구 소공동		75만9,942
❽ 중구 회현동		65만3,722
❾ 강남구 삼성1동		62만9,700
❿ 구로구 구로3동		60만2,369

출처1: 서울 생활이동 데이터.
출처2: 중앙일보(2023. 08. 22.), "밝을 때 퇴근했는데, 밤이야"…매일 부산인구만큼 지옥 거친다 [출퇴근지옥①].

그런 면에서 〈그림 15-1〉의 지도는 많은 시사점을 제공한다. 우리나라에서 가장 번잡한 역은 여의도, 그다음은 역삼역이다. 3등은 종로 3가 일대이며, 4등은 가산디지털단지역이다. 이런 지역과 밀접하게 연결된 지하철 2호선, 3호선, 7호선, 9호선은 집값을 움직이는 황금 노선임을 꼭 기억해야 한다.

제2의 강남이 나오기 힘든 두 번째 이유는 세종시와 혁신 도시 건설을 통해 달성하려던 '지역 균형 발전' 노력이 사실상 실패한 데 있다. 필자가 '실패'라는 표현을 쓴 이유는 한국은행마저 '주택 시장 양극화'의 원인을 다룬 보고서를 발간할 정도로 심각한 가격 격차가 벌어졌기 때문이다.[3] 한국은행의 분석가들은 청년층 인구가 수도권으로 집중된 반면, 공급은 지방에 집중된 것이 주택 양극화의 원인이라고 지적했다.

그렇다면 왜 청년층 인구가 수도권으로 집중됐을까? 서울이 세계에서 4번째로 큰 클러스터라는 점이 가장 큰 이유겠지만, 대전도 세계에서 17번째로 큰 클러스터라는 점에서 '대전 – 세종 생활권'이 제2의 강남이 될 가능성도 없지는 않았다. 그러나 한 번이라도 세종시를 방문해 본 사람이라면 '대전 – 세종 생활권'이 거대 도시로 발전할 가능성에 의문을 품게 된다. 바로 오송역 때문이다. 고속철도가 정차하는 오송역에 내려 30분 이상 버스를 타고 가야만 세종시 정부종합청사에 도착할 수 있다. 택시를 타는 대안이 있지만, 2만 원 이상 요금을 내는 데다 난폭 운전에 시달릴 수도 있다는 것을 생각하면 아예 엄두가 나질 않는다.

세종시의 교통 문제를 다룬 책《오송역》을 보면 세종시 계획가들의 생각을 이해할 수 있다. 계획가들은 "수도권과의 연담화를 방지할 수 있도록, 고속철도는 도심과 거리가 있어야 한다."라고 판단했다.[4] 연담도시란 대도시를 중심으로 시가지가 연결되어 기능적으로 밀접한 관계를 맺고 있는 도시를 말한다. 즉, 서울에

표 15-1 계획가들의 생각 대 오차 비판

	계획가들의 생각	오차 비판
이주의 동력	정부가 앞장서고 이어서 외국, 민간 기관이 따라온다	동의
연담화 가능성에 대한 입장	다른 도시와 구별되는 독자적 생활권이 있어야 한다	다른 도시와 연결될수록 삶의 기회가 늘어난다
수도권 인구 유입	수도권에 직원 주거를 그대로 둔 채 사무실만 이전해 올 가능성을 배제해야 한다	이를 통해 수도권 방면에 거점을 둔 사람과 기업의 이주를 촉진할 수 있다
수도권 산업 유입	대덕단지 등 주변과의 연계를 통해 가능하다	수도권 중심부와의 원활한 연계를 통해 생산자 서비스를 함께 강화했어야 한다
사내 대중교통의 역할	도시 내부의 뼈대를 잡는다 이를 통해 대중교통 중심 도시를 건설한다	동의
고속철도의 역할	필수적인 연결 기능을 제공하되 수도권 연담화를 방지할 수 있도록 도심과 거리가 있어야 한다	도보권 내에 주요 시설을 집약하고 도시 구조와 연동시켰어야 한다
광역철도의 역할	버스와 광역 고속도로망으로 처리하면 충분하다 제2경부고속도로(현 세종포천고속도로)를 건설하면 된다	충청권 내부 연결 및 경기 남부 연결을 광역 철도가 수행했어야 한다 특히 승용차가 없는 청년층의 생활 기회를 제약했다

출처: 전현우(2023), 《오송역》.

서 출퇴근하지 못하게 하여 세종시에 더 많은 사람이 이주할 수 있게 만들어야 한다는 의견인 셈이다. 더 나아가 대중교통으로 교통 수요를 집중하기 위해 주차장과 도로의 공급을 억제한다는 계획이 그대로 추진되었다.

필자가 세종시를 방문해 두 번째로 놀란 점은 정부종합청사(뱀처럼 여러 정부 부서를 연결하는 육교) 아랫부분의 편도 2차선 도로 중앙선이 주차장으로 운영되는 것이었다. 한국교통연구원에 따르면 세종시의 주차장 대비 승용차 수가 전국 주요 시도 중에서 가장 많다고 한다.[5] 따라서 부족한 주차 공간으로 인해 중앙선에 이중 주차한 후 반대편에서 오는 차를 피해 도로를 가로지르는 위험을 감수할 수밖에 없는 상황이다.

물론 세종시에는 BRT라는 시내버스가 도심을 관통할 수 있도록 전용 터널과 고가 도로가 건설되어 있다. 하지만 이외에는 제대로 된 도로를 찾기 힘들다. 그런데 흥미롭게도 동일한 현상을 판교에서도 발견할 수 있다. 한국을 대표하는 게임 회사에 방문하고자 택시를 타고 갔다가, 거의 다 도착해서 꼼짝하지 못했던 경험이 있다. 결국 기사님에게 사정을 이야기하고 중간에 내려 걸어가는데, 택배차에서 짐을 내리느라 편도 1차선 도로가 꽉 막힌 것을 발견할 수 있었다. 수천 혹은 수만 평의 면적을 자랑하는 거대 사무용 건물의 이면도로를 왜 이렇게 건설했는지 놀랄 따름이었다.

더 큰 문제는 교통의 핵심 지역에 임대 주택과 오피스텔을 집중적으로 짓는 것이다. 대표적인 사례가 KTX와 SRT가 모두 정차하는 천안아산역 일대인데, 천안아산역에서 도보로 걸어갈 만한 거리에는 아파트가 몇 동 되지 않는다. 대신 차를 타고 10분 정도 들어가야 민간에서 지은 아파트들을 볼 수 있다. 지역 거주민들이 교통의 혜택을 보기 어려운 구조인 셈이다. 게다가 천안아산역에서 도보로 접근할 수 있는 아파트에 사는 주민들도 주변에 아무런 상업 시설이 없어 살기 힘들다는 불만을 토로하고 있다.

이는 상업용 건물과 상가를 지나치게 많이 지은 탓에, 만성적인 공급 과잉 문제를 앓고 있기 때문이다. 즉, 새로 지은 건물에만 사람이 몰릴 뿐, 조금만 낡으면 유령 건물처럼 변해 버리는 것이다.

왜 이런 식으로 신도시를 건설했는지 몹시 궁금했는데, 수년 전 모 지방 자치 단체장이 소집한 회의 덕분에 힌트를 얻었다. 급등하는 주택 가격을 안정시키기 위한 대안을 전문가들로부터 청취하는 자리였는데, 관계자가 말하는 신도시 개발 방침을 듣고 깜짝 놀랄 수밖에 없었다. 그 관계자는 "신설되는 역 앞에는 임대

그림 15-2 천안아산역 근처 아파트 현황

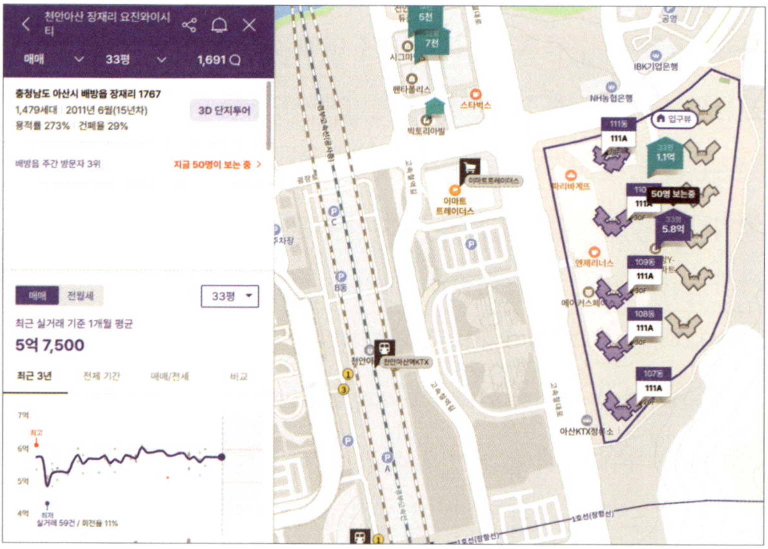

출처: https://hogangnono.com

주택을 집중적으로 배치하고, 신도시 외곽에 민간이 공급하는 대형 평형 아파트를 배치하는 게 순리"라고 주장했다. 그래서 "서울이나 과천, 분당, 광교 등 주택 가격의 상승을 주도하는 곳의 가격을 안정시킬 목적으로 신도시를 건설하는 거라면, 핵심 업무 지역으로 연결되는 역 앞에 고밀도로 대형 아파트를 공급하는 게 사리에 맞지 않은가?"라고 반문했다. 그러자 그는 "소득이 적은 사람들은 차가 없으니 역 근처에 살면서 걸어 다니고, 돈 많은 사람들은 차를 몰고 오면 된다."라고 주장했다.

이 말을 듣고서야 세종시나 판교 그리고 천안아산역 일대가 왜 그 모양으로 건설되었는지 알 수 있었다. 서울로 쏠리는 돈과 사람을 분산하겠다고 신도시를 건설했으면서, 서울에서 이주할 사람들의 눈높이를 맞출 생각은 아예 없었던 셈이다. 즉, 그들에게는 자신의 신조와 도덕이 더 중요할 뿐, 매력적인 신도시를 건설함으로써 서울 등 핵심 지역 인구를 분산할 생각이 처음부터 없었다는 이야기다. 한발 더 나아가 "역으로 이동하는 주민들을 위해 도로라도 넓게 건설하는 게 낫지 않나?"라고 질문하자, "도로가 너무 넓으면 동네가 분단되어 작은 마을 단위의 공동체를 건설하려는 노력에 지장이 생긴다."라는 답변을 받았다.[6] 따라서 신도시의 가장 알짜 지역은 임대 주택과 오피스텔로 가득 차고, 도로는 주차장이 되는 일이 빈번하게 벌어졌다.

비효율적인 주거 공간 배치보다 더 큰 문제는 어쩌면 상가 공실일 수 있다.[7] 대중교통 중심의 '걷기 좋은 도시'를 만드는 게 목표라면, 폭이 좁은 도로를 만들기보다 상가를 먼저 활성화해야 한다. 그러나 세종시를 비롯한 수많은 신도시는 유령 상가 문제를 안고 있다.

세종시와 혁신 도시 상가 공실의 핵심 원인은 과잉 공급에 있다. 2025년 2월 국민권익위원회에서 "신도시 개발 시 도시 개발 시행자와 건설 사업자는 수익성을 위해 상가 비율을 과하게 책정하는 경향이 있다."라고 지적할 정도다.[8] 왜 상가의 과잉 공급이 일어날까? 신도시 아파트를 지을 때는 분양가 상한제 등 다양한 방식으로 분양 가격을 통제하지만, 상가를 분양할 때는 특별한 규제가 없다. 따라서 개발 주체로서는 상가 비중을 더 높이는 게 유리하기 때문이다. 하지만 코로나19 팬데믹 이후 온라인 위주의 상거래가 정착됨으로써, 신도시 공실 문제는 해결의 실마리를 잡기 어려운 상황이 되었다.

물론 이상의 문제들은 각 지역 자치 단체들이 긴밀하게 협조하면 해결할 가능성이 없는 것은 아니다. 그러나 오송역이 호남선 KTX 분기역으로 결정된 사례에서 보듯, 지역 간 이해 갈등이 좁혀지지 않는 것도 문제를 일으킨 요인이었다. 《노무현의 도시》를 쓴 김규원 작가는 다음과 같이 오송역이 분기역으로 선정된 이유를 설명한다.[9]

청주 오송역이 2005년 6월 고속철도 갈림역으로 결정된 중요한 이유는 바로 행정 도시 건설 예정지에서 가깝다는 점이 었다. 당시 운행 시간과 거리로는 천안아산, 건설 비용과 수요에서는 대전이 유리했는데, 엉뚱하게도 청주 오송이 갈림역으로 결정된 것은 세종시 때문이었다.

전국에서 한 번에 행정 도시로 올 수 있어야 하는데, 당시 유력한 갈림역 후보지였던 천안아산역에서 호남고속철도가 나뉘면 호남에서는 세종시로 한 번에 올 수가 없었다. 따라서 천안아산역은 호남고속철도의 갈림역에서 탈락했다. 대전에 갈림역이 설치됐다면 서울과 광주, 대구 모두에서 세종시를 한 번에 올 수 있었다. 그러나 거리와 시간을 단축하려는 호남과 고속철도 갈림역을 유치하려는 충북의 반대로 대전은 갈림역이 되지 못했다. 이것은 수요나 비용 측면에서 매우 불합리한 결정이었다.

세종시를 새로 건설하는 대신 대전 북부 지역을 확장해 행정 수도로 만들었다면 비용을 경감하는 것은 물론, 갈등을 미리 해소할 수 있고, 호남선 고속철도가 훨씬 빠른 시간에 고객을 수송할 수 있었을 것이다. 그러나 세종시를 계획한 이들이 "다른 도시와 구분되는 독자적인 생활권을 만든다."라는 목표를 설정함으로써, 대전 북부에 행정 복합 도시가 자리 잡을 가능성은 처음부터 0%에 수렴했던 셈이다.[10]

존경하는 김시덕 박사가 중부권 메가시티 가능성을 제기하나, 대전–세종–청주를 잇는 '충청권 광역 철도'의 삽을 뜨지 못한 상황임을 감안할 필요가 있다.[11] KTX 오송역 정차부터, 호남선 고속철도 분기, 그리고 세종시 선정까지 이어진 지역 간 갈등의 골이 깊어진 탓이다.[12] 따라서 서두의 질문으로 돌아가자면, 제2의 강남이 탄생할 가능성은 현재로서 매우 희박한 것으로 보아야 할 것이다.

 요약 및 교훈

서점가를 들르면 '제2의 강남'이라는 수사를 붙인 책을 종종 발견하는데, 그 의견에 동의하기 힘들다. 강남이 가진 강력한 교통망과 주거 편의성을 따라갈 경쟁자를 찾을 수 없기 때문이다. 즉, 미국 달러가 여러 흠결에도 불구하고, 다른 경쟁 통화가 너무 큰 문제를 안고 있기 때문에, 여전히 기축 통화 역할을 수행하는 것과 마찬가지다. 제2의 강남을 만들 최고의 기회였던 행정 복합 도시 건설은 혁신 도시와 함께 '새로운 실패' 사례로 전락하는 중이니, 앞으로 강남의 지위는 흔들릴 것 같지 않다.

한국 부동산, 버블인가?

16장

유튜브를 운영한 지 7년이 지나면서 한 가지 사실을 알게 되었다. 인급동, 즉 인기가 급등하는 동영상을 하나 띄우고 싶다면 '중국' 혹은 '부동산'이란 단어를 제목에 꼭 넣어야 한다는 점이다. 물론 여기서 한발 더 나아가 100만 조회수를 노린다면 "한국 부동산이 일본형 장기 불황에 빠져들까?" 같은 제목을 사용하면 된다. 단, 너무 자주 쓰면 효과가 떨어져 1년에 한두 번 정도가 효과적이었다.

"한국이 일본처럼 될까?"라는 동영상을 올린다면, 결론 부분에는 "서울 등 일부 지역은 거품이 껴 있지만, 전국 평균 가격을 보면 비싸다고 보기 어렵다."라는 내용을 꼭 넣어야 한다. 왜냐하면 소득과 비교한 부동산 가격은 1990년이 가장 비쌌고, 그 이후에

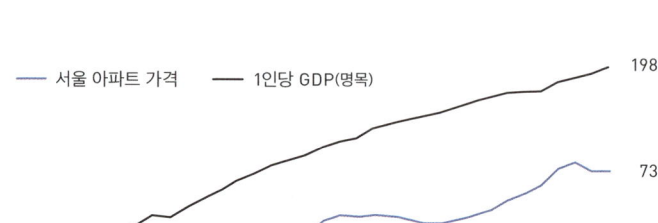

그림 16-1　1986년 이후 아파트 가격과 1인당 명목 GDP 추이

1986=100

서울 아파트 가격 ── 1인당 GDP(명목)

1980

737

출처: 한국은행, 프리즘 투자자문 작성.

는 크게 버블을 만들지 못했기 때문이다. 〈그림 16-1〉은 1986년
을 기준(=100)으로, 1인당 국민 소득과 서울 아파트 매매 가격을
비교한 것이다. 1990년대 초반까지는 국민 소득 증가 속도를 넘
을 정도로 가파른 주택 가격 상승이 있었지만, 이후 격차가 점점
더 확대되고 있음을 발견할 수 있다.

물론 이 대목에서 의문을 제기할 수 있다. 부동산 중개 사무소
에서 제공하는 '호가' 통계로 작성된 KB부동산 매매 가격 지수를
신뢰할 수 없다는 비판은 필자도 오랜 시간 접한 바 있다.[1] 다만
실거래가 지수는 실제 거래된 가격으로 측정하다 보니, 지표를 발
표하는 데 시간이 걸리고, 또 가격 변동성이 크다는 문제가 있다.
예를 들어 2022년 가을처럼 부동산 시장 여건이 악화될 때는 급

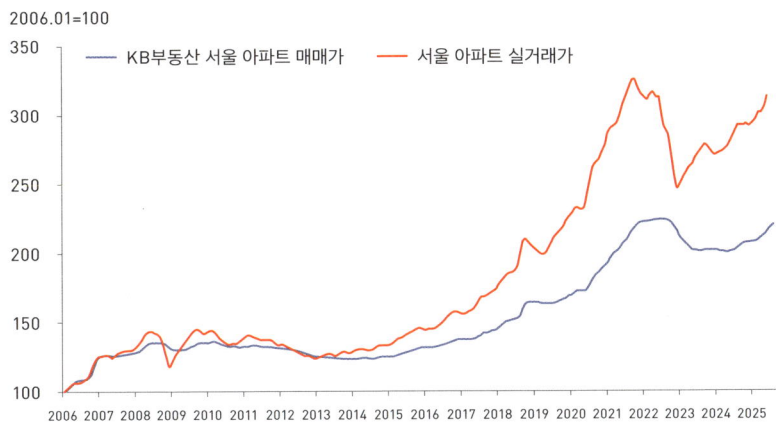

그림 16-2 KB 매매 가격 지수 vs 서울 아파트 실거래가

2006.01=100

KB부동산 서울 아파트 매매가   서울 아파트 실거래가

출처: 한국은행, KB부동산, 프리즘 투자자문 작성.

매물만 거래가 되기에 실거래가는 급격한 하락을 보인다. 반면 공인 중개사 사무소에서 취합하는 매수/매도 호가는 아무래도 완만한 흐름을 보일 가능성이 높다.

다음 순서로 2006년 이후 발표된 아파트 실거래가를 이용해 한국 부동산의 고평가 또는 저평가 여부를 살펴보자. 〈그림 16-3〉은 근로자들의 명목 임금과 서울 및 전국 아파트 실거래가의 변화 추이를 보여 주는데, 2013년 서울 아파트 가격이 얼마나 매력적인 수준이었는지 알 수 있다. 물론 2018~2022년에는 서울 아파트 실거래가가 근로자 임금보다 압도적으로 높은 수준에 도달해, 투자 매력이 거의 없음이 분명했다. 그러나 2024년부터 시작된 상장 기업 이익의 급격한 증가를 감안할 때, 근로자 임금 대

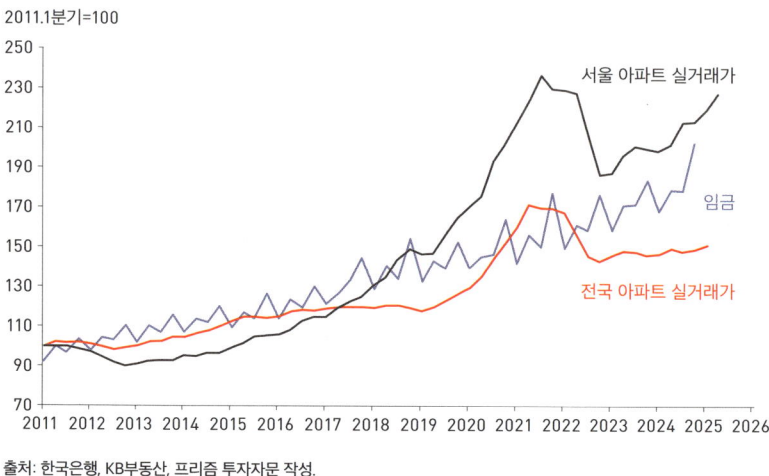

그림 16-3 시간당 명목 임금 vs 전국 및 서울 아파트 실거래가

2011.1분기=100

서울 아파트 실거래가

임금

전국 아파트 실거래가

출처: 한국은행, KB부동산, 프리즘 투자자문 작성.

비 서울 아파트 가격은 다시 저평가 국면에 진입할 것으로 예상된다.[2] 국세청 통계 자료에 따르면, 2023년 귀속 근로 소득 연말 정산 신고 인원 2,085만 명 중 총급여액이 1억 원을 초과하는 억대 연봉자는 139만 명으로, 전체의 6.7%를 차지했다.[3] 억대 연봉자의 비중은 2019년 4.4%에서 2020년 4.7%, 2021년 5.6%, 2022년 6.4% 등으로 매년 증가하고 있다. 2023년 상장 기업 실적이 꽤 부진했음에도 억대 연봉자가 늘었음을 감안할 때, 대기업 실적이 크게 호전된 2025~2026년의 억대 연봉자 비중은 10% 선을 돌파할 전망이다. 근로자의 10% 이상이 억대 연봉자인 나라에서 서울 아파트 중윗값(10.9억)이 지나치게 높은 것 같지는 않다.[4]

　물론 서울 모든 지역의 소득 대비 주택 가격 배율(PIR)이 동일하지는 않다. 반포와 압구정 등 일부 지역 실거래가는 평당 2억 원을 훌쩍 넘어서니, PIR은 거의 100배에 근접할 것으로 추정된다.[5] 그런데 필자는 이게 왜 문제가 되는지 의문이다. 자신의 신분이나 성공을 남에게 알리기 위한 목적으로 보유하는 자산, 즉 트로피 자산trophy property의 가격 급등이 부동산 시장 전체와 연관이 있을까? 슈퍼 리치들이 선호하는 트로피 자산 시장은 대다수 사람이 선호하는 주택 가격과 괴리된 면이 있기 때문이다. 필자는 평생 서민으로 살아와서 그런지, 나인원한남이나 한남더힐 같은 단지가 그렇게 좋아 보이지 않는다. 전국적인 명성을 얻은 극소수

그림 16-4 주택 가격 상승의 공간적 확산 경로

출처1: 국토연구원(2024. 06. 17.), 상승기 주택시장 참여자들은 어떻게 행동했을까?: 주택가격 상승기 시장참여자 행태와 시사점.
출처2: 한국경제(2025. 03. 01.), '여보, 우리도 강남으로 갈까?'…분위기 심상치 않은 동네 [집값 변곡점이 왔다 下].

의 단지를 지탱하는 것은 주거 여건의 탁월함이라기보다는 희소성 때문이 아닐까 생각된다.

물론 일각에서는 강남에서 시작된 주택 가격 상승이 전국의 다른 지역으로 파급된다고 한다.[6] 그러나 주택 가격 상승세의 시작점이 반포나 압구정 등 트로피 자산이라고 해서, 이들을 타깃으로 규제를 시행해야 한다는 주장에 공감하기는 어렵다. 왜냐하면 이 지역만으로 선별적인 규제를 가하는 일이 극히 어렵기 때문이다.

트로피 자산을 매입하는 이들은 자산가의 자녀이거나 주식 또는 코인 등에 투자해 큰 성과를 거둔 사람들이기에, 양도세 중과나 토지 거래 허가 구역* 때문에 매수 의향을 접을 가능성은 높지 않을 것이다. 오히려 '아무나 살 수 없는 자산'을 인증받은 꼴이 되어, 더 강력한 매수를 유발할 수도 있다.

따라서 트로피 자산의 가격 변화에 일희일비하기보다, 펀더멘털fundamental** 대비 실거래가 수준을 꾸준히 추적할 필요가 있을 것이다. 한국 부동산 시장은 끊임없이 흔들리는 갈대 같은 곳이기

---

* 부동산 투기 방지를 위해 토지 거래를 규제하는 지역으로, 이 지역에서는 토지 매매 계약을 하려면 시장이나 군수, 구청장의 허가를 받아야 한다. 주로 지가가 급등하거나 투기적 거래가 성행할 우려가 있는 지역에 지정되며, 주거용 토지의 경우 허가 후 2년간 실거주 의무가 따르는 경우가 많다.
** 기본적인 경제 여건이나 실물 지표를 말한다. 부동산 맥락에서는 소득 수준, 인구 증가율, 고용률, 금리, 경제 성장률 등 주택 가격을 결정하는 실질적인 경제 요인을 의미한다.

에, 소득 흐름을 잘 관찰한다면 2022년 같은 폭락장이 왔을 때 신속한 대응이 가능하리라 생각된다. 18장에서 가상의 시나리오를 활용해 주택 매매 타이밍을 잡는 방법에 대해 설명하니, 참고하면 좋을 것이다.

 요약 및 교훈

서울 아파트 가격을 다룬 기사나 블로그 글을 읽다 보면 죄다 강남, 그것도 반포와 압구정에 치우친 것을 발견할 수 있다. 대중들이 알고 있는 유명한 단지의 평당 매매 가격이 2억 원을 돌파했다는 소식은 큰 관심을 끄는 이슈임이 분명하다. 그러나 특정 단지의 아파트 가격 변화가 서울은 물론 전국 아파트 매매 가격과 연관이 있을지는 의문을 품게 된다. 필자는 슈퍼 리치의 매수/매도에 따라 가격이 달라지는 특정 단지의 아파트 가격보다, 근로자들의 시간당 임금 변화에 더 주목할 필요가 있다고 본다. 특히 상장사의 이익이 역사상 최고치를 경신하는 과정에서, 연봉 1억 원을 돌파한 직장인의 비율이 6% 선을 넘어 10%에 이르는 중일 때는, '버블'이라는 표현을 신중하게 사용할 필요가 있다고 생각한다. 부디 많은 독자분이 이번 장을 통해 선정적인 주장에 주의를 빼앗기지 않고, 냉철하게 시장을 판단하는 눈을 기르길 바란다.

일본은 왜 장기 불황에
빠져들었나?

17장

2006년《인구 변화가 부의 지도를 바꾼다》라는 책을 집필할 때, 일본의 사례에 주목했다. 〈그림 17-1〉에 나타난 것처럼 일본의 생산 활동 인구(15~64세)가 1995년 정점을 기록한 이후 지속적인 하락세를 보이고 있기 때문이다.[1] 참고로 인구는 2008년 정점에 도달한 이후 완만한 하락세를 보이고 있다. 직관적으로 본다면, 왕성한 경제 활동을 누리는 생산 활동 인구의 감소가 곧 주택 수요의 감퇴로 연결된다고 생각하기 쉽다.

그러나 현실은 전혀 달랐다. 2000년대 후반부터 토지 가격의 하락세가 둔화되더니, 급기야 2013년부터 강력한 상승세가 출현했다. 2006년《인구 변화가 부의 지도를 바꾼다》를 집필하던 때에 이미 큰 변화가 나타났던 셈이다. 일본이 아직도 부동산 장기

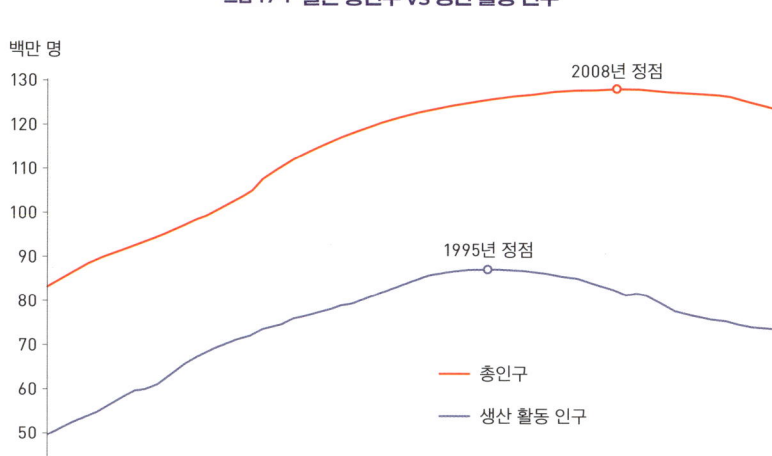

그림 17-1 일본 총인구 vs 생산 활동 인구

백만 명

2008년 정점

1995년 정점

— 총인구
— 생산 활동 인구

주: 1950~1971년의 수치는 오키나와현을 제외함.
출처: 일본 총무성, 일본은행(2025).

불황을 겪고 있다고 생각하는 사람이 많은데, 오히려 근래 도쿄를 비롯한 핵심 지역 고급 아파트 가격은 역사상 최고치를 넘어섰다.

일본에 대체 어떤 변화가 있었기에 주택 가격이 급등했을까? 첫 번째 변화는 2000년대 '고이즈미 개혁'에서 찾을 수 있다.[2] 고이즈미 준이치로小泉純一郞 정부는 인구 감소가 본격화되는 상황에서 과거처럼 주택 공급을 끝없이 확대할 필요가 없다고 판단하고, 대대적인 정책 전환에 들어갔다. 무엇보다 1962년 설정된 '국토 균형 발전' 계획을 폐기하고, 2001년 '도시 재생 본부'를 설치해 이른바 '컴팩트 시티' 전략을 추진하기에 이르렀다. 한 마디로 인구가 줄어드는 지방에 공공 주택을 짓는 정책을 폐기하고, 세계 최대 클러스터인 도쿄 – 요코하마 등 핵심 지역 노후 건물을 초고층 오피스 빌딩으로 재건축, 재개발하도록 유도하는 정책이었다.

이 정책 시행 이후 일본 주택의 가격 하락이 멈췄다. 물론 인구 소멸 위기를 겪는 지방 부동산 시장의 회복에는 시간이 걸렸지만, 고밀도 개발이 집중적으로 이뤄진 도쿄를 중심으로 '타워 맨션'의 인기가 올라갔다. 참고로 타워 맨션이란 한국의 주상 복합 아파트에 해당하는 기둥식 고층 건물을 뜻한다. 한국에서는 주상 복합 아파트가 인기 없지만, 지진이 잦은 일본에서는 부유층들이 '아자부다이 힐스麻布台ヒルズ'처럼 쇼핑과 예술 그리고 주거가

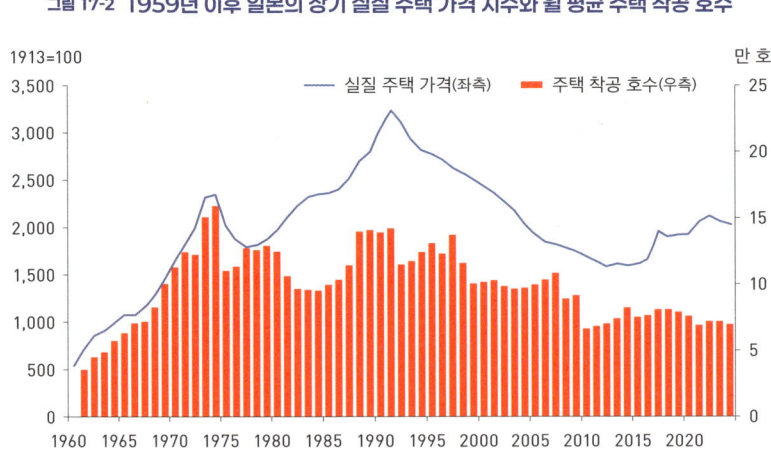

그림 17-2 1959년 이후 일본의 장기 실질 주택 가격 지수와 월 평균 주택 착공 호수

출처: MacroFinance and MacroHistory Lab, Bloomberg, 프리즘 투자자문 작성.

함께 갖춰진 주거지를 선호한다.[3]

부동산 시장을 부활시킨 또 다른 요인은 '아베노믹스'였다. 2013년부터 아베 신조安倍晋三 총리는 양적 완화는 물론, 질적 완화 정책까지 지속적으로 펼쳐 나갔다. 중앙은행이 채권은 물론 주식까지 적극적으로 매입하는 것으로, 이 정책은 2000년대 초반부터 폴 크루그먼Paul Krugman 등 세계 유수의 경제학자들이 계속 주장해 왔던 것을 뒤늦게 수용한 것이다.[4]

소비자들이 "앞으로 물가가 계속 떨어질 테니, 지금은 굳이 살 필요가 없어."라고 생각할 때는 생각이 바뀔 때까지 돈을 풀어야 한다. 이를 게을리하면 소비자들은 "역시 그렇군. 내가 옳았어." 라며 기존의 소비 패턴을 계속할 것이기 때문이다. 소비자들의 기대를 완전히 바꿔 놓았다는 점에서 아베노믹스는 대단히 성공적이었다.

〈그림 17-3〉은 일본 은행의 자산 규모와 주택 시장의 흐름을 보여 주는데, 2012년 150조 엔 규모였던 일본 은행의 자산 잔고가 2020년 말에는 700조 엔까지 부풀어 오른 것을 발견할 수 있다. 중앙은행이 끝도 없이 채권을 매입하니, 10년 만기 국채 금리는 2016년 한때 0.32%까지 내려갔고, 주택 담보 대출 금리도 연일 사상 최저 수준으로 내려갔다.

필자가 2015년 일본 출장을 갔을 때, 35년 만기 주택 담보 대출 금리가 0.5%인 것을 보고 "이렇게 금리가 낮은데 집을 안 사는

그림 17-3 **일본 은행 자산 규모 vs 일본의 지가 지수**

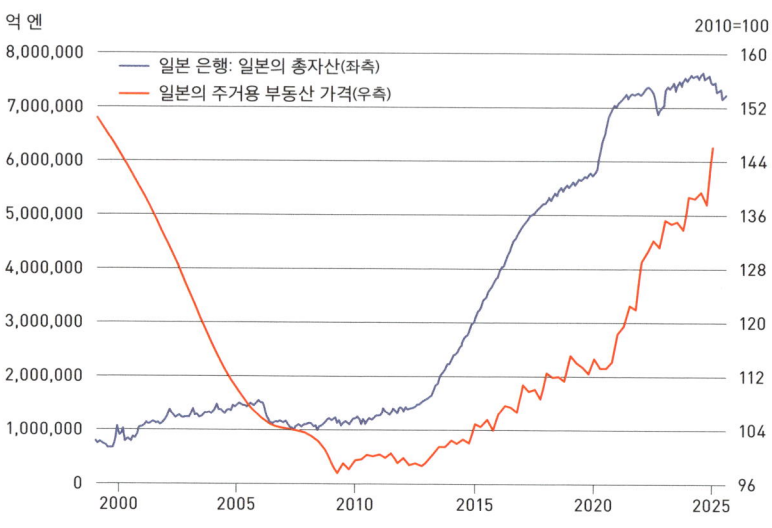

출처: 국제결제은행, 일본은행(FRED® 제공).

이유가 뭔가요?"라고 질문하기도 했다. 특히 10년 이상 담보 대출을 받고 실거주하는 경우, 대부분 대출 이자를 소득 공제 받을 수 있다. 주택 가격 대비 공제율이 연 0.7%이니, 사실상 무이자로 주택을 살 수 있는 셈이다. 당시 일본 부동산/건설 산업 담당 애널리스트는 "1990년 이후 부동산 장기 불황의 트라우마 때문에 주택을 사지 않는 경향이 있다."라고 답했지만, 아베노믹스 5년 차가 되던 2018년부터는 주택 가격의 상승 탄력이 높아지는 것을 발견할 수 있다.

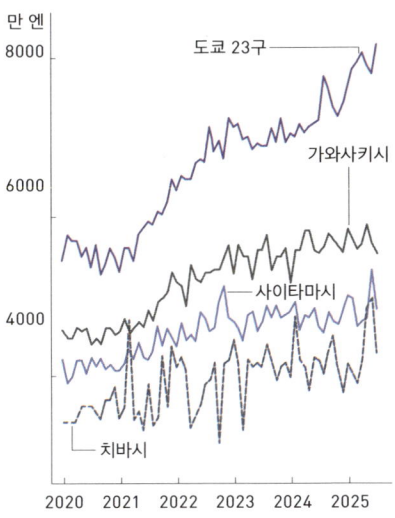

그림 17-4 **도쿄 23구 신축 단독 주택 가격**

만 엔

8000 — 도쿄 23구

가와사키시

6000

사이타마시

4000

치바시

2020 2021 2022 2023 2024 2025

출처: 日本經濟新聞(2025.08.07.).

일본 부동산 시장의 부흥을 이끈 세 번째 요인은 외국인의 참여다. 〈그림 17-4〉는 일본 신축 소형 주택 가격의 흐름을 보여 주는데, 도쿄 23구 단독 주택 가격마저 1년 만에 13% 상승한 것을 발견할 수 있다.[5] 타워맨션 가격이 외국인 투자자들의 순매수 영향으로 급등하자, 이른바 풍선 효과•가 나타나고 있는 셈이다. 참고

• 어떤 문제를 해결하면 다른 문제가 또 불거지는 현상으로, 마치 풍선의 한쪽을 누르면 다른 쪽이 부풀어 오르는 것과 비슷하다고 하여 생긴 표현이다. 이는 공권력이나 강제적인 방법을 동원하여 공급을 모두 차단해도, 수요가 있는 한 어떤 식으로든 공급이 이루어진다는 경제 용어로도 쓰인다.

로 2025년 1~6월에는 외국인 투자자들의 부동산 매수가 1조 엔을 넘어 사상 최고치를 기록했다.[6] 외국인의 적극적인 참여 이유는 엔화 약세 때문이었지만, 지속적으로 임대료가 상승하는 등 수익성 개선 기대감도 영향을 미치고 있다.

여기에 외국인 노동자들이 도쿄도 등 대도시 위주로 유입되는 것도 영향을 주고 있다. 일본 총무성이 발표한 2025년 초 기준 인구 동태 조사에 따르면, 외국인 수는 전년 대비 35만 명이 증가한 367만 7,463명을 기록해 3년 연속 최다를 기록했다.[7] 특히 도쿄도에서는 20대 10명 중 1명이 외국인일 정도로 압도적인 비율을 차지했다. 전체 인구의 3%를 외국인이 차지할 정도로 불어난 가운데, 외국인 관광객 증가가 예상을 뛰어넘고 있어 주거용에 이어 상업용 부동산에 대한 수요마저 날로 불어나고 있다.

일본 부동산 시장의 가격 상승을 주도하는 마지막 요인은 메가시티 집중 현상이다. 2008년부터 인구 감소가 시작되었지만, 도쿄도 지역만 인구가 가파르게 늘어나면서 대도시와 지방의 토지 가격 차이가 확대되고 있다.[8] 도쿄와 나고야 그리고 오사카 등 대도시 위주로 인구가 집중되는 현상은 '클러스터'에서 원인을 찾을 수 있다.

도쿄에 위치한 대학에 다니는 아들의 일본 친구들이 종종 서울을 방문하는데, 그들에게 지방에서 도쿄로 유학 간 이유를 물어보면 한국의 젊은이들과 비슷한 답변을 들을 수 있다. 그들은 도

그림 17-5 일본 지역별 공시 지가 변동률

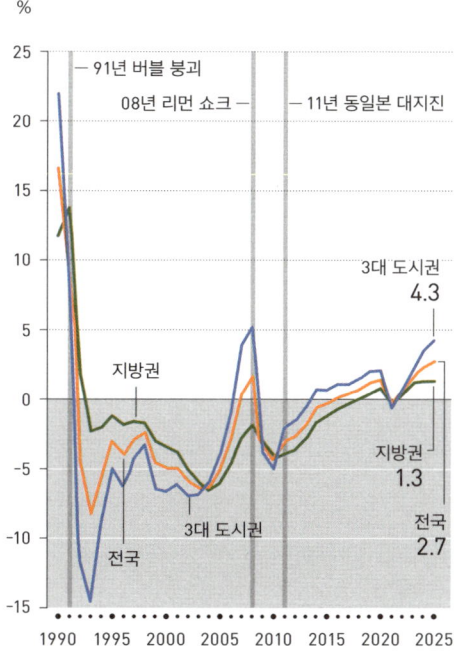

출처: 日本經濟新聞(2025.03.19.).

쿄 같은 글로벌 메가시티에 살기를 오랫동안 꿈꿔왔으며, 일자리가 풍부한 곳에서 자신과 성향이 비슷한 이성을 만날 수 있을 것이라는 희망도 피력했다.

지방 분권이 잘 되어 있고, 도호쿠대학교나 규슈대학교 등 세계적인 대학이 지방에 분포하는 일본도 사정은 비슷했던 셈이다. 따라서 일본의 부동산 시장 흐름을 감안할 때, 한국도 앞으로 양극화 흐름이 지속될 것이라는 생각을 갖게 된다. 주택 공급이 꾸준히 줄어드는 가운데, 지방은 소멸되며, 젊은이들은 직장과 사랑을 찾아 대도시로 모여드는 일은 우리도 다르지 않을 것이기 때문이다.

 요약 및 교훈

일본 사정에 밝지 못한 이들은 아직도 "일본 부동산 장기 불황"을 이야기한다. 그러나 일본 부동산 시장은 2000년대 중반 고이즈미 개혁 때 바닥을 쳤으며, 아베노믹스 10년 동안 역사상 최고치에 근접하는 상승세를 보였다. 특히 공급 축소와 메가시티 인구 집중 그리고 외국인 투자자들의 적극적인 참여가 이어지며, 도쿄 등 대도시 위주로 가격이 상승하는 양극화 현상이 심해지는 중이다. 한국보다 인구 감소가 더 빨리 시작되었다는 점에서, 일본의 사례는 좋은 투자 인사이트를 제공하는 것으로 판단된다.

버블에 매도할 용기를
내는 법

18장

2016년 구입했던 강북 뉴타운의 신축 아파트를 2020년 말에 매도했다. 부동산 중개인에게 매물로 내놓자마자 4명이 집을 보러 와 첫 번째 방문자가 계약했다. 필자가 내놓은 가격이 시세보다 꽤 쌌던 모양이다. 주변에서는 배액 배상하고 가격을 올리라고 권했지만, 필자는 그냥 계약을 체결했고, 매수자는 잔금을 치를 때 이미 상당한 시세 차익을 누린 상태였다.

필자가 살던 집을 시세보다 약간 싸게 내놓은 이유는 두 가지였다. 첫째, 활발한 두 아들을 키우면서 층간 소음의 가해자가 되고 싶지 않은 마음에 1층에 살았기에, 주변 시세보다 싸게 내놓는 게 당연한 일이라 생각했다. 둘째, 2016년에 입주권을 매수하면서 꿈꿨던 '적정가'에 충분히 도달했기에, 그 이상의 수익을 노리는 것이 탐욕에 가깝다고 느꼈기 때문이다.

2020년 말에 '적정가'에 도달했다고 판단한 이유에 대해 궁금한 이들이 많으리라 생각한다. 주택 시장에 몇 가지 이상 징후가 나타난 것이 결정적이었는데, 첫 번째 이상 징후는 갭 투자 붐이었다. 미분양에 허덕이던 수도권 2기 신도시 집값이 폭발적으로 상승하기 시작했기에, 원인을 조사했더니 강력한 전세 자금 대출이 원인이었음을 알 수 있었다. 임대차 3법이 통과되며 전세와 월세 가격이 폭발적으로 상승하자, 정부가 세입자의 어려움을 덜어 줄 목적으로 전세 자금 대출을 대거 늘린 것이 큰 문제를 일으켰다.[1] 2012년 23조 원에 불과했던 전세 자금 대출은, 2019년에 100조 원을 돌파한 데 이어, 2021년 말에는 180조 원까지 불었다. 전세 자금 대출 증가가 전세 가격 상승을 유발하고, 이게 매매 가격과 전세 가격의 차이, 즉 갭 축소로 이어지며 강력한 갭 투자 장세가 펼쳐졌던 것이다.[2]

　필자가 9장에서 설명한 바와 같이, 갭은 주택에 대한 일종의 콜 옵션이다. 그리고 콜 옵션 가격은 현재 주택 가격과 미래 성장 잠재력에 따라 결정된다. 이 말을 반대로 하면, 갭이 적다는 것은 미래 발전 가능성이 낮은 주택이라는 이야기다. 그럼에도 "갭이 작다."라며 주택을 매수하는 사람이 늘고 상승 폭이 커질 때는, 시장이 투기판이 되었다고 볼 수 있다. 주택의 가치(사용 가치+성장 잠재력)를 잘 따져 투자하는 사람이 소수가 된 것이니, 시장이 얼마나 위험한 상태에 도달한 것인지 알 수 있다.

특히 이때 문제가 된 것은 '내러티브'였다. "서울에 집 한 채는 있어야 성공한 인생" 같은 주장이 소셜 미디어를 뒤덮었다.[3] 특히 모 유튜브 채널에 패널로 출연했을 때, 이 질문을 받고 참 당황했다. 사회자로부터 "예."라는 답변을 하라는 강한 압박을 느꼈기 때문이다. 그러나 필자는 사회성이 떨어지는 '찐 T'이다 보니, 단호하게 "그런 잘못된 생각은 버려야 합니다."라고 말했다. 아무튼 주택 시장에 이처럼 강력한 공감대가 형성될 때는 "이미 집을 살 사람은 다 산 게 아닐까?" 의심해 보는 태도가 필요하다 본다.

두 번째 이상 징후는 인플레 위험이 커지며, 시장 금리가 상승한 것이었다. 앞에서 이야기했듯, 주택의 내재 가치는 사용 가치(=전세)와 성장 잠재력(=갭)으로 구분되기에, 금리 상승은 이중적인 영향을 미친다. 〈그림 18-1〉에 나타난 것처럼, 시장의 이자율이 상승하면 임대료의 상승 압력을 높이기에 주택의 사용 가치를 높이는 면이 있다. 왜냐하면 시장 이자율의 상승은 곧 전세의 매력을 높여 전세 보증금의 상승 압력을 높일 것이기 때문이다.

반면, 시장 금리 상승은 상승 잠재력(=갭)에 부정적인 영향을 미칠 가능성이 높다. 금리가 높아지면 주택 보유에 따른 기회비용이 높아지는 데다, 대출 이자 부담이 커지면서 매수세가 약화될 수 있기 때문이다. 특히 갭이 확대된 시기에는 금리 인상의 악영향이 훨씬 더 크게 나타날 수 있음을 잊지 말아야 한다.

그림 18-1 **수도권 오피스텔 임대 수익률과 시장 금리의 관계**

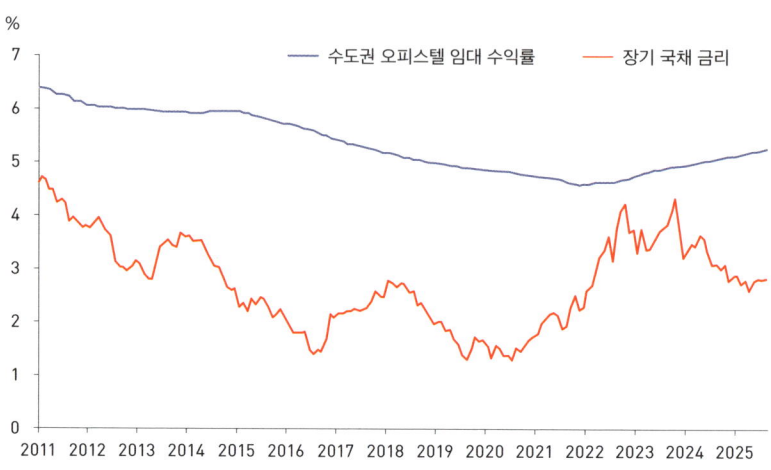

출처: 한국은행, KB국민은행, 프리즘 투자자문 작성.

세 번째 이상 징후는 2020년 '6.17 대책' 발표였다.[4] 6.17 대책의 요지는 규제 대상 지역의 3억 원 초과 아파트를 구입한 뒤에 전세 대출을 받을 수 없게 되고, 전세 대출을 이용 중인 가계가 규제 대상 지역의 아파트를 구입할 경우 전세 대출을 즉시 회수하는 것이었다. 전세 세입자들에게 지속적으로 우호적인 태도를 보였던 기존의 정책 기조가 바뀌었다는 점에서, 이는 매우 주목할 만한 변화였다. 〈그림 18-2〉는 2017~2021년 동안의 주요 부문별 가계 대출 증가율을 보여 주는데, 주택 담보 대출은 연 5.8% 증가에 그친 반면, 전세 자금 대출이 무려 30.7%에 이른 것을 발견할 수 있다.

그림 18-2 최근 5년간 가계 대출 부문별 증가율 비교 (연평균)

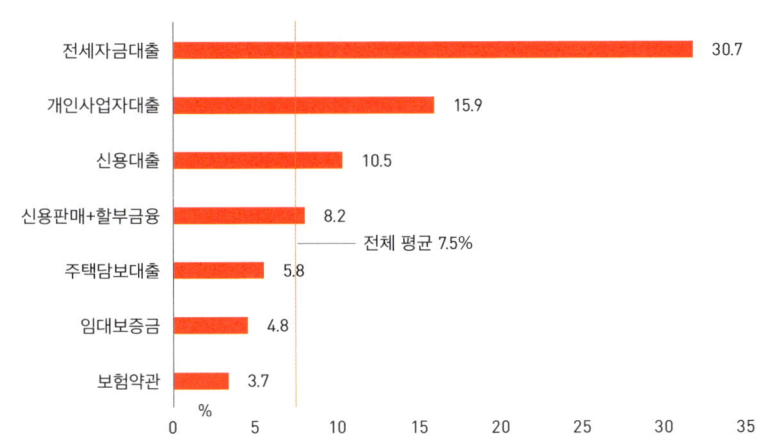

주: 임대 보증금은 추정치.
출처1: 한국은행, 금융감독원.
출처2: 서영수(2021).

그러나 정책이 발표된 타이밍이 너무 아쉬웠다. 이미 시장 참가자들이 흥분 상태에 빠져 있었기에, 전세 대출 규제의 영향이 거의 나타나지 않았기 때문이다. 2022년에 그토록 많은 '빌라왕 사건'이 발생한 이유가 여기에 있다. 끝없이 전세 자금 대출을 해줄 것처럼 행동하다, 갑자기 돈줄을 죄니 시장이 버틸 재간이 없었던 셈이다.[5]

정리하자면 ① 갭 투자 장세가 펼쳐지면서 비인기 지역마저 집값이 급등하는 등 과열 징후가 뚜렷한 데다, ② 시장 금리가 상승하기 시작하고, ③ 정부가 문제의 근원을 파악해 유동성을 조이기 시작할 때는, 매도 관점에서 주택 시장을 접근할 필요가 있다는 이야기가 될 것 같다.

물론 필자는 상당한 시세 차익을 올린 상태였기에 마음 편하게 매도했음을 부인할 생각은 없다. 차익을 실현해 차도 바꾸고 이사 가는 집 인테리어도 멋지게 꾸밀 돈이 생긴다는 점이 가장 큰 매도 요인이었을 것이다. 다만 주택 가격이 오르면 오를수록 더 오를 것처럼 느껴진다는 점에서, '매도 타이밍'을 잡고 싶은 이들에게 도움이 되었으면 하는 마음으로 이 장을 썼다.

> ### 🔖 요약 및 교훈
>
> 내 집을 네 번 정도 매도하다 보니, 어떨 때 팔아야 제값을 받을 수 있는지에 관한 감이 생겼다. 가장 좋은 타이밍은 '버블'이 발생했을 때인데, 이때 가격이 더 오를 것 같은 기대감 때문에 매매 결정을 못 하는 경우가 허다하다. 18장에서 소개한 다양한 징후를 잘 기억한다면, 다음번 버블 때 성공적인 의사 결정을 내릴 수 있으리라 기대해 본다.

상승 잠재력이 높은 집을
고르는 법

19장

2020년 사례를 통해 '버블에 집을 파는 법'을 배웠으니, 이제 상승 잠재력이 높은 집을 고르는 방법을 살펴보자. 15장에서 살펴본 바와 같이, 필자는 제2의 강남이 앞으로 상당 기간 출현하기 어렵다고 보는 입장이다. 세계 4위 혁신 클러스터의 핵심부에 위치한 데다, 교통과 교육 그리고 주거 면에서 압도적인 경쟁력을 보유하고 있기 때문이다.

물론 지정학적 위험이 커지고 반도체를 비롯한 핵심 정보 통신 산업이 붕괴되는 일이 벌어진다면, 서울 강남의 매력은 크게 떨어질 수 있다. 그러나 적어도 현재까지는 한국 기업들의 강력한 경쟁력에 힘입어 역사상 최대 실적을 기록하고 있어, 최악의 시나리오가 수년 내 실현될 가능성은 낮다.

강남의 지위가 흔들리지 않는다고 보면, 먼저 보아야 할 포인트는 강남으로 이어지는 교통망이다. 이 부분에서 필자는 2024년 개통된 8호선 연장 구간에 관심이 많다. 최근 가장 이용객 수가 많은 지하철역이 잠실이라는 뉴스를 본 적이 있다.[1] 부동의 1위 강남역을 제친 원동력은 지하철 8호선이 강동구 암사역부터 남양주 별내역까지 연장된 데 있다.[2] 남양주시에는 별내, 다산, 가온 등 많은 신도시가 자리 잡고 있는데, 서울에 직장이 있는 경우 강변북로를 타고 서울로 진입하거나, 경춘선 전철을 이용하는 것 이외에는 다른 대안이 없었다. 그런데 8호선이 연장되며, 별내역에서 잠실까지 27분 만에 도착할 수 있게 되자, 폭발적인 이용객의 증가가 나타난 것이다.

이 사례에서 보듯 강남 지역으로의 접근성이 개선된 곳은 강력한 상승 모멘텀을 갖게 된다.[3] 굳이 서울시에 행정 구역을 편입하지 않더라도, 이미 서울시에 버금가는 주택 가격을 형성할 가능성이 높아진다는 이야기다. 실제로 판교나 광명 그리고 과천 등 서울에 인접한 도시는 서울 비인기 지역보다 더 높은 가격을 형성하는 경우가 적지 않다. 따라서 주택을 구입할 때는 미래의 '강남 접근성'을 감안해 선택해야 한다. 물론 강남 접근성이 좋은 집은 비싸다. 다만 2022년이나 2011년처럼 주택 가격 폭락 국면이 닥쳤을 때 최우선으로 관심을 두어야 할 지역이 아닐까 생각된다.

강남과의 인접성 못지않게 중요한 포인트는 '언제 지어졌는지'

여부다. 필자가 9장에서 용적률의 중요성을 누누이 강조한 이유가 여기에 있다. 1980년대 지어진 목동과 아시아선수촌 그리고 올림픽선수기자촌 아파트는 용적률이 매우 낮다. 예를 들어 올림픽선수기자촌 아파트의 용적률은 137%에 건폐율 12%로 매우 쾌적한 환경을 자랑한다. 반면 인접한 올림픽파크포레온의 용적률은 273%다. 이런 차이가 발생한 이유는 집이 지어진 시기가 다르기 때문이다. 1980년대에는 낮은 밀도로 아파트를 건설했지만, 2020년대에는 임대 주택 공급 등의 조건을 충족하면 매우 촘촘하게 아파트를 지을 수 있다.

그러나 문제는 1990년대부터 2000년대 초반에 지어진 아파트다. 이 아파트들은 용적률이 400%에 근접하기에 현재 여건하에서는 재건축이 매우 어렵다. 이 대목에서 건물 붕괴의 위험이 높아 '긴급 대피 명령'이 11년 전에 내려졌음에도, 아직 주민이 거주하고 있는 익산의 모 아파트 사례를 살펴보자.[4]

익산시는 지난 2014년 9월 11일 모현 우남아파트 103세대를 대상으로 긴급 대피 명령을 내렸다. 관련 법령에 따라 안전 진단 결과 D 등급을 받은 재난 위험 시설로부터 주민을 보호하겠다는 취지였다. (…) 하지만 10년 11개월여가 지난 지금까지 아파트는 무너지지 않은 채 여전히 35세대가 거주하고 있다. (…) 1년 8개월여 노력 끝에 2025년 5월 A 업체와 함께 사업성 검토 및 토지 매입가 조정이 이뤄졌다. (…) 하지만 이번에도 민간사업 시행사와 소유자 대표 간 매입가를 두고 이견을 좁히지 못하면서 협상은 결국 결렬됐다.

언제 무너질지 모르는 상황임에도 재건축이 이뤄지지 않는 이유는 '사업성' 때문이다. 재개발 사업이 사업성을 갖추기 위해서는 용적률이 낮고 신규 분양 전망이 밝은 곳이어야 한다. 이에 문제가 되는 가장 대표적인 곳이 서울시 대치동 은마아파트다. 1978년 완공된 은마아파트의 용적률은 204%로, 재건축 사업성이 그리 높지 않다.

그럼에도 투자자들이 선호하는 이유는 강남 한 복판에 자리 잡았다는 특수성 때문이었다. 즉, 용적률을 100%p 전후로 높이는 게 최선이지만, 자기 분담금을 충분히 감내할 수 있는 소유주가 넘쳐 나기에 얼마든지 재건축 추진이 가능한 셈이다.[5] 이런 연유로 투자할 주택을 고를 때의 첫 번째 원칙이 강남과의 접근성이 되는 것이다.

세 번째 포인트는 대단지인지 여부다. 필자가 33년간 경제 분석가 생활을 하면서 수많은 금융 위기를 겪었는데, 사태가 어떤 식으로 수습될지 판단할 때 가장 중요한 잣대는 대마불사too big to fail 원칙이었다. 가장 대표적인 사례가 2008년 금융 위기로, 당시 미국 정책 당국이 리먼 브라더스Lehman Brothers의 파산은 용인했지만, 시티뱅크CitiBank나 뱅크 오브 아메리카Bank of America 같은 초대형 은행은 대규모 공적 자금을 투입해서 살렸다. 이 정도 크기의 금융 기관이 파산하면 돌이킬 수 없는 재앙을 유발할 것이라는 공포가 컸기 때문이다.

이 사례를 주택 시장에도 그대로 적용할 수 있다. 1만 3,000세대에 달하는 올림픽파크포레온의 미분양 사태 때 정부가 분양권 전매 제한 조치를 해제한 것처럼, 대단지 아파트는 여러 이점을 지니고 있다. 수천 세대에 이르는 아파트가 안전 등급 D 혹은 E를 받아 강제 퇴거에 들어간다면, 엄청난 사회적 파장을 불러일으키지 않겠는가.

더 나아가 대단지 아파트는 규모의 경제를 실현할 수 있다는 장점이 있다. 앞서 언급했던 은마아파트도 4,424세대의 거대 단지이기 때문에 당국이 요구한 각종 조건(대치동 학원가 방면 공원 지하에 400대 규모의 공영 주차장을 건설하고, 4만 제곱미터 규모의 대형 저류조 설치)을 수용할 여력이 되었으리라 짐작한다.

이상의 이야기를 전하고 나니 "세 가지 조건에 부합하는 아파트는 비쌉니다."라는 독자의 항의가 들리는 것 같다. 그래서 자금 부족으로 고통받는 이들에게 '미국 리츠 상장 지수 펀드'라는 선택을 제시하고 싶다. 리츠real estate investment trusts, REITs란 부동산 투자 신탁 증권으로 여러 투자자의 돈을 모아 건물을 매입한 후 발생하는 수익금을 투자자들에게 돌려주는 상품이다. 한국에서는 여러 이유로 리츠가 활성화되지 못하고 있지만, 미국은 상황이 다르다. 데이터 센터 리츠부터 주거용 리츠까지 다양한 종류의 상품이 상장되어 있으며, 상장 지수 펀드exchange-traded fund(이하 'ETF')를 통해 시장 전체를 매수할 수 있기 때문이다. 여기서 ETF란 주식처럼 매매 가능한 펀드를 뜻한다. 상대적으로 수수료가 저렴한데다 매매가 자유롭기 때문에 요즘 세계적으로 큰 인기를 끌고 있는 새로운 투자 대안이다.[6]

국내 부동산 투자를 고민하는 이들에게 미국 리츠 ETF를 추천하는 이유는 서울 아파트 시장이 점점 더 글로벌 시장에 연동되고 있기 때문이다. 〈그림 19-1〉은 미국 리츠 지수와 서울 아파트 실거래가의 관계를 보여 주는데, 2008년 세계 금융 위기 이후

그림 19-1 서울 아파트 실거래가 vs 블룸버그 리츠 지수 (배당 재투자)

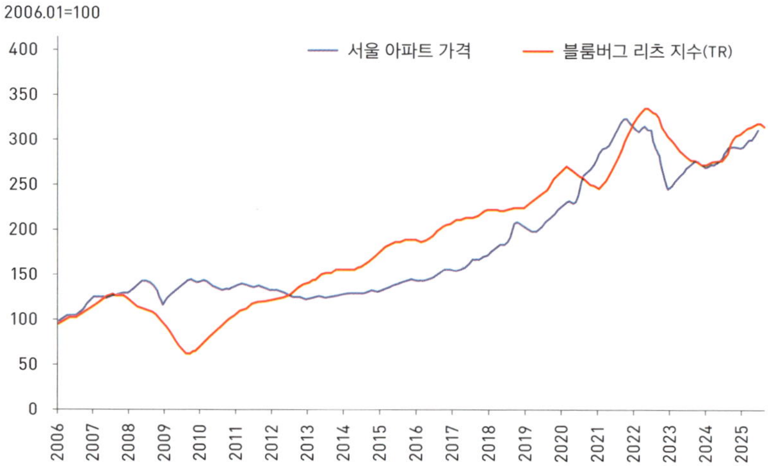

출처: 한국은행, 블룸버그, 프리즘 투자자문 작성.

점점 더 동행성이 강화된 것은 물론 누적 성과도 200% 전후로 동일한 것을 발견할 수 있다. 따라서 군이 '영끌'하지 않고, 소액으로도 서울 아파트의 수익을 누릴 수 있는 세상이 출현한 셈이다.

더 나아가 미국의 리츠 ETF는 자산 배분의 대상으로 안성맞춤이다. 〈그림 19-2〉는 지난 15년 동안 미국 리츠와 한국 주식 그리고 예금에 각각 100만 원을 매월 저축했다고 가정한 포트폴리오인데, 얼마나 탁월한 성과를 기록했는지 알 수 있다. 〈그림 19-2〉의 이름을 '탈무드'로 정한 이유는 1/3은 부동산, 1/3은 사업, 그리고 1/3은 현금에 투자하라는 유대인 특유의 투자법에서 힌트를 얻었기 때문이다.

2010년 1월 말 300만 원으로 시작한 포트폴리오는 2025년 말 9억 5,686만 원으로 불어난다. 연 환산 복리 수익률compound annual growth rate, CAGR은 6.85%에 이르며, 15년 동안 단 2번만 마이너스 성과를 기록할 정도로 안정적이다. 참고로 지난 15년 동안 서울 아파트 실거래가가 연 환산 복리 수익률이 5%에도 미치지 못한다는 점을 감안할 때 자산 배분의 성과가 얼마나 큰지 알 수 있다.

이런 현상이 나타나는 이유는 주식과 부동산이 다른 방향으로 움직이는 경향이 있는 데다, 보유 현금을 활용해 적극적으로 리밸런싱할 수 있기 때문이다. 리밸런싱이란 목표했던 비율이 흐트러질 때 이를 원상 복귀하는 매매를 뜻한다. 앞에서 설명한 탈무

• 　투자하기 좋은 미국 리츠 ETF에 관해서는 '부록 XI'을 참고하길 바란다.

그림 19-2 **미국 리츠, 한국 주식, 예금으로 구성된 포트폴리오 성과**

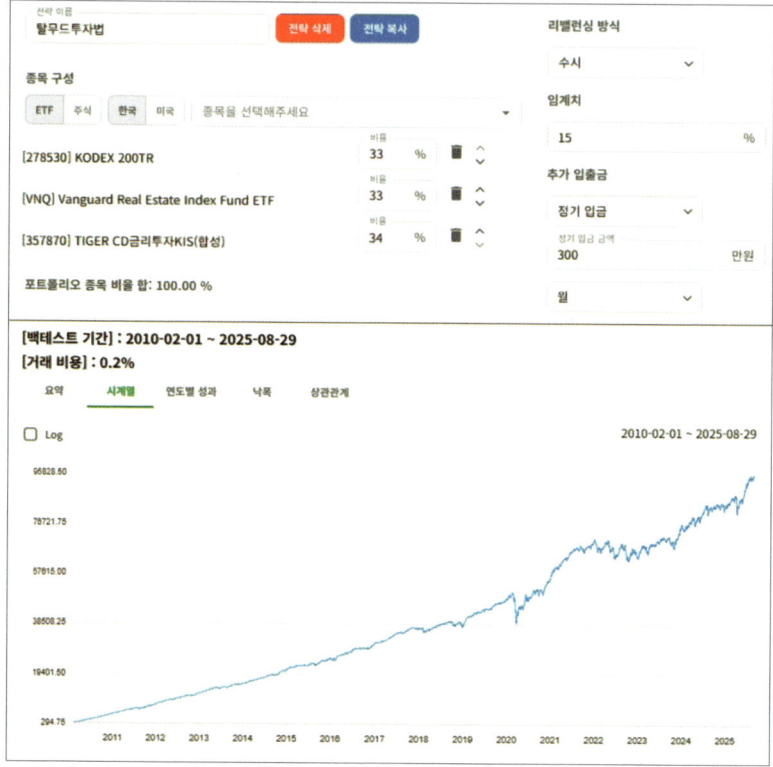

출처: 홍춘욱(2025).

드 투자법을 예로 들어 보자. (금액은 쉬운 계산을 위해 과장된 측면이 있으니, 이해해 주길 바란다) 총투자액 3,000만 원을 리츠 ETF, 한국 주식, 예금에 1,000만 원씩 1:1:1 비율로 투자했다고 가정하자. 그 런데 가격 변동과 이자 수익에 의해 리츠 ETF가 1,400만 원, 한 국 주식이 800만 원, 예금이 1,100만 원이 되었다. 이때 리츠 ETF

의 수익 중 300만 원을 한국 주식에 재투자하여, 투자 비율을 다시 원래의 1:1:1로(각자 1,100만 원씩) 맞추는 것이 리밸런싱이다. 즉, 가격이 오른 자산을 일부 매도해 가격이 하락한 자산을 저가 매수하는 것으로, 쌀 때 사서 비쌀 때 팔라는 투자 원칙의 근본에 부합하는 방식이라 할 수 있다. 게다가 리밸런싱은 자주 할 필요가 없다는 장점도 있다. 필자의 경험으로 볼 때 연 1회 정도만 흐트러진 비율을 맞추는 것만으로도 충분히 소기의 성과를 거둘 수 있다.

여기까지의 분석을 보며 "지방은 어떻게 합니까?"라는 의문을 제기하는 독자도 있으리라 생각한다. 필자의 좁은 견해로는 한국이 17장의 일본처럼 흘러갈 가능성이 높다고 본다. 거대한 프로젝트가 추진되고, 세계의 부유층이 몰려드는 대도시의 일부 지역만 가격이 상승하는 세상이 펼쳐질 것이라 생각한다. 물론 사용 가치의 상승에 따라 지방 아파트와 주택 가격도 상승세를 이어가겠지만, 인플레를 이길 만큼 충분한 상승세가 지속되기는 쉽지 않으리라 생각된다.

요약 및 교훈

상승 잠재력이 높은 아파트의 기준은 크게 세 가지다. 강남 근접성이 개선될 가능성이 높거나, 용적률이 낮거나, 대단지인 아파트가 그 답이다. 물론 이 아파트들은 대부분 비싸기에, 이른바 영끌의 위험을 짊어지지 않으면 매수하기가 어렵다. 따라서 미국 리츠 ETF 같은 대안을 적극적으로 고려할 필요가 있다고 본다. 자신이 보유한 자산에 맞춰 주택을 매입하기보다, 미국 리츠 ETF를 활용한 자산 배분 전략도 한번 고려해 볼 필요가 있을 것으로 판단된다.

서울 아파트값
잡는 법

20장

이 글을 쓰고 있는 2025년 말, 서울 강남이나 경기 과천 등 핵심 지역의 주택 가격이 가파른 상승세를 보이고 있다. 레고랜드 사태가 한창이던 2022년 말과 180도 달라진 세상을 맞이하니, 높은 수익에 즐거운 마음과 어리둥절한 마음이 교차한다. 이제 책의 마지막 부분에 도달했으니, "서울 아파트값 잡는 법"에 대해 말하고자 한다.

〈그림 20-1〉은 2025년 9월 7일 발표된 "주택 공급 확대 방안" 보도자료에서 가져온 것인데, 2026년 3기 신도시 분양 물량이 7천 호 내외에 불과한 것을 발견할 수 있다. 2018년 말 3기 신도시가 지정되었음을 감안할 때 만 7년이 지나도록 거의 진척이 없는 셈이다.[1] 상황이 이러니 향후 5년간 135만 호에 이르는 새집

그림 20-1 수도권 주요 공공 택지 지구 공공 주택 분양 계획, 2025년 4분기~2026년

그림 20-1 수도권 주요 공공 택지 지구 공공 주택 분양 계획, 2025년 4분기~2026년

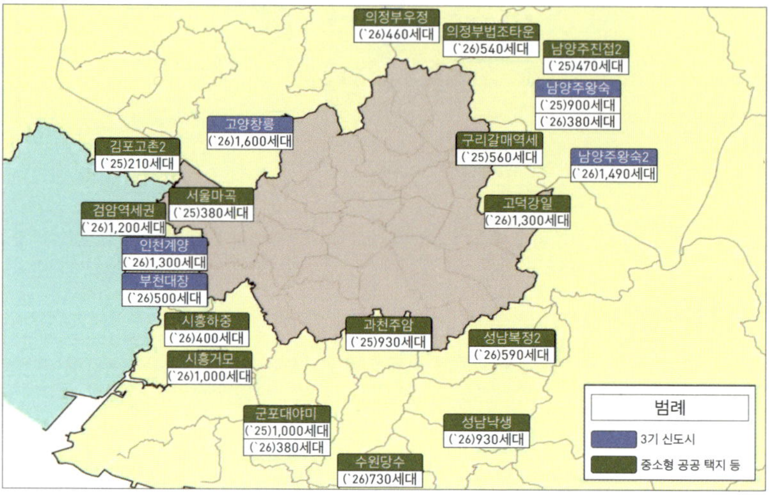

주: 사업 추진 계획 기준이며, 추진 현황에 따라 변동 가능.
출처: 국토교통부(2025. 09. 07.).

을 공급하겠다는 정부 계획에 신뢰가 형성되기 어렵다.

3기 신도시 발표 이후, 7년이 지나도록 입주는커녕 분양도 이뤄지지 않은 이유는 어디에 있을까? 필자는 3기 신도시 후보지 중하남 교산이 매력적이라 생각해 여러 번 이곳을 방문한 바 있다. 특히 임장할 때마다 이 지역에 오랫동안 터 잡고 있던 맛집인 '마방집'을 찾곤 했다. 코로나19 팬데믹이 한창이던 2020년 겨울 이곳을 방문했을 때 "3기 신도시에 수용되어 문을 닫게 되었다."라는 팻말이 붙은 것을 보고, 드디어 택지 보상이 마무리되었나 싶었지만, 2022년 겨울에도 여전히 같은 자리에서 영업하던 것이

기억난다.*

　이 사례가 보여 주듯 계획과 실행은 엄연히 다른 문제다. 3기 신도시 분양이 이토록 늦어진 이유는 경제 및 정치 환경 변화다. 2022년 집권한 윤석열 정부는 주택 가격 폭락 사태에 대응하는 것만으로도 여력이 부족해, 3기 신도시 개발에 신경을 쓰기 어려웠다. 개발을 주도하는 한국토지주택공사 관계자가 "주택 시장 전반이 위축된 데다, 재정 여력이 충분하지 못해 보상에 차질을 빚고 있다."라고 밝힐 정도였다.[2] 새로운 정부가 들어서면서 3기 신도시 건설 속도가 빨라질 것으로 기대되지만, 1990년대 초반 같은 속도로 진행되기는 쉽지 않을 전망이다.

　물론 지방 자치 단체 차원에서도 노력이 없는 것은 아니다. 2025년 9월 29일 서울시는 "신속 통합 기획 2.0" 추진을 통해 재건축, 재개발 등 정비 사업 기간을 최대 6.5년 앞당김으로써, 약 12년 만에 사업을 마치게 하겠다고 밝혔다.[3] 특히 서울시는 2031년까지 총 31만 가구 그리고 2035년까지 37만 7,000가구를 준공할 것이라고 자신했다.

　그러나 이 계획도 신뢰성이 매우 떨어진다. 〈표 20-1〉은 2019년 8월 기준 서울시 정비 사업의 단계별 평균 소요 시간을 보여 주는데, 재건축이나 재개발 모두 21년 이상의 세월이 걸리는 것을 발

•　'마방집'은 2024년 7월에 경기도 광주시 남한산성면으로 이전했다.

표 20-1 전체 서울 정비 사업의 단계별 평균 소요 기간 (2019년 8월 기준)

단위: 년

구분		구역지정~착공	추진위~착공	조합설립~착공	사업시행인가~착공
재건축	재건축(공동)	21.07	9.63	5.60	2.29
	재건축(단독)	6.66	8.80	6.72	4.28
	(촉)재건축	7.61	7.56	6.37	4.97
재개발	도시정비형 재개발	21.49	7.04	5.51	2.39
	주택정비형 재개발	5.55	7.06	4.53	2.99
	(촉)재개발	6.13	7.15	5.35	3.47
기타	(촉)도시개발	2.08	2.08	2.08	0.52
	(촉)도시환경	5.40	5.51	5.02	3.23
합계		14.07	7.60	5.29	2.81

주: 2019년 8월 말 기준의 서울시 자료를 기준으로 산출하였으며, 2017년 2월 8일 개정 '도정법' 기준의 분류임.
출처: 서울특별시의외(2019), 『서울시 정비사업 출구전략의 한계 및 개선 방안 연구』 p46.

견할 수 있다. 물론 서울시가 ① 통합 심의 이전에 진행하던 '환경 영향 평가' 초안 검토 회의를 생략하고, ② 사업 시행 인가 과정에서 부서 간 협의 검증을 신속하게 추진하는 한편, ③ 정비 구역 관련 경미한 변경 사항은 서울시가 아니라 구청장이 직접 인하하는 등의 조처를 통해, 정비 사업을 신속하게 추진하겠다는 방침을 밝힌 것은 분명 고무적인 변화라 생각한다.

그러나 이 대목에서 박원순 전 서울시장의 '뉴타운 지정 해제'를 살펴볼 필요가 있다. 흥미로운 책 《못생긴 서울을 걷는다》에

는 다음과 같이 종로구 창신·숭인 뉴타운의 해제 과정이 밝혀져 있다.[4]

> 서울시는 2010년 당시 창신·숭인 뉴타운 계획을 발표하면서 2019년까지 완공하겠다고 했습니다. 그러나 2013년, 불과 3년 만에 창신·숭인 주민들은 스스로 뉴타운 계획에서 빼달라고 서울시에 요구하게 되었습니다. 서울시는 당시 뉴타운 지역에서 이권을 둘러싸고 난립한 각종 분쟁으로 골머리를 앓았습니다. (…) 서울시는 결국 창신·숭인을 '뉴타운 해제 1호'로 선언하기에 이릅니다.

창신·숭인 뉴타운이 제일 먼저 해제된 이유는 '사업성' 때문이다. 서울시가 2010년 4월 공표한 창신·숭인 뉴타운 세부 계획을 보면, 주택 공급 계획이 7,855호로 나온다. 그런데 2008년 기준으로 창신·숭인 지역에는 9,083세대가 살고 있었다. 더 나아가 임대 주택 1,517호를 빼면 공급하는 분양 주택은 6,338호로 더 줄어든다. 이 계획대로라면 재개발 사업으로 창신·숭인 지역에 살던 사람들에게 새집이 한 채씩 돌아가지 않는 셈이다. 이러한 문제는 비단 창신·숭인 뉴타운에 국한되지 않는다.

2008년 서울 뉴타운 26군데를 전수 조사한 결과 재개발 후 세대 수가 줄어드는 곳이 14군데에 이르렀다. 대표적인 곳이 중화 뉴타운과 미아 뉴타운 등이었다. 실제로 중화 뉴타운은 1구역과

3구역을 제외한 나머지 3개 구역이 뉴타운에서 해제되어 가로 주택 정비 사업* 등 소규모 재정비 사업으로 전환됐다.[5] 이 사례가 알려 주는 중요한 사실은 당장 재개발해야 할 것 같은 작고 허름한 집에 생각보다 많은 사람이 모여 산다는 것이다. 서울연구원의 보고서에 따르면 2008년 뉴타운 사업 지구 내 거주 인구는 85만 명인데, 세입자가 69%를 차지하는 것으로 나타나 압도적인 세입자 비율을 보였다.[6] 이는 너무나 당연한 게, 쓰러지기 직전의 낡은 집에 소유주가 직접 살아야 할 이유는 많지 않기 때문이다.

2011년 취임한 박원순 전 서울시장의 입장에서, 재개발이 진행되는 서울 전역에서 거주할 집이 줄어드는 사태를 막아야 한다는 생각을 가질 법했다. 또한 2011~2013년에 걸친 '하우스 푸어 사태'로 주택 가격이 폭락하고 뉴타운 사업 수익성이 크게 떨어진 것도 뉴타운 해제의 원인으로 작용했다.

서울시의 뉴타운 해제 사례는 현재의 주택 시장 상황을 이해하는 데 큰 도움을 준다. 최근 서울시의 정비 사업이 원활하게 추진되지 못하는 결정적 이유가 바로 건축비 상승에 따른 수익성 악화에 있기 때문이다. 건축비 상승이 얼마나 심각한 문제를 일으키는지, 다음 사례를 통해 살펴보자.[7]

* 종전의 도로를 유지하면서 소규모로 주거 환경을 개선하는 사업으로, 일종의 소형 재개발 사업을 말한다.

수도권 초역세권 이면에 위치한 번듯한 건물이 50억 원에 매물로 나왔다. 연면적이 약 800평이니, 한 평당 가격은 630만 원 안팎으로 계산되는 셈이다. 임차인들도 우량하고 임대 수익률도 나쁘지 않았지만, 매수를 포기했다.

왜냐하면 연면적 800평에 건축비 1,100만 원 그리고 감가상각 등을 감안하면, 이 건물은 토지 가치가 마이너스인 셈이었기 때문이다. 건물 가격은 토지 가격에 (감가상각을 반영한) 건축비로 계산되는 데, 최근의 가파른 건축비 상승을 감안할 때 토지는 서비스로 주는 셈이었다. 따라서 이 일대의 건물들은 재건축이 불가능한 상태로 낡아 갈 가능성이 높다는 결론이었다.

아무도 새로 건물을 짓지 않고 무너지기 직전의 상태로 주변 환경이 유지되는데, 미래에도 임차인들이 이 건물을 선택할 것인지 의문이 들었다. 앞으로 이 건물의 공실 위험이 커지고 임대 수익률이 계속 떨어질 수 있는데, 굳이 큰돈을 들여 이 건물을 매입할 이유를 찾기 힘들었다.

이 사례가 잘 보여주듯, 앞으로 재건축, 재개발 등의 정비 사업이 신속하게 추진되기 위해서는 토지 가격이 매우 비싸야만 한다. 그런데 이렇게 토지 가격이 충분히 비싸서 정비 사업을 추진하려 할 때, 조합원의 열의를 꺾는 장벽이 하나 있다. 바로 분양가 상한제다.

2025년 하반기에 분양이 이뤄진 강남의 아파트 청약에 '만점 통장'이 출현한 것이 화제가 되었다.[8] 전용 면적 74제곱미터에 만점 통장이 사용되었는데, 그 점수가 84점이었다. 84점을 달성하려면 부양가족이 6명 이상이면서, 무주택 기간이 15년, 그리고 청약 통장 가입 기간이 15년 이상이어야 한다. 고이 간직한 청약 통장을 이 아파트에 사용한 이유는 13억 원 이상에 달하는 시세 차익이 기대되기 때문이었다. 강남 3구와 용산구를 대상으로 이른바 '분양가 상한제'가 적용되고 있었기에, 주변 아파트에 비해 훨씬 싸게 분양 가격이 책정되었다. 물론 6억 이상의 주택 담보 대출이 금지된 상황이기에, 이 사람은 대출 없이 10억 가까운 돈을 마련할 수 있는 재력가라 할 수 있다.·

오랜 기간 무주택자 지위를 유지한 부유한 가계를 대상으로 로또 당첨에 준하는 행운을 제공하는 게 정당한 일일까? 더 나아가 오랜 기간 낡은 아파트를 보유하며 재건축을 기다린 조합원들은 행운아를 보면서 어떤 생각을 할까? 필자라면 이런 제도하에서 굳이 재건축을 추진할 이유를 찾지 못할 것 같다. 더 나아가 공사비는 상승하는데, 일반 분양되는 주택의 분양가는 억제되는 판이니, 자칫하면 거액의 분담금을 물어야 할 가능성이 높다. 따라서 현재와 같은 건축비 상승과 분양가 상한제 환경하에서는 정비

· 만점 통장이 등장한 잠실르엘아파트의 평(3.3제곱미터)당 분양가는 6,104만 원으로, 77제곱미터의 분양 가격은 약 14.2억 원이다. 여기에 각종 옵션 등을 추가할 경우 15억 원 이상의 비용이 든다.

사업이 신속하게 추진될 가능성이 매우 낮다.

그럼 어떤 대안이 있을까? 가장 어렵지만 확실한 방법은 용적률 제한을 푸는 것이다. 용적률 제한을 풀면 동일 면적에 더 많은 집을 지을 수 있기에, 정비 사업 수익성이 크게 개선된다. 〈그림 20-2〉는 서울시 주거 지역 용적률의 변화를 보여 주는데, 1990년을 기점으로 큰 변화가 출현했다.[9] 1990년대 초반 1기 신도시 건설이 시작될 때 주택 부족 문제를 풀기 위해 정부가 용적률을 크게 높였던 것이다. 하지만 1998년부터는 용적률을 현재 수준(250%)으로 인하했다. 10만 가구 이상의 미분양이 쌓인 가운데, 한보나 한양 등 유명 건설사의 부도 사태가 발생했기 때문이다. 정부로서는 공급 과잉이 심한 상황에서 굳이 용적률 혜택을 제공할 필요가 없다고 생각한 것이다.

　외환 위기 때와 달리 서울을 중심으로 한 핵심 지역 주택 공급

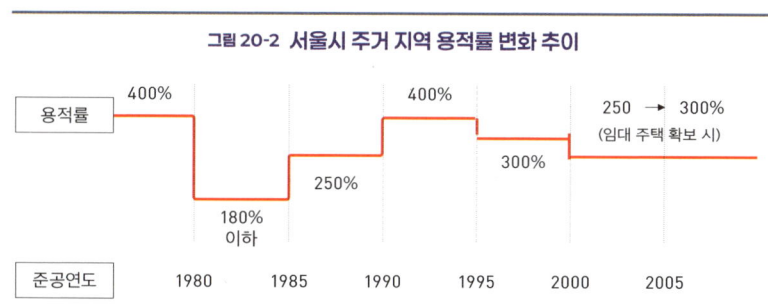

그림 20-2 서울시 주거 지역 용적률 변화 추이

용적률　400%　180% 이하　250%　400%　300%　250 → 300% (임대 주택 확보 시)

준공연도　1980　1985　1990　1995　2000　2005

출처1: 현대산업개발.
출처2: 하우스플래너 브런치(2019. 10. 05.), 리모델링 하기 좋은 단독주택의 3가지 조건.

이 끝없는 부진의 늪에 빠진 만큼, 현재는 용적률 상향을 충분히 고려할 만하다. 그럼에도 필자는 용적률이 상향될 거라는 기대가 별로 없다. 왜냐하면 최근 서울시가 잠실5단지 조합에 '임대 주택을 한강이 보이는 가장 좋은 동에 배치'하라고 요구하는 등, 투자자들에게 불이익을 주려는 생각을 노골적으로 드러내고 있기 때문이다.[10] 이는 용적률 상향에 따른 추가 세대 공급에 대한 저항감을 부추기는 원인이 될 수 있다.

이런 현상은 선진국도 마찬가지다. 〈뉴욕 타임스〉가 올린 흥미로운 동영상을 보면, 나름 진보적이라는 민주당 지지 지역일수록 님비NIMBY 현상*이 심각하다는 것을 알 수 있다.[11] 영상에서는 애플Apple 본사가 위치한 팔로 알토Palo Alto 지역의 토지 대부분이 저층의 단독 주택으로 구성되어 있어 심각한 주택난을 겪고 있음에도, 시의회가 새로운 토지 개발 계획을 일절 허용하지 않는다는 이야기를 전한다. 토지 개발을 극렬히 반대하는 이유는 '주택 공급 확대가 부동산 가격 하락을 유발할 것'이라는 우려 때문이다.

서울시 용적률이 20년 넘게 낮은 수준을 유지한 데에는 일종의 님비 문제가 개입된 것으로 보인다. 주택 가격을 안정화하라고 요구하지만, 막상 주택 공급을 늘리는 정책에 대해서는 강한 반감을 보이니 말이다. 서울의 주택 소유율이 2023년에 단 48.3%에

• "내 뒷마당에는 안 된다(Not in my back yard)."라는 뜻으로 쓰레기 소각장이나 교도소 등 혐오 시설이 필요하다는 것은 인정하지만, 자기가 사는 지역에 들어서는 것은 반대하는 지역 이기주의를 뜻한다.

불과하다는 점에서, 주택 소유자들이 아닌 경제 전체의 효용을 극대화하는 방향으로 정책이 수정되기를 바라는 마음이 간절하다.[12]

아파트 용적률 상향 외에 다른 대안은 없을까? 남은 대안은 다세대 주택에 대한 규제를 완화하는 것이다. 2022년 서울과 인천 등 수도권을 중심으로 대규모 전세 사기 사건이 발생하면서, 다세대 주택의 건설이 급격히 줄어들었다. 2012~2021년 동안 서울에 연평균 3.4만 가구의 다세대 주택이 지어졌지만, 2023년과 2024년에는 각각 0.3만 호에 그쳤으니 말이다.[13] 더 나아가 전세 대출 규제가 계속 강화되고 있는 만큼, 2025년 이후에도 다세대 주택 공급이 늘어나기는 쉽지 않은 상황이다.[14]

이런 상황을 타개할 해법은 결국 '주차장 규제' 완화뿐이다. 소규모 주택 공급은 주차 기준 변화에 민감하게 반응하기 때문이다. 1984년부터 2015년까지 32년간 다가구·다세대 주택 허가 면적이 급격히 증가했던 시기는 1989~1993년, 1999~2002년이었다. 전자는 다가구 주택을 합법화하고 필로티 주차장을 연면적에서 제외한 시기였다. 후자는 다가구·다세대 주택의 주차 대수 규제를 완화했던 시기였다.[15]

물론 다세대 주택이 밀집한 지역의 주차난 등을 감안할 때, 주차장 규제 완화도 쉽지 않다. 각 지방 자치 단체가 주차장을 갖지 못한 차량 등록을 금지하는 등 차량 소유에 대한 강력한 규제를 도입하거나, 다세대 밀집 주택 지역에 저렴한 비용으로 공영 주차장을 건설하는 것도 고려할 만한 대안임이 분명하다. 그러나 앞의 용적률 완화 사례에서 보듯, 다세대 주택 밀집 지역에 대규모 재정을 투입하는 것에 대한 저항감도 분명히 존재하리라 생각된다.

결론적으로 서울의 집값을 잡고 싶다면 아파트 용적률 상향 혹은 다세대 주택 주차장 규제 완화와 같은 강력한 대책이 나오지 않으면 안 된다는 이야기다. 부디 많은 독자분이 이 점을 잘 살펴 투자하기를 바라는 마음이다.

🏢 요약 및 교훈

서울 주택 가격, 특히 아파트의 독주 현상이 2024년 말부터 시작되었다. 만성적인 주택 공급 부족과 저금리 환경 등이 서울 아파트 가격 급등의 주된 원인으로 제기된다. 특히 고환율 덕분에 수출 기업 근로자와 주주의 미래 소득 전망이 개선된 것도 큰 영향을 미친 것으로 보인다. 이 상황을 타개하기 위해 정부가 다양한 정책을 펼치고 있지만, 아파트 용적률 상향이나 다세대 주택 주차장 규제 완화처럼 강력한 대책이 없는 한 신속한 주택 공급의 확대는 쉽지 않을 듯하다.

아름답고 친환경적인 도시의 미래, 도쿄를 보라!

21장

책을 마무리할 무렵 도쿄를 방문했다. 급하지 않은 일은 "해외에 있다."라는 말로 해결되는 데다, 도쿄에 방문하고 싶은 핫 플레이스가 많아 지루할 틈이 없기 때문이다. 특히 조경과 인테리어가 아름다운 카페에서 책을 쓰면, 기분 좋게 집중할 수 있다는 것도 빼놓을 수 없는 요인이다.

도쿄에서 가장 좋아하는 지역은 미나토南港구로, 시작점은 오쿠라大倉 호텔이다. 미국 대사관 건너편에 자리 잡은 오쿠라 호텔은 숙박비가 비싼 특1급 호텔이지만, 길 어귀부터 호텔 입구까지 아름다운 산책로가 정비되어 있어, 아침 일찍 일어날 때면 방문하곤 한다. 오쿠라 호텔을 넘어 서남쪽으로 완만한 고갯길을 걷다 보면 스웨덴 대사관과 스페인 대사관을 거쳐 아자부다이 힐스에

도착한다. 아자부다이 힐스에서 다시 동쪽으로 조금만 걸어가면 도라노몬 힐스虎ノ門ヒルズ에 이르는데, 아름다운 건물은 물론 다양한 먹거리를 즐길 수 있다. 도라노몬 힐스의 맛집인 사와무라 베이커리澤村ベーカリー는 아침 7시 반부터 문을 여는 데다 가격도 합리적이라 도쿄를 방문할 때마다 들르게 된다.

오쿠라 호텔-아자부다이 힐스-도라노몬 힐스 다음으로 좋아하는 곳은 도쿄역 뒤편에 위치한 미드타운 야에스ミッドタウン八重洲다. 이곳을 좋아하는 이유는 건물이 아름답기 때문인데, 현대식의 멋진 외양뿐만 아니라, 흥미로운 스토리가 함께 한다. 이 빌딩은 재개발을 통해 들어섰는데, 흥미롭게도 최고층에는 불가리Bulgari 호텔이 있고, 1~4층에는 초등학교가 있다.[1]

원래 이 자리에는 초등학교가 자리하고 있었다. 학교 측은 부지를 제공하는 대가로 빌딩 내 공간을 제공받았다. 이곳의 개발 프로젝트를 맡았던 미쓰이三井 부동산 측은 "고층 건물에서 운영되는 최초의 공립 교육 기관"이라고 설명했다.[2] 일본에서 보통의 초등학교 건물은 저층으로 건설하게 정해져 있지만, 도심 재개발을 위해 기존의 건축 규제를 조정하면서 학교와 비즈니스 그리고 쇼핑이 함께하는 핫 플레이스가 될 수 있었다. 당장 필자 같은 외국인 관광객마저 명성을 듣고 찾아갈 정도이니, 모객 효과가 얼마나 큰지 짐작할 수 있다.

도쿄가 옛날부터 멋진 외관을 갖춘 것은 아니었다. 1960년대부터 1990년대까지는 이른바 '열도 개조'의 시대였다. 1962년에

그림 21-1 미드타운 야에스의 주오구립 조토中央區立城東 초등학교

출처: 홍춘욱(2025).

'국토 균형 발전' 목표를 설정했고, 1972년 다나카 가쿠에이田中角榮 총리가 '열도 개조론'을 펼치면서 26개의 테크노폴리스와 42개의 리조트 지역을 지정하기에 이르렀다. 2000년대 초반 신혼 시절에 즐겨 찾았던 나가사키長崎의 아름다운 테마파크 하우스텐보스ハウ ステンボス도 이 과정에서 만들어졌다. 그러나 이와 같은 지역 분산 정책은 많은 부작용을 낳았다. 무엇보다 1990년대부터 인구가 감소하면서 지역에서 대도시로 청년 인구 이동이 발생한 데다, 장기 불황으로 곳곳에 지어진 리조트 이용자 수가 급격히 감소했기 때문이다.[3]

결국 2000년대에 접어들어 일본 정부는 대대적인 정책 수정에 나섰다. 고이즈미 총리는 2001년 '도시 재생 본부'를 설치해 이른바 '컴팩트 시티'를 만드는 방향으로 정책을 전환하기에 이르렀다.[4] 특히 1999년부터 장기 집권한 이시하라 신타로石原愼太郎 도쿄도시사는 "인구 감소 시대에 사회적 활력을 유지하고 국제 경쟁력을 확보하기 위해 도쿄 메갈로폴리스 전체 기능을 발휘하는 게 중요하다."라고 선언함으로써 새로운 전기를 열었다.[5] 이시 하라 도지사는 문화·교류 시설(숙박 시설, 미술관 등), 상업 시설(점 포 등), 생활 지원 시설 등 당국이 적극적으로 육성하려는 프로젝트에 용적률 규제를 완화하는 등 강력한 혜택을 제공했다.

정책 전환이 가져온 대표적인 결실이 2003년 완공된 롯폰기 힐스六本木ヒルズ다. 이른바 '힐스' 시리즈 건축을 주도하고 있는 모리森 빌딩 그룹은 1960년대 고도 경제 성장기에 만들어진 도쿄 메

그림 21-2 도쿄 동북부 전경

출처: 홍춘욱(2025).

갈로폴리스의 문제를 해결하겠다는 야망을 품었다. 〈그림 21-2〉에 잘 나타나듯, 도쿄 동북부 일대는 끝없는 평지인 데다 스카이트리スカイツリー 타워를 제외하고는 용적률도 매우 낮은 것을 발견할 수 있다.

　시 외곽으로 끝없이 저층의 주택 단지가 이어진 이유는 도부東部, 케이세이京成, 케이오京王 등 민간 철도 회사의 디벨로퍼developer 들이 건설된 철도 주변에 교외형 뉴타운을 개발했기 때문이다.[6]

•　토지 매입, 상품 기획, 시공, 분양, 사후 관리까지 부동산 개발의 전 과정을 총괄하는 전문가.

이를 '스프롤sprawl 현상'이라고 부르는데, 대도시와 그 교외 지역이 농촌 지역으로 무질서하게 퍼져 나가는 것을 지칭한다. 도시가 성장하면서 인구 밀도가 높아지고 부동산 가격이 상승하는 과정에서, 상대적으로 저렴한 외곽 지역으로 인구가 이동하는 것은 어찌 보면 당연한 일이다. 그러나 도심에 일자리가 집중되었는데, 주거지가 멀리 떨어진 단독 주택이다 보니, '지옥철'이라 불리는 출근길에 귀중한 시간과 체력을 빼앗기는 도시가 된 꼴이다.

1990년대 모리 빌딩 그룹이 대규모 프로젝트를 추진하게 된 두 번째 배경은 주요 임차인의 변화였다. 과거에는 도심 오피스 대부분을 금융 회사와 전통적인 제조 업체가 차지했지만, 1990년대 후반부터 소프트뱅크ソフトバンク를 비롯한 정보 통신 산업의 비중이 급격히 높아졌다. 특히 정보 통신 산업 종사자들은 잘 교육받은 젊은이였기에, 이른바 '뜨는 지역'의 멋진 건물에 집중되는 경향이 있었다. 필자가 2022년 가을에 '프리즘 투자자문'을 창업한 후, 한 번도 강남 테헤란로를 벗어나지 않은 이유가 여기에 있다. 능력 있는 컴퓨터 전문가를 채용할 때, 가장 중요한 것은 기업의 이름값과 연봉 수준이겠지만, 그다음으로 중요한 것은 근무지의 위치라는 점을 잊어서는 안 된다.

여기에 정부의 컴팩트 시티 정책까지 가세하자, 모리 빌딩 그룹은 새로운 유형의 복합 시설을 성공적으로 런칭할 수 있었다. 모리 빌딩 그룹이 건설한 힐스 시리즈를 방문하면 직주 근접이 어떤 것인지를 명확하게 알 수 있다. 구글Google이나 애플 그리고

딜로이트Deloitte 같은 글로벌 기업의 도쿄 본사가 자리하고 있을 뿐만 아니라, 명문 대학 병원은 물론, 국제 학교까지 입주해 있다. 일본의 부유층도 힐스 시리즈의 매력에 흠뻑 빠져, 아자부다이 힐스에 있는 고급 주택인 아만 레지던스 도쿄アマンレジデンス東京의 평균 분양가는 20억 엔이었음에도 전량 다 팔렸고, 펜트하우스는 200억 엔을 호가한다.[7]

힐스 시리즈의 대성공은 미쓰비시三菱 그룹 등 기존 디벨로퍼들에 강한 자극을 주었다. 미쓰비시 그룹은 도쿄 치요다千代田구 도쿄역과 교코皇居 사이에 위치한 마루노우치丸の內 지역 일대의 70%에 달하는 토지를 보유하고 있었는데, 건축물의 최고 높이를 31미터로 정한 규제 때문에 돌파구를 찾지 못하고 있었다.[8] 필자가 산책길로 선호하는 미나토구를 한국의 강남으로 볼 수 있다면, 마루노우치는 광화문 – 을지로 일대의 오피스 밀집 지대라고 볼 수 있다. 광화문과 을지로 그리고 소공동 일대에 신한은행과 한국은행 본점 건물이 있는 것처럼, 마루노우치에는 일본의 3대 은행 본사가 위치하고 있다.

고이즈미 정부는 도쿄역 등 근대 건축물의 원형을 유지하고 보전한다는 조건으로 마루노우치 지역의 고도 제한을 해제했고, 이 덕분에 발전의 계기가 마련되었다. 미쓰비시 그룹은 도쿄역에서 마루노우치로 이어지는 길을 사람들이 걷기 좋게 만드는 한편, 매력적인 쇼핑몰을 건설함으로써 사람들의 체류 시간을 늘리는 전략을 펼쳤다. 그 결과 지요다千代田구의 인구는 1995년 3만

4,780명에서 2024년에는 6만 8,637명으로 급증했다.

미쓰비시 그룹의 마루노우치 개발에 맞서, 미쓰이 그룹은 도쿄역 동쪽 편인 긴자銀座-신바시新橋 일대를 적극적으로 개발했다. 필자가 방문하여 감탄했던 미드타운 야에스 빌딩이 바로 미쓰이의 작품이다. 초등학교를 1~4층에 넣은 빌딩에 이어, 1층에 신사神社를 둔 거대 건물도 쉽게 목격할 수 있었다. 디벨로퍼 간의 경쟁을 독려하고 창의적인 디자인을 수용하는 문화가 자리 잡은 결과라 생각되어 부럽기 한이 없다.

물론 "도심에 거대 유리 건물을 짓는 것은 환경 낭비"라고 비판하는 이들도 있다. 건물 외벽을 창문으로 둘러싸는, 이른바 커튼 월curtain wall 공법이 빛 반사를 유발하고 단열에 불리하다는 점은 분명한 사실이다. 그러나 대도시가 환경 문제에 있어 압도적인 강점을 지닌다는 사실을 잊어서는 안 된다.[9]

동료 매튜 칸과 나(하버드대학교 글레이저 교수)는 미국 전역에서 신축 주택의 탄소 인벤토리(=온실가스 배출량)를 종합해 봤다. 우리는 미국 여러 지역에서 일반 주택을 신축할 때 배출되는 탄소의 양을 확인하고 싶었기 때문에, 주로 지난 20년 동안 지어진 집들을 기초로 추산했다. (…)

미국의 각 가정에서는 연평균 3,800리터의 연료를 사용하는데, 여기서 10톤 정도의 이산화탄소가 배출된다. (…) 자동차는 1리터로 평균 9.3킬로미터를 움직이는데, 중요한 차

그림 21-3 **도라노몬 고토히라**虎ノ門金刀比羅宮 **타워**

출처: 홍춘욱(2025).

이는 연간 500킬로미터를 운전하느냐, 아니면 5만 킬로미터를 운전하느냐에 따라 생기고, 이것은 여러분이 도시나 교외 중 어디에 사느냐에 따라 다르다.

칸과 나는 거주지 인구 밀도와 도시 중심과의 거리가 휘발유 사용량과 강력하게 연관되어 있다는 것을 발견했다.

(…) 인구 밀도가 높은 지역에 사는 사람은 출퇴근 때 차를 이용하더라도 전반적으로 더 짧게 이동하고, 더 적은 연료를 소비할 것이다.

대중교통도 탄소를 배출하지만, 대부분의 대중교통은 자가용보다 훨씬 더 에너지 효율적이다. (…) 대도시에 사는 사람은 운전을 덜 한다. 인구가 두 배 늘어나면, 운전으로 인한 가구당 이산화탄소 배출량은 연평균 1톤 가까이 감소한다.

글레이저 교수는 버스에 주목했지만, 지하철을 주로 이용하는 도쿄나 서울은 탄소 발자국이 더 낮을 것이라 생각된다. 특히 모리 빌딩 그룹 등 상당수 디벨로퍼들은 친환경 건축을 위해 노력을 아끼지 않고 있다. 건물 외벽에 붙어 자라는 나무 조경을 조성하는 등 녹색 환경을 만드는 건물들을 도쿄 곳곳에서 쉽게 볼 수 있다.

이상과 같은 일본 도쿄의 성공 사례는 한국에 큰 교훈을 제공한다. 용적률을 억제하면서 서울 외곽에 신도시를 건설하는 정책이 앞으로도 유효한지 검토해 볼 필요가 있다는 이야기다. 인구가 계속 줄어들고 지방 소멸이 가속화되는데, 지방 균형 발전 계획이 제대로 작용할 가능성은 매우 낮다. 더 나아가 제때 광역 교통망도 건설하지 못하는 환경에서 서울 주변에 끝없이 신도시를 공급하면, 발생하게 될 환경 비용 문제도 심각하다는 점을 상기해야 한다. 최근 경기연구원에서 발간한 '경기도 철도역 환승 주차장 연계 이용 개선 연구'에 따르면, 수원(4.0%), 고양(3.0%), 용인(5.4%) 등 인구 100만이 넘는 도시의 철도 수송 분담률이 최하위권인 것으로 나타났다. 따라서 '친환경 디자인' 같은 헛된 구호만 외칠 게 아니라, 2000년대 일본 고이즈미 정부처럼 근본적으로 도시 개발 정책을 전환할 시점이 왔다고 판단된다.

> ### 🏅 요약 및 교훈
>
> 도쿄의 신축 빌딩은 탄성을 자아내는 일종의 소도시로 진화하고 있다. 미드타운 야에스나 아자부다이 힐스 같은 거대 복합 건물들은 오피스 기능뿐만 아니라, 쇼핑부터 교육에 이르는 다양한 활동을 편리하게 제공함으로써 '직주 근접'이 어떤 것인지를 명확하게 보여 주고 있다. 특히 이 건물들은 친환경 건축물로 큰 명성을 얻고 있을 뿐만 아니라, 탄소 발자국을 줄이는 데도 기여하는 것으로 판단된다. 게다가 필자 같은 외국인 관광객의 방문을 유발해 강력한 경제 성장의 효과도 가져오는 중이다. 1989년 1기 신도시 건설 이후 35년간 한국은 지속적인 신도시 건설 정책을 펼치고 있다. 그러나 신도시 건설은 환경 문제를 유발할 뿐만 아니라, 기나긴 통근 시간을 낳는다는 점을 잊지 말자. 도심을 고밀도로 개발함으로써, 환경 비용을 줄이는 한편, 통근 시간을 단축해 '저녁이 있는 삶'을 만드는 대안에 대해서도 한 번쯤 고민이 필요한 때다.

조선 시대의 경제 성장과
돈 가뭄 이야기

18세기 조선은 심각한 돈 가뭄, 즉 전황錢荒으로 고통받았다. 전황이란 화폐 부족으로 인해 물건 값이 떨어지는 현상을 말한다. 전황이 발생하는 가장 직접적인 이유는 경제 규모의 팽창에서 찾을 수 있다. 1592년 임진왜란부터 1672년까지 조선은 말 못 할 고통을 겪었다. 전쟁으로 전 국토가 황폐해진 것은 물론, 1670년부터 약 2년에 걸쳐 경신 대기근庚戌辛亥大飢饉을 겪었기 때문이다. 경술년에는 냉해와 가뭄이 덮쳐 대부분 지역에서 모내기를 할 수 없었고, 그다음 해(신해년)에는 병충해와 태풍까지 엄습해 식인 사건이 발생할 정도였다.[1] 14세기 유럽이 흑사병 유행으로 인구가 급격히 줄어든 것처럼, 18세기 조선도 심각한 인구 감소를 경험했던 것이다. 이때 얼마나 많은 인명이 손실을 입었는지 정확하게 알 수는 없지만, 대략 100만 명 내외의 인구 감소를 겪은 것으로 추산된다.[2]

그런데 전근대 사회에서 인구 감소는 새로운 호황으로 연결되곤 한다. 왜냐하면 1인당 토지 면적이 늘어난 데다, 높아진 식료품 가격으로 인해 농가의 형편이 개선되기 때문이다. 18세기 들어 기후 충격이 완화되는 가운데 모내기로 농업 생산성이 개선되자, 경제 전반에서 쌀값이 내려가기 시작했다. 그런데 이 흐름에 기름을 끼얹은 것이 바로 화폐 공급 부족 사태였다.[3] 숙종 때 발행한 상평통보 이후 조선의 화폐는 동銅으로 제작되었는데, 소극적인 광업 개발 정책으로 생산이 매우 저조했고, 일본으로부터의 수입도 여의치 않았기 때문이다.[4]

경제가 성장하면서 화폐 수요가 늘어나는데, 이때 화폐 공급이 부족하면 마치 사람이 많은 피를 흘려 빈사 상태에 빠져드는 것처럼 심각한 문제가 발생한다. 1990년 이후 일본 경제가 장기간에 걸친 물가 하락 속에 심각한 불황을 겪은 것을 떠올리면 좋을 것이다. 디플레가 발생하면 현금을 보유하는 것이 이익이 되기에 소비가 위축되며, 돈이 유통되지 않기에 기업의 투자도 어려움을 겪는다. 특히 경제 활동의 위축으로 인해 정부의 세금 수입이 급격히 축소된다. 또한 조선 정부는 화폐 발행을 통해 막대한 주조 차익을 얻었기에, 화폐 발행 축소는 곧 재정 위기로 연결되는 구조로 되어 있었다.

분업이 너희를 자유롭게 하리라

1776년 3월 8일, 제임스 와트James Watt는 세상에 증기 기관을 선보였고, 다음 날 또 다른 스코틀랜드 사람인 애덤 스미스Adam Smith는 경제학의 기초가 될 저서《국부론》을 출간했다.[1]

《국부론》은 핀 공장을 묘사하는 이야기로 시작한다. 스미스에 따르면 한 사람이 하루에 핀을 20개 만들 수 있고, 따라서 같은 수준의 사람 열 명은 하루에 핀을 200개 만들 수 있다고 한다. 그런데 제조 공정을 18개로 나누었더니 열 명이 하루에 핀을 48,000개 만들 수 있었다고 한다. 분업으로 생산성이 2,400배나 늘어난 것이다.

또한 스미스는 시장 체제에서 겉보기에 이기적으로 보이는 개인의 행동이 사회 전체에 이익이 될 수 있다고 설명했다. "우리가 저녁 식사를 기대하는 것은 정육점 주인이나 양조업자 혹은 제빵업자의 자비심 때문이 아니라, 그들이 자신의 이익을 추구하기 때문이다." 이 말에서 알 수 있듯이 시장은 강력한 조정 기능을 수행한다. 통제 경제보다 자본주의 경제에서 고기, 맥주, 빵이 부족한 상황이 덜 일어나는 이유가 바로 여기에 있다. 그는 이러한 시장의 힘을 '보이지 않는 손invisible hand'에 비유했다.

분업의 효과는 개인뿐만 아니라, 국가 규모에서 더욱더 커진다. 위대한 경제학자 데이비드 리카도David Ricardo가 주장한 비교 우위는 두 국가가 서로 교역할 때 양쪽 모두 이익을 얻을 수 있다는 원리를 보여 준다.[2] 무역을 성립하게 하는 것은 '차이'다. 국가들이 서로 다른 기후에서 농작물을 재배하고, 특정 산업에 특화하며, 임금 수준의 차이로 인해 노동 집약적인 상품을 더 저렴하게 제조할 수 있기 때문에 교역이 이루어진다.

19세기 말 조선은 절대적인 경쟁력이 다른 나라에 비해 열위에 있었지만, 상대적인 부분에서는 얼마든지 경쟁력을 지니고 있었다. 개항 이후 가파른 경제 발전을 이룩한 일본은 점점 농업 생산량이 줄어들고 있었지만, 경지 면적당 수확량이 적은 조선의 농민들은 더 적은 임금을 받기에 충분히 수출을 노려볼 여지가 있었다.

안타깝게도 1930년대, 그리고 2020년대 주요 선진국의 정책 입안자들은 이 통찰을 잊은 듯하다. 그러나 필자를 비롯한 경제학자 대부분은 "자유 무역이 세계 경제 전체의 후생을 증진한다."라고 생각하며, 앞으로 이 생각을 계속 유지할 가능성이 높은 것 같다.

일제는 토지 조사 사업으로
어떠한 이익을 얻었나?

조선 초기에 금지되었던 민간의 토지 매매가 16세기 이후 자유롭게 허용되며 양반과 관료들이 토지를 대규모로 겸병兼幷하는 현상이 두드러졌다. 이들 양반과 관료 중에는 겸병한 토지를 직접 경영하지 않고 다른 사람에게 빌려주면서 수확의 절반을 소작료로 걷는 병작반수제幷作半收制를 선택하는 경우가 있었는데, 이는 모내기의 발달로 노비를 이용한 대농장 경영이 의미를 상실했기 때문이었다.[1]

한 가지 유의해야 할 점은 조선 후기에 사적 토지 소유와 지주제가 발달했지만, 그렇다고 해서 국전제의 원리가 공식적으로 폐기된 것은 아니었다는 사실이다. 토지 소유자의 소유권도 민간이 토지 거래 시에 작성하는 문기로 보증받을 뿐이었지, 그것을 증빙하는 공적 제도는 도입되지 않았다.[2] 조선 총독부는 1910~1918년까지 2,040만 엔이라는 거금을 투입해 토지 조사 사업을 시행하며, 가장 중요한 자산인 토지의 소유주가 누구인지를 확정했다.[3] 참고로 조선 총독부의 1년 세출이 5,000만 엔 정도였는데, 당시 극장 일등석 입장료가 1엔이었음을 활용해 계산하면 5,000만 엔의 현재 가치는 대략 1조 원 내외로 볼 수 있다.

일제가 토지 조사 사업을 추진한 가장 큰 이유는 조선 후기 이래 지주 소작 제도를 발전해 온 부유한 조선인들을 식민지 통치의 동맹자로 끌어들이기 위해서였다.[4] 농지 개혁 사례에서 보듯, 지킬 것이 생긴 사람은 보수적으로 변하기 쉽지 않은가. 더 나아가 일본 경제가 제조업 중심의 경제 성장을 달성하기 위해서라도 구매력을 갖춘 소비자들을 육성할 필요가 있었다. 조선의 지주 계급은 일본 상품을 구입하고, 또 우월함을 홍보해 줄 잠재적인 고객이었던 셈이다.

또한 일물일권주의一物一權主*를 바탕으로 소유권을 확립함에 따라 숨겨진 토지가 드러난 것도 큰 이익이었다. 지세地稅는 1910년 당시 전체 세수의 66%를 차지할 정도로 조선에서 가장 중요한 세목이었다. 일제는 토지 조사 사업으로 조선의 전 국토에 대해 소유권, 지가, 지형, 지모를 조사했다. 전체 토지에 대한 정보를 정확하게 파악하면 지세 확보도 그만큼 용이해지는 법이다. 토지 조사 사업의 결과 1910년 말 240만 정보(72억 평)에 불과했던 지세

• 한 물권의 대상은 하나의 물건일 것을 요구하는 원칙으로, 물건의 일부나 여러 개의 물건에 대하여 하나의 물권이 성립할 수 없다는 원칙이다.

대상이, 1918년 7월 말에는 434만 정보(217억 평)로 무려 81%나 증가했다.

서유럽의 가족주의 문화는
왜 소멸했을까?

1950년대 이탈리아 남부에서 조선 후기 열녀문과 비슷한 현상을 발견한 인류학자 에드워드 밴필드Edward Banfield는 이를 비도덕적 가족주의amoral familism라고 지칭한 바 있다.[1] 비도덕적 가족주의자는 자신의 단기적인 물질적 이익을 극대화하며, 다른 이들도 똑같이 행동한다고 가정한다.

밴필드가 묘사하는 사회는 국방이나 교육 등의 공공 서비스가 제공되지 않고, 시민 조직이 거의 또는 전혀 없으며, 사람들이 정치에 무관심하고, 낯선 사람 사이에 신뢰가 거의 또는 전혀 존재하지 않는 곳이다. 특히 더 무서운 것은 이러한 문화 규범이 저절로 강화된다는 점이다. 자신을 포함한 모두가 비슷한 일을 저지른다면, 자신의 행태를 바꿀 동기가 전혀 없기 때문이다. 이러한 비도덕적 가족주의는 자원이 부족하고, 외적의 침입이 빈번하게 벌어지는 환경에서 강화되는 경향이 있다.

그러나 시장의 비중이 점점 더 커지고 주변과의 교역이 활발해지는 환경에서는 가족주의 문화가 성장을 저해할 가능성이 높다.[2] 그럼 시장이 부차적인 존재에 불과하던 유럽 중세에서 어떻게 가족주의 문화가 약화되고 개방적인 문화를 가진 사회가 만들어졌을까?

이 의문을 푸는 데는 로마 교회의 가족제도 해체 노력이 단서를 제공한다. 서기 5~10세기, 로마 교황은 게르만 특유의 가족주의적 문화를 파괴하기 위해 노력했다.[3] 로마 교회가 가족주의에 적대적인 입장을 취한 이유는 왕과 귀족의 권력을 제약하고 교회의 영향력을 확대하기 위함이었다.

특히 밀라노의 암브로시우스Ambrosius 주교는 로마 교회의 권력을 강화하는 데 결정적인 기여를 했다.[4] 그는 "부자는 하늘나라에 들어가기가 어렵다. 내가 다시 너희에게 말한다. 부자가 하느님 나라에 들어가는 것보다 낙타가 바늘귀로 지나가는 것이 더 쉽다."라는 예수님 말씀을 활용해, 부자가 교회를 통해 가난한 사람에게 자기 부를 내주면 정말로 천국에 들어갈 수 있다는 사고를 널리 퍼뜨렸다.

암브로시우스는 부자가 죽는 순간에 재산의 일부나 전부를 교회에 기부하기만 해도 평생을 부유하게 살면서 하늘나라로 가는 티켓을 구입할 수 있다는 식으로 관점을 바꾸었다. 자선의 교의는 천재적인 발명이었다. 서기 900년에 이르러 교회는 독일(35%), 프랑스(40%) 등 서유럽 경작지의 3분의 1 정도를 소유하게 됐다.

더 나아가 세속의 지배자들도 로마 교회의 가르침이 통치에 유리하다는 사실을 발견했다.[5] 종교는 다른 나라와의 싸움에서 집단 내 단결력을 강화할 뿐만 아니라, 사촌간 결혼을 금지하는 교의를 통해 다른 씨족 집단의 결속력을 약화할 수도 있었다.[6] 서기 596년, 현재의 프랑스와 독일 서부 일대를 통치하던 메로베우스Meroveus 왕조의 킬데베르투스 2세Childebertus II는 의붓어머니와 결혼하는 사람을 사형에 처한다고 포고했다. 교황과 프랑크족 지배자 사이의 연합은 카롤루스Carolus 왕조(751~843)까지 계속 이어졌다. 그런데 이와 같은 로마 교회의 교리는 기대하지 않았던 이점을 제공했다. 바로 맬서스 함정에 빠지지 않게 공동체를 유지할 수 있도록 한 것이다.

맬서스 함정이란 인구가 늘어나는 속도보다 농업 생산성의 향상이 느린 데에서 발생하는 빈곤의 늪을 말한다.[7] 여러 인류학자의 연구에 따르면, 1800년경 사람과 기원전 10만 년 전의 고대 인류 인골을 비교하면, 고대인의 신장이 더 큰 것으로 나타난다고 한다. 그런데 흥미로운 것은 16세기 서유럽에서 소득과 인구가 함께 성장하기 시작했다는 점이다.

서유럽 사람들이 맬서스 함정을 벗어난 데는 로마 교회의 결혼 강령 덕이 컸다. 가족 공동체가 해체되고 소가족으로 재편되는 가운데, 이른바 서유럽 결혼 문화Western European marriage pattern가 정착되었다. 서유럽 결혼 문화의 가장 큰 특징은 남성의 결혼 연령이 늦어진 점이다. 대가족 시스템이 해체되는 가운데, 남성의 경제적 독립이 결혼의 조건 중 하나로 등장했기 때문이다.[8] 아내를 부양할 만한 경제력을 쌓을 때까지 결혼을 미룸에 따라 출산율이 떨어졌고, 가족을 떠나 노동자나 견습생으로 일했기에, 할아버지나 큰아버지 등 부계 가족 집단의 영향력에서 어느 정도 벗어나게 되었다.

물론 모든 가정이 핵가족을 이룬 것은 아니지만, 상당수 가정의 신부는 집안 어른의 명령에 순종하지 않고 아이를 몇 명 둘 것인지를 스스로 결정할 가능성이 높아졌다. 특히 신교와 예수회의 영향으로 교육 수준이 높아진 곳은 새로운 대안에 눈을 돌리게 되었다. 로마 교회의 가르침을 수용하기 이전에는 '낮은 교육 수준과 대가족 시스템'을 가지고 있었다면, 이제는 '높은 교육 수준과 소가족 시스템'을 선택할 여지가 생긴 것이다.[9]

교육과 소득 수준이 향상되는 가운데 서유럽과 북유럽 국가들은 18세기 말에 합계 출산율이 5명을 밑돌게 되었다.[10] 합계 출산율이란 가임 기간(15~49세) 동안 낳을 것으로 기대되는 평균 자녀 수를 의미한다. 여기에 여성의 약 20~30%가 결혼하지 않았음을 감안할 때, 실제 출산은 더 적었을 것이다. 더불어 신대륙 발견을 계기로 시작된 대규모 이민 덕분에 서유럽 일부 지역부터 맬서스 함정을 탈출할 수 있었다.

물론 이 모든 변화를 로마 교회가 의도한 것은 아니었다. 사람들이 부유해지고 개인주의적인 성향을 띠면 교회의 영향력은 장기적으로 줄어들 것이니 말이다. 실제로 유럽이나 미국 등 부유한 나라의 국민은 더는 교회를 다니지 않는 게 현실이다.[11] 세속의 권력을 누르고 교회의 영향력을 높이려는 의도를 가지고 한 행동이 의도치 않게 소규모 가족의 탄생과 가족주의의 해체를 유발한 셈이다.

개신교가 교육에
열정을 쏟은 이유는?

한국에 개신교 계열 학교가 그토록 많이 설립된 이유를 알기 위해서는 중부 유럽에 자리 잡은 프로이센Preussen의 사례를 살펴 볼 필요가 있다. 종교 개혁 이전에 프로이센 지역은 농노제의 굴레에 신음하는 저성장 지역이었다.[1] 서유럽 대부분 지역은 14세기 흑사병 충격 이후 인구가 급감하고 농노의 지위가 크게 향상되었다. 영주나 주교도 전염병을 피하지 못해 위신이 흔들린 데다, 농노에 대한 대우가 조금만 나빠져도 바로 다른 도시나 영지로 이주할 기회를 잡았기 때문이었다. 따라서 서유럽은 농노 제도가 사라지는 한편, 도시가 빠르게 발전하고, 자치 제도가 자리 잡기 시작했다.

반면 프로이센을 비롯한 동유럽 지역은 인구가 희소했기에 도시의 숫자와 영향력도 미약했다. 흑사병 이후 도시 생활은 사실상 사라졌고, 시장 기능이 위축되어 경제가 다시 자급자족 수준으로 후퇴했다. 그 결과 프로이센 영주는 서유럽에서 찾아볼 수 없을 정도로 강력한 통제력을 발휘할 수 있게 되었다.

농노제가 지배적인 영향력을 발휘하던 동유럽 지역에 프로테스탄티즘은 큰 변화를 불러왔다.[2] 마르틴 루터Martin Luther는 개인이 하느님과 개인적 관계를 발전시켜야 한다고 생각했고, 이를 위해서 남자와 여자 모두 성스러운 문서인 성경을 혼자 힘으로 읽고 해석할 수 있어야 했다. 모든 사람이 유창한 라틴어 학자가 될 수는 없기에, 성경은 독일어나 영어 등 각 지역의 언어들로 번역되기 시작했다. 그 결과 프로테스탄티즘의 영향이 큰 지역일수록 문해율이 올라갔고, 이는 다시 경제 성장을 촉진하는 결과를 가져왔다. 참고로 프로이센 지역의 영주들은 교회의 영향력을 억제하고 교회의 재산을 빼앗을 목적으로, 루터를 보호하고 신교의 가르침을 수용했는데, 이것이 뜻하지 않은 결과를 낳았던 것이다.

오늘날 세계 각지의 선교에서도 이와 동일한 양상을 발견할 수 있다.[3] 즉, 신교 계열이 우세한 지역일수록 경제 성장률이 높은 현상이 관측된 것이다. 19세기 스위스에서는 신병을 대상으로 실시한 일련의 인지 테스트에서 종교 개혁의 또 다른 영향이 발견되었다. 칼뱅교도 비중이 높은 지방 청년들이 가톨릭교 지방 출신의 청년들보다 읽기 테스트에서 고득점을 얻을 확률이 11%p 더 높았으며, 그들의 읽기 능력은 수학, 역사, 글쓰기 점수에도 영향을 미쳤다.

물론 신교만 교육에 열을 올린 것은 아니다. 최근 몇몇 학자들은 가톨릭 예수회 선교회와의 근접성이 오늘날 더 높은 학업 성취도와 높은 소득으로 연결된다는 증거를 발견했다.[4] 〈그림 V-1〉의 세로축은 현대의 문해율을 보여 주며, 가로축은 예수회 선교회와의 근접성을 나타낸다. 선교회와의 거리가 가까울수록 문해율이 높은 것을 확인할 수 있다. 예수회 선교사들은 1767년에 스페인의 예수회 추방으로 인해 스페인 본국과 남미 지역을 포함하는 식민지 전체에서 추방되었다. 그럼에도 현대까지 더 높은 교육 수준을 이루는 데 영향을 미치고 있는 셈이다.

참고로 예수회Societas Iesu는 1534년 로욜라의 이냐시오Ignacio de

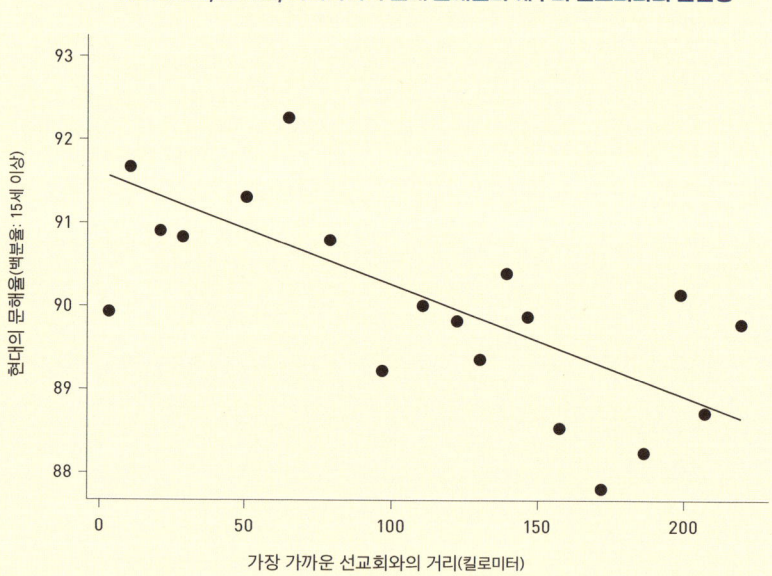

그림 V-1 아르헨티나, 브라질, 파라과이의 현대 문해율과 예수회 선교회와의 근접성

출처: 마크 코야마, 재러드 루빈(2023).

Loyola와 동료 6명의 서원*으로 시작되어, 1540년에 교황 바오로 3세Paulus PP. Ⅲ의 인가로 설립되었다. 이들은 해외 선교에 적극적이었고, 특히 고등 교육에 집중하는 특성을 보였다. 로욜라가 1556년에 사망할 때는 세계 전역에 74개의 대학을 운영할 정도였고, 한국의 서강대학교도 예수교에 의해 설립되었다.[5]

●　　신 앞에서 엄숙하게 맹세하고 소원을 빎.

금본위제란?

금본위제란 지폐가 금의 가치에 의해 보증되는 시스템이다. 정부가 발행한 지폐에 대해 신뢰가 워낙 낮아서 만들어진 제도이다 보니, 금본위제하에서는 무역 수지*가 결정적인 중요성을 지닌다.[1]

어떤 나라의 소비가 늘어나 다른 나라로부터 수입이 급격히 증가하면 무역 수지가 악화되고, 이는 결국 금의 유출(=통화 공급 감소)로 연결된다. 통화 공급이 감소하면 시장 금리가 상승하고, 이는 다시 경제 전체의 수요를 위축하는 결과를 낳는다. 물론 이 과정에서 해외 상품에 대한 수입 수요 감소로 무역 수지가 개선되며, 이는 다시 통화 공급을 늘리고 시장 금리를 떨어뜨려 경제에 활력을 불어넣는다. 즉, 금본위제는 자동적인 무역 수지 조절

• 일정 기간 동안 한 나라의 수출액과 수입액의 차이를 이르는 말로, 수출이 수입보다 많으면 무역 수지 흑자, 수입이 수출보다 많으면 무역 수지 적자가 된다.

시스템이라고 볼 수 있으며, 이때 해당 나라의 경제 상황은 중요하지 않다.

금본위제에서 중앙은행이 하는 일은 크게 두 가지 정도로 국한된다. 하나는 신뢰할 수 있는 화폐, 다시 말해 중앙은행권을 발행하여 금속 화폐가 지니고 있던 불확실성을 덜어 주는 것으로, 이것이 가장 중요한 임무다. 두 번째 임무는 경제에 충격이 발생할 때 최종 대부자lender of last resort 역할을 수행하는 것인데, 뱅크런bank run*이 발생하면 해당 은행이 보유한 자산(=우량 대출)을 담보로 돈을 대출해 주는 것이다.[2]

이 책에서는 다루지 않지만, 1929년 대공황은 미 연준이 두 번째 의무를 방기한 탓에 발생한 측면이 크다. 주식 가격이 폭락하는 가운데 강력한 디플레가 발생했건만, 금리를 신속하게 인하하고 은행에 신용 공여**를 제공하는 등의 핵심 책무를 게을리했기 때문이다. 1944년 브레턴우즈Bretton Woods 협정으로 금본위제가 부활했을 때, IMF와의 협의하에 각국이 금리와 환율을 제한적으로 조정할 수 있게 한 것도 이때의 교훈 때문이었다.

- 거래 은행에서 사람들이 한꺼번에 예금을 인출하는 현상으로, 금융 시장이 안정적이지 못하거나 거래 은행의 재정 상태가 좋지 않은 경우에 나타난다.
- ** 금융 거래에서 자기 재산을 타인에게 빌려주어 일시적으로 이용하게 하는 일.

효율 임금이란?

효율 임금이란 임금 상승에 따른 생산성 향상 현상을 지칭한다. 이 전략은 세계적인 자동차 회사 포드Ford의 창립자 헨리 포드 Henry Ford가 1913년에 고안했다. 그는 컨베이어 벨트를 활용한 혁신적인 생산 방식을 고안했지만, 강도 높은 노동에 불만을 느낀 근로자들의 이탈 때문에 골머리를 앓고 있었다.[1] 5만 명 이상의 근로자가 필요했지만, 고용된 사람은 1만 3,500명에 불과한 데다, 근로자의 평균 근속 기간이 3개월밖에 되지 않아 인사 부서에서 매일 수천 명을 뽑아야 했다.

이 문제를 해결할 목적으로 포드는 1914년에 하루 작업 시간을 9시간에서 8시간으로 줄이면서, 동시에 최저 임금을 기존의 두 배 이상인 일당 5달러로 올리도록 조처했다. 이 소식이 전해지자 겨울 아침에 수천 명의 남자들이 일자리를 얻으려고 포드 공장 주위에 모여들었다. 단, 조건이 있었다. 6개월의 수습 기간이 있었으며, 그동안 깨끗하고 검소한 가정을 이끌고 있다는 사실을 입증하지 못하면 떠나야 했다.

포드가 일당 5달러 정책을 도입한 후 근로자들의 태도가 180도 달라졌다. 근로자들이 다른 회사보다 훨씬 좋은 환경에서 일하며 안정된 가정생활을 영위할 수 있게 된 것에 감사함과 의무감을 느끼기 시작했던 것이다. 그 결과 포드사는 극적인 생산성 향상을 누리게 되었다. 포드의 1909년 생산량은 1만 대에 불과했지만, 1918년에는 66만 4,000대로 늘어난 데 이어, 1922년에는 연간 130만 대를 생산하기에 이르렀다.[2] 근로자들이 작업에 익숙해지고, 필요 없는 생산 공정을 생략하며, 생산 차질이 발생하는 공정 문제를 해결하는 과정에서 점점 1인당 생산량이 증가하는 수확체증* 현상이 나타났던 셈이다.[3]

자동차 한 대를 생산하는 데 투입되는 원가가 내려가니, 포드는 가격을 인하할 여력이 생겼다. 결국 포드의 T형 자동차 가격은 1909년 825달러에서, 1914년 440달러로 인하되고, 1922년에는 319달러까지 떨어져 자동차 대중 소비의 시대를 열게 된다.

• 생산 요소(자본, 노동 등)의 투입량을 증가할 때, 생산량이 투입량보다 더 높은 비율로 증가하는 현상을 말한다. 예를 들어 투입량을 2배로 늘렸을 때 생산량이 3배로 증가하는 경우다. 대량 생산에 따른 규모의 경제, 분업, 전문화 등으로 발생하며, 제조업에서 흔히 나타난다.

중국의 그림자 금융 규제는
왜 실시되었나?

2014년을 전후한 시진핑 정부의 정책 전환을 이해하려면, 1978년 이후 중국 경제 정책에 관한 이해가 필요하다. 중국의 최고 지도자 덩샤오핑은 집단 농장 시스템을 폐지하는 한편, 기업의 투자를 촉진할 목적으로 강력한 저금리 정책을 펼쳤다. 박정희 정부의 금융 억압 정책이 10년 정도의 시차를 두고 중국에서 부활한 셈이다.

대신 중국도 부동산 버블 문제에 봉착할 수밖에 없었다. 마이너스 실질 금리에 지친 중국 가계가 "부동산만이 유일하게 믿을 수 있는 자산"이라고 판단하여 적극적인 베팅을 했기 때문이다. 중국 정부는 주택 담보 대출을 엄격하게 규제했지만, 금융 기관들은 WMPwealth management product(자산 관리 상품)라는 새로운 상품을 발매함으로써 규제를 회피했다.[1] WMP는 일종의 투자 상품으로, WMP로 모은 자금을 부동산 개발이나 지방 정부 사업 등 고위험군에 높은 금리로 대출하여 수익을 내는 방식이다. 정부가 정한 공식 금리(1%대)보다 훨씬 높은 수익률을 제공하지만, 부실 위험이 크고 정부의 부동산 대출 규제 밖에 존재한다는 면에서 그림자 금융의 변형이라 볼 수 있다.

특히 앤트그룹Ant Group이 만든 모바일 앱 '화베이(써 봐)'와 '제베이(빌려 봐)'는 소액 대출에 특화되어 있어 정부 규제의 집중적인 타깃이 되었다.[2] 앤트그룹은 고객에게 빌려준 소액 대출 증서를 모아 자산 유동화 증권asset-backed securities, ABS을 발행하여, 이를 담보로 은행으로부터 대출을 받아 투자금을 키웠다. 대신 대출 이자율은 하루 0.04% 정도로, 연리로는 15~16%나 된다. 소액 대출을 받은 개인이 약 5억 명, 중소기업은 2,000만 개 정도에 이른다고 하니, 얼마나 거대한 규모인지 알 수 있다.

결국 시진핑 정부의 그림자 금융 규제는 부동산 버블을 억제하는 것 외에, 재벌 그룹 등 중국 공산당의 권력을 위협할 수 있는 잠재적인 경쟁자를 제거하려는 목적에서 이뤄진 셈이다.[3] 대신 WMP 등 그림자 금융에 대한 규제는 은행 창구를 이용할 수 없는 민간 기업이나 자영업자의 활동을 위축한 것은 물론, 부동산 시장의 불안정성을 더욱 키우고 말았다.[4]

용적률이란?

부동산 투자를 검토할 때는 꼭 건폐율과 용적률을 점검해야 한다. 건폐율이란 대지 면적 대비 건축할 수 있는 1층 면적의 비율로, 건설업자가 토지 100평에 60평짜리 단층 건물을 올린다면 건폐율은 60%(=60평/100평*100)가 된다. 도시 지역 제1종 및 제2종 주거 전용 지역의 한계 건폐율이 60%라는 점을 꼭 기억해 두자.

다음으로 용적률이란 대지 면적 대비 지상층 면적의 합계 비율을 나타낸다. 건설업자가 토지 100평에 60평짜리 건물을 3층까지 짓는다면, 지상층 면적 합계는 180평이 되니 용적률은 180%(=180평/100평*100)가 된다. (이때 건폐율은 단층과 마찬가지로 60%이다) 제1종 일반 주거 지역의 최대 용적률은 200%, 제2종은 250%, 제3종은 300%라는 점을 꼭 기억해 두어야 한다. 참고로 준공업 지역인 경우 최대 용적률은 400%다. 물론 이는 법적인 상한선에 불과하다. 서울시는 제2종 일반 주거 지역의 최대 용적률

표 IX-1 용도지역별 건폐율과 용적률

용도지역			건폐율(%)	용적률(%)	비고
도시 지역	주거 지역	제1종 전용 주거 지역	50	50-100	시가화 지역
		제2종 전용 주거 지역	50	100-150	
		제1종 일반 주거 지역	60	100-200	
		제2종 일반 주거 지역	60	100-250	
		제3종 일반 주거 지역	50	100-300	
		준주거 지역	70	200-500	
	상업 지역	중심 상업 지역	90	200-1,500	
		일반 상업 지역	80	200-1,300	
		근린 상업 지역	70	200-900	
		유통 상업 지역	80	200-1,100	
	공업 지역	전용 공업 지역	70	150-300	
		일반 공업 지역		150-350	
		준공업 지역		150-400	
	녹지 지역	자연 녹지 지역	20	50-100	비시가화 지역
		생산 녹지 지역		50-100	
		보전 녹지 지역		50-80	
비도시 지역	관리 지역	계획 관리 지역	40	50-100	
		생산 관리 지역	20	50-80	
		보전 관리 지역	20	50-80	
	농림 지역		20	50-80	
	자연 환경 보전 지역		20	50-80	

출처: 국토계획법 시행령 제 85조.

용적률이란?

을 200%, 3종은 250%로 규제하는 조례를 적용하다, 2025년에야 각각 50%p 상향했다.[1]

조선 시대 한양은 궁궐을 제외하고는 죄다 1층으로 지어진 도시였기에, 건폐율과 용적률이 동일했다. 이런 풍경이 나타난 이유는 예법禮法이 이층집을 금지했기 때문으로, 도시는 낮은 갈색 지붕의 바다 같은 풍경을 만들어 냈다.[2] 1904년 서울 인구는 25만 명에 불과했지만, 1955년 157만 명, 그리고 1970년 552만 명으로 늘어나며 용적률을 높이기 위한 시도가 나타났다. 그러나 2016년 서울의 평균 용적률은 145%에 불과하다고 한다.[3]

마지막으로 사례 분석인데, 아시아공원을 끼고 있는 아시아선수촌 아파트의 용적률은 152%에 불과하다. 만일 용적률 300%를 적용받는다면 이른바 '1+1 재건축'도 가능할 수 있어, 재건축 사업성이 매우 높은 것으로 평가받는다.

그림 IX-1 아시아선수촌 아파트 용적률

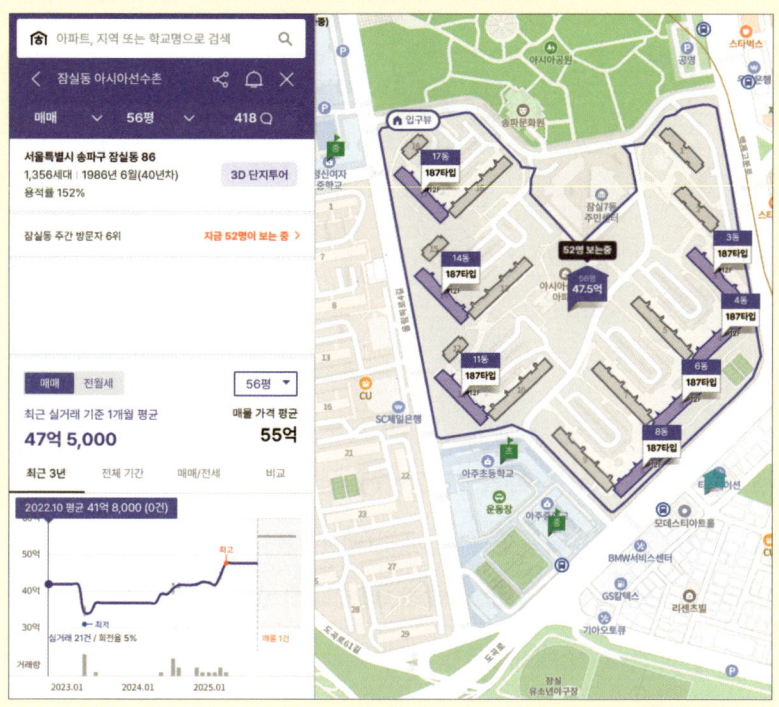

출처: https://hogangnono.com

콜 옵션이란?

콜 옵션call option이란 특정 자산(여기서는 주택)을 미래의 특정 시점 또는 그 이전에 미리 정해진 가격(행사 가격)으로 매수할 수 있는 '권리'를 말한다. 콜 옵션의 가치는 주택의 미래 가격 변화 방향에 따라 달라진다. 미래에 가격 상승 가능성이 낮다면 콜 옵션의 가치는 0으로 수렴할 것이고, 이때 갭(=주택 가격-전세 가격)은 극도로 좁혀질 것이다.

이제 콜 옵션의 가치 변화를 밭떼기*로 살펴보자. 평창의 배추밭에 1만 포기의 배추가 심겨 있는데, 서울 청과물 도매상이 와서 한 포기당 1,000원에 밭떼기한다고 가정해 보자. 도매상이 밭떼기하는 이유는 기상 이변으로 배추 파동이 발생해 한 포기에 1만원 이상으로 배춧값이 급등하는 위험을 대비하고 싶기 때문이다.[1]

---

* 밭에서 나는 작물을 밭에 나 있는 채로 몽땅 사는 일.

반대로 김장철을 앞둔 수확기에 태풍이 하나도 올라오지 않아 공급 과잉으로 배춧값이 폭락하면 포기당 1,000원(=1,000만 원)을 포기하면 그만이다. 공급 과잉이 심할 때 평창을 방문하면 배추가 썩어 가는 냄새로 숨이 막힐 지경이다. 도매상들은 배추를 수확해 농수산물 시장에 옮겨 팔더라도, 배추를 팔아 얻는 수익이 수확하는 데 드는 비용을 넘지 못할 것이라고 판단하기에 이런 행동을 종종 한다.

이상의 사례에서 보듯, 콜 옵션의 가치는 크게 두 가지 요인에 따라 결정된다. 하나는 밭떼기 계약을 하는 시점의 청과물 시장 가격, 그리고 두 번째는 기후 변화 위험이다. 이를 부동산에 적용해 보자. 주변 집값이 상승하는 중이라면 갭이 커질 것이며, 미래에 집값을 인상시킬 호재(=금리 인하, 지하철 개통 등)도 갭을 키울 요인으로 작용할 것이다.

필자의 고향인 대구 남구에 가면 갭이 수천만 원 혹은 수백만 원에 불과한 집을 얼마든지 구할 수 있다. 집이 매우 낡았지만, 인구 소멸 위험 지역으로 지정될 정도로 노령화가 심하기 때문이다.[2] 반대로 미래에 주택 가격이 상승할 잠재력이 높은 주택의 갭은 수억 원 혹은 십수억 원을 넘어가기도 한다. 이 사례에서 알 수 있듯, 갭은 변동성이 매우 크다. 현재의 주택 시장 동향은 물론, 미래의 가격 상승 잠재력이 실시간으로 반영되는 탓이다. 그래서 옵션 시장은 투기성이 매우 강하며, 금융 위기의 진앙으로 지목받기도 한다.[3]

투자하기 좋은
미국 리츠 ETF는?

필자는 미국의 ETF를 검색할 때 'ETFDb.com'을 애용한다. 이 사이트에서 'real estate'를 찾으면 미국 리츠 ETF를 모아 놓은 페이지를 볼 수 있다.[1]

〈표 XI-1〉은 리츠 ETF를 시가 총액 순서로 나열한 것인데, VNQ가 압도적인 규모를 자랑하는 것을 발견할 수 있다. 그래도 혹시 모르니 시가 총액 1~2등의 장기 성과를 비교해 보자. 〈그림 XI-1〉은 VNQ와 SCHH의 장기 성과를 보여 주는데, VNQ가 월등한 성과를 기록한 것을 발견할 수 있다. 따라서 필자는 VNQ를 선호하며, 대부분의 자산 배분 전략에서도 이를 활용하는 중이다.

표 XI-1 리츠 ETF 목록

Symbol ⇕	ETF Name ⇕	Total Assets* ▼	YTD ⇕	Avg Volume ⇕	Previous Closing Price ⇕	1-Day Change	Overall Rating
VNQ	Vangauard Real Estate ETF	$34,198,700	3.94%	3,398,153	$90.76	0.06%	🔒
SCHH	Schwab US REIT ETF	$8,267,280	2.25%	7,380,948	$21.28	0.05%	🔒
XLRE	Real Estate Select Sector SPDR Fund	$7,650,810	3.57%	6,426,091	$41.48	-0.26%	🔒
IYR	iShares U.S. Real Estate ETF	$3,571,830	4.12%	6,710,888	$96.03	0.06%	🔒
USRT	iShares Core U.S. REIT ETF	$3,081,680	1.96%	216,111	$57.80	0.33%	🔒

출처: ETFDb.com

그림 XI-1 VNQ와 SCHH의 장기 성과, 2011~2025년

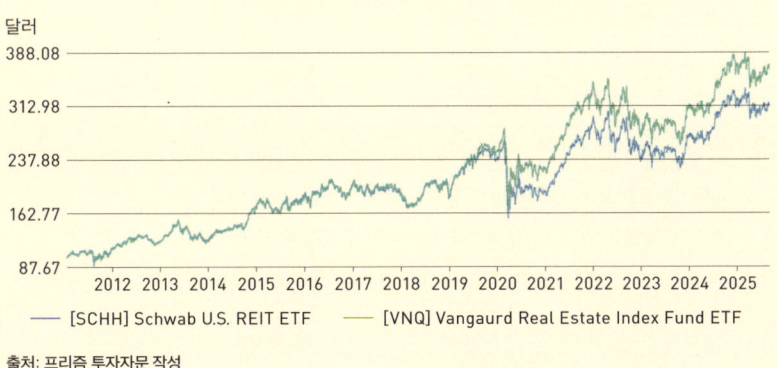

출처: 프리즘 투자자문 작성

참고문헌

서문

1 엄복규, 예지숙, 고태후, 이항아(2024), 《을축년 대홍수, 그후 100년 서울의 변화》, 98쪽.

2 조선일보(2023. 08. 23.), 나로수길 꼬마빌딩도 "평당 2.1억"…급매 싹 빠진 빌딩시장 회복세.

3 한종수(2016), 《강남의 탄생》, e-book 30쪽.

1장. 한양 10리 밖을 벗어나지 말라

1 이상우, 유성운(2022), 《대한민국 부동산 부의 역사》, 59쪽.

2 마크 코야마, 재러드 루빈(2023), 《부의 빅 히스토리》, 72~73쪽.

3 한국 무역협회(2019. 06. 24.), 중국 토지제도의 함정을 조심하라.

4 Nikkei Asia(2024. 05. 22.), Why so many middle-class Chinese migrants take risky, illegal route to U.S.

5 Bloomberg(2022. 03. 18.), Global Exodus From China Stock Markets Prompts Xi to Change Tack.

6 김성우(2014), 『전쟁과 번영—17세기 조선을 바라보는 또 다른 관점』, 《역사비평》 107

호 142~167쪽.

7   미야지마 히로시(2020), 《한중일 비교 통사》, 48쪽.

8   중앙일보(2020. 06. 28.), 조선시대 인구 40%가 노비라는데… 노비는 '노예'와 다를까.

9   한국민족문화대백과사전, 노비(奴婢).

10   미야지마 히로시(2013), 《미야지마 히로시 나의 한국사 공부》, 60~64쪽.

11   시사IN(2013. 06. 25.), 우리가 몰랐던 조선의 양반들.

12   우리역사넷, 향약.

13   박현순(2012), 『조선후기 文科에 나타난 京鄕 간의 불균형 문제 검토』, 《한국문화》 58호, 3-37쪽.

14   우리역사넷, 상평통보 주조: 엽전 한 닢, 가벼운 무게로 세상을 바꾸다.

15   박현순(2012), 『조선후기 文科에 나타난 京鄕 간의 불균형 문제 검토』, 《한국문화》 58호, 3-37쪽.

16   주간동아(2010. 03. 17.), "자네의 뇌물은 하늘이 알고 당이 안다" 교육계 매관매직 비리는 백년대계 위기… 후한시대 청렴결백 양진의 호통 배워야.

17   이용훈(2016), 『18~19세기 조선 토지 가격의 변화와 그 의미』, 서울대학교 국사학과 박사 학위 논문.

18   내 손안에 서울(2024. 02. 01.), 조선시대 서울 집값은? '한성부 토지·가옥 매매문서' 발간.

19   박영서(2023), 《시시콜콜 조선부동산실록》, 149쪽.

20   양진석(2008), 『조선후기 漢城府 中部 長通坊 丁萬石契 소재 가옥의 매매와 그 특징』, 《규장각》 32호, 33~61쪽.

21   박영서(2023), 《시시콜콜 조선부동산실록》, 1쪽.

22   전영우(2022), 《조선의 숲은 왜 사라졌는가》, 41~42쪽.

23   전영우(2022), 《조선의 숲은 왜 사라졌는가》, 37쪽.

24   차명수(2014), 《기아와 기적의 기원》, 196~197쪽.

2장. 나라님이 당백전 찍어낼 때, 내 재산을 지킬 방법은?

1   국사편찬위원회(2006), 《화폐와 경제 활동의 이중주》, 98~99쪽.

2   우리역사넷, 개항과 외국 화폐의 유통.

3   카를로 M. 치폴라(2015), 《스페인 은의 세계사》, 44~45쪽.

4   김희호(2024), 『1876-1904년 개항기 화폐개혁과 제국효과』, 《경제사학》 85권, 149~187쪽.

5   Duol Kim and Heejin Park(2021), 『Biological Living Standards of Korea during the Port-Opening Period, 1876 - 1910』, 《The Journal of Economic History》, Volume 81, Issue 2, pp. 549-576.

6   김낙년(2018), 《한국의 장기통계 I》.

7   우리역사넷, 면방직업의 전개.

8   허수열(2013), 『批評論文(비평론문): 상상과 사실 - 이영훈교수의 비평에 다시 답한다』, 《경제사학》 54권, 167~202쪽.

9   브라보 마이 라이프(2016. 06. 09.), [구대열의 역사의 그 순간] 한국인의 서양 나들이 (中) 알렌은 누구인가.

10 한국경제(2014. 05. 30.), [경제학자가 본 한국사] (15) 양반, 조선왕조의 특권신분.

11 김재호(2016), 《대체로 무해한 한국사》, 244~245쪽.

12 조선일보(2010. 01. 15.), [제국의 황혼 '100년전 우리는'] [99] "조선은 온통 민둥산이라…".

13 춘천디지털기록관, 생활난이 원인으로 산임령위반자증가(山林令違反者增加) 남벌코자 1인의 희생자를 낸다 지능화한 산림벌채범.

14 한국민족문화대백과사전, 쌀소동(쌀騷動).

15 차명수, 황준석(2015), 『1910년대에 쌀 생산은 정체했나?』, 《경제사학》 59권, 77~104쪽.

16 Ban, Sung-Hwan(1981), 『The Growth of Agricultural Output and Productivity in Korea, 1918-1978』, 《Journal of Rural Development》 June 1981, pp 1-18.

17 이영훈(2012), 『17세기 후반~20세기 전반 水稻作 土地生産性의 장기추세』, 《경제논집》 51권 2호, 411~460쪽.

18 허수열(2016), 『반론: 「1910년대에 쌀 생산은 정체했나?」』, 《경제사학》 62권, 431~456쪽.

19 황상익(2015), 《역사가 의학을 만났을 때》, 260쪽.

20 그렉 브라진스키(2011), 《대한민국 만들기 1945-1987》, 46쪽.

21 김성홍(2020), 《서울 해법》, 46쪽.

22 김낙년(2023), 《한국경제성장사》, 297쪽.

23 이경아(2021), 《경성의 주택지》, 130 쪽.

24 동아일보(1927. 01. 05.), 경성이냐? 게이죠냐?

25 이경아(2021), 《경성의 주택지》, 23쪽.

26 조선일보(2021. 07. 21.), [모던 경성]반포 '아리팍' 인기 빰쳤다, 1930년대 경성 문화주택 열풍.

27 김성홍(2020), 《서울 해법》, 34쪽.

28 조선일보(2023. 12. 03.), 아파트 구매 결정? 80년 전 경성 집값에 힌트가 있다.

29   이명학(2016), 『총동원체제기(1937-1945년) 조선총독부의 주택임대가격 통제정책 시행과 운영』, 《민족문화연구》 70호, 295~330쪽.

3장. 장남만 상속받으라는 법 있나요?

1   조지프 헨릭(2022), 《위어드》, 182쪽.

2   한겨레(2019. 10. 19.), 재혼 여성 자손은 관직 못 올라 조선시대 열녀는 '강요된 비극'.

3   그렉 브라진스키(2011), 《대한민국 만들기 1945-1987》, 38쪽.

4   그렉 브라진스키(2011), 《대한민국 만들기 1945-1987》, 46쪽.

5   조 스터드웰(2016), 《아시아의 힘》, 66쪽.

6   조 스터드웰(2016), 《아시아의 힘》, 67쪽.

7   차명수(2014), 《기아와 기적의 기원》, 15~17, 232~233쪽.

8   그렉 브라진스키(2011), 《대한민국 만들기 1945-1987》, 49쪽.

9   양영조(2013), 『6.25 전쟁 발발 전후 북한 게릴라의 활동과 성격』, 《군사연구》 136호, 110쪽.

10   서울신문(2010. 05. 18.), [태국 유혈사태 확산] 옐로셔츠 vs 레드셔츠 계급갈등… 브레이크 없는 충돌.

11   연합뉴스(2016. 05. 08.), 막말·가문정치가 지배하는 필리핀…'요지경' 선거판.

12   차명수(2023), 《한국 현대사》, 59-64쪽.

13   박인성(2010), 《중국의 도시화와 발전축》, 81~82쪽.

14   박인성(2010), 《중국의 도시화와 발전축》, 84~85쪽.

15   이영훈(2016), 《한국경제사 2》, 324쪽.

16   홍제환(2024), 《경제 관료의 시대》, 16~17쪽.

17   윤홍식(2021), 《이상한 성공》, 130쪽.

18   이종화(2016), 『인적자본과 경제발전』, 《경제논집》 55권 2호, 269~276쪽.

19   차명수(2023), 《한국 현대사》, 59-64쪽.

20   그렉 브라진스키(2011), 《대한민국 만들기 1945-1987》, 86쪽.

21   국민일보(2025. 03. 18.), 선교사들이 세운 근대적 교육기관, 민족을 깨우다.

22   중앙일보(1980. 06. 18.), 계엄사 발표-권력형 부정축재자 수사 결과.

23   유튜브 KBS다큐(2025. 07. 04.), 서울 서대문구 초역세권에 빈집촌이? 시간이 멈춘 마을 '현저동' | KBS 다큐 인사이트 - 빈집 스캔들 25.07.03 방송.

24   한국경제(1999. 12. 20.), [20세기 시간여행 (상)] 땅값의 이면사 … 92년 땅값 1800조.

4장. 폭격을 맞아도 도시가 좋아!

1   부산역사문화대전, 임시 수도(臨時首都).

2   서울연구데이터서비스, 인구변화와 인구성장률.

3   엔리코 모레티(2014), 《직업의 지리학》, 128~130쪽.

4   김두얼(2020), 「재난과 경제성장」, 《경제사학》 44권 2호, 195~220쪽.

5   Edward Miguela and Gérard Roland(2011), 「The long-run impact of bombing Vietnam」, 《Journal of Development Economics》, Volume 96, Issue 1, Pages 1-15.

6   동아일보(1951. 03. 14.), 복구? 신설? 양론 수도건설책을 응의!

7   Donald R. Davis and David E. Weinstein(2002), 「Bones, Bombs, and Break Points: The Geography of Economic Activity」, 《The American Economic Review》, Vol. 92, No. 5, pp. 1269-1289.

8   한국민족문화대백과사전, 지가증권(地價證券).

9   조선일보(2024. 03. 02.), 패전 후 일본인 71만명, 단돈 1000엔씩 들고 조선을 떠났다.

10 김효신(2022), 《R의 공포가 온다》, 81쪽.

11 김두얼(2017), 《한국경제사의 재해석》, 116쪽.

12 연합인포맥스(2018. 04. 12.), 테슬라 CEO "공장 바닥서 다시 자고 있다…생산지옥 겪는 중".

13 이영훈(2016), 《한국경제사 2》, 356쪽.

14 김두얼(2017), 《한국경제사의 재해석》, 116쪽.

15 그렉 브라진스키(2011), 《대한민국 만들기 1945-1987》, 72쪽.

16 김일영(2007), 「이승만 정부의 산업정책과 렌트 추구 그리고 경제발전」, 《세계정치》, 28집 2호, 173~248쪽.

17 차명수(2023), 《한국 현대사》, 140쪽.

18 김두얼(2016), 「한국의 산업화와 근대경제성장의 기원, 1953-1965」, 《경제발전연구》, 22권 4호, 29~68쪽.

19 홍제환(2024), 《경제 관료의 시대》, 40쪽.

20 서문석(2018), 「수출의 확대와 면방직업의 성장」, 《역사비평》, 122호, 135~165쪽.

21 박근호(2017), 《박정희 경제신화 해부》, 327쪽.

22 서문석(2018), 「수출의 확대와 면방직업의 성장」, 《역사비평》, 122호, 135~165쪽.

23 그렉 브라진스키(2011), 《대한민국 만들기 1945-1987》, 235쪽.

24 박근호(2017), 《박정희 경제신화 해부》, 358~359쪽.

25 그렉 브라진스키(2011), 《대한민국 만들기 1945-1987》, 230쪽.

26 대통령기록관, 한국에 미 대통령 전용기를 보낸 린든 B. 존슨(Lyndon Baines Johnson) 대통령.

27 한국민족문화대백과사전, 한일기본조약.

28 신재준(2019), 『1960년대 한국의 대일청구권 및 '경제협력' 교섭 연구』, 서울대학교 국사학과 박사 학위 논문.

29 조 스터드웰(2016), 《아시아의 힘》, 188쪽.

30 우리역사넷, 경부고속도로 개통 '조국 근대화'의 동맥이 뚫리다.

31 경향신문(1978. 01. 12.), 치솟는 서울땅값… 어려워지는 "내집마련" 63년이후 최고 240배로.

32 김성홍(2020), 《서울 해법》, 34~36쪽.

33 서울연구원(2013), 《지도로 본 서울(2013)》, 2장.

34 중앙일보(1995. 02. 01.), 〈국립서울대학교〉5.서울大 이모저모-관악캠퍼스 이전.

35 대통령기록관, 박정희 〉취임식 〉제6대.

36 김시덕(2025), 《도시문헌학자 김시덕의 강남》, 20~23쪽.

37 동아일보(1962. 06. 28.), 경인지구 종합개발조사.

38 손정목(2022), 《서울 도시계획 이야기 3》, 74쪽.

39 김시덕(2025), 《도시문헌학자 김시덕의 강남》, 51쪽.

40 서울신문(2019. 08. 07.), [미래유산 톡톡] 한남대교와 혜은이의 '제3한강교' 서로 다른 이름으로 미래유산 돼.

41 중앙일보(2023. 10. 15.), 박정희 결단으로 123m 지었다…50살된 소양강댐 '年 2조 가치'.

42 국가기록원, 1990년 한강 대홍수.

43 매일경제(2010. 07. 23.), [WEEKEND 매경] 1967년 말죽거리 잔혹사? 부동산대책의 탄생.

44 한종수(2016), 《강남의 탄생》, e-book 27쪽.

45 한종수(2016), 《강남의 탄생》, e-book 54쪽.

46 손정목(2022), 《서울 도시계획 이야기 3》, 95쪽.

47 이코노미조선(2022. 06. 27.), 서울 핵심 아파트 잔뜩 생산한 공유수면매립법.

48 한겨레(2015. 10. 22.), '잠실' 앞세운 지역 이기주의?…'신천역' 왜 '잠실새내역'이 됐나.

49 한종수(2016), 《강남의 탄생》, e-book 47~48쪽.

50 손정목(2022), 《서울 도시계획 이야기 3》, 110~111쪽.

51 최명철(2001), 《아파트값 5차 파동》, 31쪽.

5장. 정부를 믿을 수 없을 때, 어떤 자산이 유망한가?

1 홍제환(2024), 《경제 관료의 시대》, 63쪽.

2 한국은행(2020), 《한국은행 70년사》, 80쪽.

3 홍제환(2024), 《경제 관료의 시대》, 66쪽.

4 이헌창(2021), 《한국경제통사》, 711쪽.

5 박근호(2017), 《박정희 경제신화 해부》, 331쪽.

6 중앙일보(1969. 12. 18.), (8)차관과 부실 기업 국내.

7 조 스터드웰(2016), 《아시아의 힘》, 165쪽.

8 마크 레빈슨(2017), 《더 박스》, 316쪽.

9 국가기록원, 닉슨 대통령의 괌독트린 선언.

10 폴 볼커, 교텐 토요오(2020), 《달러의 부활》, 207쪽.

11 아주경제(2021. 08. 13.), 김용범 "20세기 유행한 금융 억압 질서, 코로나 팬데믹에 재등장".

12 조선일보(1999. 09. 28.), [박정희 생애] 제16부 대외 개방전략 (62) - 〈512〉.

13 김두얼(2017), 《한국경제사의 재해석》, 63~64쪽.

14 KTB투자증권(2018. 10. 10.), Tesla의 하락이 주는 시사점.

15 NUMBEO, Eastern Asia: Property Prices Index by City 2025 Mid-Year.

16 Bloomberg(2025. 08. 15.), China New-Home Prices Drop as Stimulus Fails to Halt Slide.

17 이영훈 외(2005), 《한국의 유가증권 100년사》, 342쪽.

18 이태호(2020), 《시장의 기억》, 76쪽.

19 장지웅(2010), 《주택시장 30년 파노라마》, 16쪽.

20 서울연구데이터서비스, 지표로 본 서울 변천 2003, 주택.

21 한국민족문화대백과사전, 광주대단지 사건(廣州大團地 事件).

22 대한민국 정책브리핑(2007. 01. 24.), 연대별 주요 부동산정책과 부동산 가격 변화.

6장. 공급 앞에 장사 없다!

1 KDI(2008), 《한국경제 60년사》, 69쪽.

2 이장규(2008), 《경제는 당신이 대통령이야》, 95쪽.

3 한국민족문화대백과사전, 추곡수매제도(秋穀收買制度).

4 김두얼(2017), 《한국의 경제 위기와 극복》, 146쪽.

5 폴 볼커, 교텐 토요오(2020), 《달러의 부활》, 374쪽.

6 그렉 브라진스키(2011), 《대한민국 만들기 1945-1987》, 230쪽.

7 폴 볼커, 교텐 토요오(2020), 《달러의 부활》, 334쪽.

8 이영훈(2016), 《한국경제사 2》, 419쪽.

9 대런 아세모글루 등(2019), 《경제학원론》, 107쪽.

10 글로벌이코노믹(2024. 07. 15.), 잘나가던 일본 반도체, 왜 몰락했나? 미일 반도체 전쟁의 전말.

11 이찬우(2014), 《대한민국 신국부론》, 30~31쪽.

12 폴 볼커, 교텐 토요오(2020), 《달러의 부활》, 456쪽.

13 한국경제(2022. 01. 06.), [천자 칼럼] 현대차의 눈물겨운 미국 진출史.

14 크리스 밀러(2023), 《칩 워》, 245쪽.

15 대한민국 정책브리핑(2007. 01. 24.), 연대별 주요 부동산 정책과 부동산 가격 변화.

16 최명철(2001), 《아파트값 5차 파동》, 155쪽.

17 대한민국 정책브리핑(2007. 03. 13.), "치솟는 분양가, 어찌 하오리까".

18 시사저널(2019. 07. 23.), [분양가 상한제] 부동산 시장과 정부, 그 갈등의 역사.

19 대한민국 정책브리핑(2007. 04. 10.), "엄마, 우리 또 이사 가?".

20 헤럴드 경제(2020. 10. 19.), 1989년 '그 땐 그랬지' 지금은?…전세대란의 끝, 정부는 모른다.

21 대한민국 정책브리핑(2007. 01. 24.), 연대별 주요 부동산 정책과 부동산 가격 변화.

7장. 일본형 장기 불황을 겪지 않은 이유는?

1 대한민국 정책브리핑(2007. 03. 13.), "치솟는 분양가, 어찌 하오리까".

2 한겨레(1989. 05. 16.), 치솟은 집값… '내집 꿈'은 분노로.

3 동아일보(1989. 04. 19.), 대기업 임금 18~20% 인상.

4 한국노동연구원(2019), 《통계로 본 노동 20년》, 86쪽.

5 CBS노컷뉴스(2017 .03. 26.), 환율조작국 지정 시 우리경제 충격은?

6 연합인포맥스(2017. 03. 10.), 〈시사금융용어〉 슈퍼 301조.

7 헤럴드경제(2020. 03. 31.), [외교문서 공개]"소탐대실 하지 마라" 美 압박에 '국내 시장 지키기' 나선 정부.

8 국가기록원, 해외여행 자유화.

9 조선일보(2024. 07. 01.), "할인 분양 세대는 못들어온다" 이사 차량 막아선 입주민들.

10 Biz watch(2013. 07. 11.), '이촌향도' 끝났다 도시인구비율 첫 하락.

11 이데일리(2014. 04. 30.), '천당에서 지옥으로'…일본 기업 지난 25년간 무슨 일이?

12 김명수(2020), 《내 집에 갇힌 사회》, 24쪽.

13 김명수(2020), 《내 집에 갇힌 사회》, 111쪽.

14 리처드 C. 쿠(2010), 《대침체의 교훈》, 53쪽.

15 머니투데이(2025. 07. 30.), IMF때 금융사에 투입한 공적자금 72.4% 회수…2분기 5266억 거둬.

8장. 수도권 주택 공급이 부족하다면, 인구를 지방으로 옮기면 되지 않을까?

1 국토교통부, 정책정보, 제2기 수도권신도시 건설안내.

2 동아일보(1977. 12. 08.), 행정수도 빨라도 10~15년 걸려.

3 건설교통부(2006. 07), 『행정중심복합도시 건설기본계획』.

4 김규원(2018), 《노무현의 도시》, 64~65쪽.

5 국토교통부(2019. 02.) 『혁신도시 종합발전계획 수립 연구』.

6 국토교통부(2025. 04.), 『2024년 지역발전 추진실적 및 2025년도 추진 계획』.

7 대한민국 정책브리핑(2004. 06. 25.), [국정넷포터 발언대]행정수도 이전 필요성 왜 외면하나.

8 민보경(2023. 12.), 『인구위기에 대응하는 지역의 미래 전략』, 국회미래연구원.

9 조형진(2015), 『후진타오 정부 시기 정책 전환의 재정적 기원: 재정 집중화와 지역 간 균등화의 달성』, 《한국정치연구》, 제24집 제3호, 141~170쪽.

10 연합뉴스(2016. 04. 11.), "강아지도 만원권 물고다녔는데" 조선호황 거제의 빛과 그늘.

11 노컷뉴스(2013. 03. 13.), 이명박 정부 ''보금자리주택''…4년만에 중단 위기.

12 시사저널(2012. 12. 31.), '이자 폭탄'에 무너지는 '하우스푸어'의 비명.

13 세계일보(2014. 09. 01.), [9.1 부동산대책] 주택정책 패러다임 대전환…공급 줄이고 규제장벽 없애고.

14 경향신문(2020. 10. 10.), 박근혜 정부 때 공공택지 지정 실적이 가장 낮아.

15 한국경제(2019. 06. 05.), KG그룹 – 캑터스PE, 동부제철 새주인 확정.

16 연합뉴스(2020. 08. 28.), 수도권 인구 사상 첫 50% 돌파…"늙어가는 한국".

17 이상규(2008), 『지식기반서비스산업의 개념과 현황 그리고 육성방안』, 《한국경제연구》 22권, 205~239쪽.

18 WIPO, Science and Technology Cluster Ranking 2024.

9장. 분양가 상한제와 임대차 3법의 불행한 만남

1   한국건설산업연구원(2024. 06.), 『주택 리모델링 시장의 현황과 정책과제』.

2   연합뉴스(2018. 09. 13.), [9 · 13대책] 문재인 정부 역대 부동산 대책 일지.

3   대한민국 정책브리핑(2021. 11. 08.), 분양가상한제.

4   허남설(2023), 《못생긴 서울을 걷는다》, e-book 65쪽.

5   중앙일보(2025. 08. 12.), [안장원의 부동산 노트] 재건축 부담금만 10억?…'돈 먹는 하마' 압구정 재건축.

6   한겨레(2020. 11. 30.), 김현미 장관 "아파트가 빵이라면 밤 새워 만들겠지만…".

7   서울경제(2020. 11. 08.), [신조어 사전] 청무피사.

8   주택도시기금, 청약가점빠른계산기.

9   중앙일보(2017. 09. 21.), 투기과열지구 청약 때 85㎡ 이하는 100% 가점제.

10   국토교통부, 『주택임대차보호법 해설집』.

11   조선일보(2021. 08. 03.), 전세 이중가격… 한 아파트 같은 평인데 아랫집 3억9000, 윗집 8억.

12   리얼캐스트(2025. 11. 28.), "아직 싸다" 수요자 몰리는 2기신도시 양주, 상승랠리 시동 거나?

13   중앙일보(2020. 05. 28.), [속보] 한국은행, 기준금리 0.75% → 0.5%…0.25%P 전격 인하.

14   이경태, 강환구(2023), 『장기구조적 관점에서 본 가계부채 증가의 원인과 영향 및 연착륙 방안』, 《BOK 이슈노트》, 제2023-22호.

15   한국주택금융공사, 주택구입부담지수.

16   이데일리(2025. 11. 29.), 경제용어 없이 '레고랜드 사태' 설명 드립니다.

17   조선일보(2022. 10. 26.), 한전채, 금리 6% 육박에도 미달… '유동성 쇼크' 오나.

10장. 왜 2022년 말에 서울 아파트를 샀나?

1   박원갑(2014), 《한국인의 부동산 심리》, 25~26쪽.

2   참여연대(2014. 12. 31.), 무분별한 신용카드 발급은 그만, 〈스톱 카드〉캠페인 – 신용불량자 양산하는 신용카드 발급 남발에 제동을 걸다.

3   금융위원회(2004. 03. 19.), 2003년 신용카드사 경영실적.

4   중앙일보(2003. 10. 30.), [10 · 29 부동산 대책 해부] 1. "묶는 정책 한계…거래엔 숨통을".

309

5 KTV국민방송(2019. 12. 17.), 15억 이상 아파트 주택담보대출 금지 [오늘의 브리핑].

6 뉴스아이이에스(2024. 02. 22.), 세계 외환시장 거래액, 통화 랭킹 "TOP10"…한국 순위
   는?

7 한국개발연구원(2025. 04. 29.), KDI 경제전망, 2025 상반기, 최근의 환율 변동이 물가
   에 미치는 영향.

8 연합뉴스(2022. 05. 07.), 다음 주 다주택자 양도소득세 중과 1년 배제 조치 시행.

11장. 중국 부동산 시장은 왜 회복되지 못했나?

1 장효미(2024. 03. 04.), 『중국 부동산시장 침체 지속에 따른 우려』, 《자본시장연구원 자본
   시장포커스》 2024-05호.

2 백진규(2025. 08. 19.), 『중국 헝다그룹 홍콩증시 퇴출』, 《국제금융센터 Brief》.

3 김동현(2023. 12. 15.), 『중국의 최근 부동산 정책 동향 및 향후 전망』, 《KIEP 북경사무
   소 브리핑》 Vol. 25 No. 8.

4 김기봉, 이치훈(2024. 10. 30.), 『중국 부동산시장의 일본화 가능성 평가』, 《국제금융센터
   Brief》.

5 프레시안(2015. 04. 22.), 고층 빌딩 즐비한 상하이 푸둥, 30년 전에는….

6 김도경(2016), 『1990년대 중국 주택제도 개혁과 도시 기득권의 확립―상하이시 사례
   를 중심으로』, 《역사비평》 2016년 가을호116호'.

7 Bloomberg(2025. 11. 24.), China Property Crisis: Why Market Is a Mess? What
   Stimulus Measures Are Planned?

8 Spencer Cohen(2021. 10 .18.), 『Evergrande Crisis and China's Economic Growth
   Model』, 《The American Chamber of Commerce in Shanghai》.

9 Bloomberg(2025. 12. 21.), Workers Flocking to China's Tech Hub Can't Afford to
   Buy Homes.

10 Bloomberg(2025. 11. 24.), UBS's China Property Optimist Now Foresees an Extended
    Slump.

11 Bloomberg(2025. 12. 24.), US Rare Earth Buyers Still See China Curbs Despite
    Trump Deal.

12 한국은행(2025. 12. 15.), 『2025년 중앙경제공작회의 주요 내용 및 현지 평가』, 《한국은
    행 북경사무소 현지정보》.

13 한국일보(2025. 06. 02.), "가격 후려치지 말라"…중국, 비야디 정조준 '제 살 깎아 먹기'
    경쟁에 경고.

14　Bloomberg(2025. 12. 10.), China's Consumer Prices Rebounded Without Easing Deflation Fears.

15　천즈강(2021. 10. 22.),『중국의 공동부유: 의의, 배경 및 향후 정책 방향』,《KIEP 북경사무소 한중경제포럼》.

16　The Economist(2025. 12. 10.), The meaning of China's record-high trade surplus.

12장. 정부 정책만 보면 부동산 바닥을 잡을 수 있다

1　주간동아(2022. 11. 11.), '부동산 경착륙을 막아라'… 전방위 규제 완화 '11·10 대책'.

2　국가기록원, 국토및지역개발, 투기과열지구제도.

3　국토교통부(2019. 08. 12.),『민간택지 분양가상한제 적용기준 개선 추진』.

4　중앙일보(2023. 01. 02.), [단독] 강남3구·용산 빼고…文정부때 부동산 규제 싹 푼다.

5　한겨레(2023. 02. 14.), 둔촌주공 중소형은 '완판', 초소형은 800여가구 미분양된 듯.

6　삼정KPMG(2024. 04.),『부동산 PF 관련 주요 이슈와 향후 전망』,《Issue Monitor》, 제162호.

7　프라임경제(2023. 04. 06.), 尹 '1·3 부동산 대책'…반쪽짜리 '논란'.

8　매일경제(2025. 01. 03.), 꺼져가는 부동산 경기 살리기…양도세 중과 예외 '1년 더', 종부세 특례 대상은?

9　디일렉(2024. 12. 27.), 삼성전자, '강달러' 득일까 실일까.

10　국토교통부(2013. 04. 01.),『서민 주거안정을 위한 주택시장 정상화 종합대책』.

11　경향신문(2014. 06. 16.), 또 '빚 내서 집 사라'… 가계부실 부채질.

12　기획재정부(2014. 07. 24.),『새 경제팀의 경제정책방향』.

13　국토교통부(2014. 09. 01.),『규제합리화를 통한 주택시장 활력회복 및 서민 주거안정 강화방안』.

14　채상욱(2017),《돈 되는 아파트 돈 안 되는 아파트》, 41~42쪽.

15　채상욱(2017),《돈 되는 아파트 돈 안 되는 아파트》, 43쪽.

16　서울신문(2015. 07. 22.), '대우조선 부실 관리'… 실적 강박이 빚은 産銀의 오판인가.

17　건설교통부(2002),《주택백서》, 88쪽.

18　권오현(1999. 05),『주택 경기 활성화 정책의 평가 및 개선방안』, 한국건설산업연구원.

13장. 서울 아파트를 팔고 수도권에 단독 주택을 지으면 안 될까?

1　통계청(2024. 12. 20.),『2024년 통근 근로자 이동 특성 분석결과』.

2 매일경제(2023. 12. 04.), 출퇴근 시간 길수록 우울 청년 삶 만족도 인천 최하.

3 허남설(2023), 《못생긴 서울을 걷는다》, e-book 15쪽.

4 염복규(2014), 『붕괴된 신화, 지속되는 신화─김현옥 '건설' 시정과 와우아파트 붕괴 사고가 남긴 것』, 《역사비평》, 108호, 12~34쪽.

5 한국민족문화대백과사전, 와우아파트 붕괴 사고(臥牛apartment 崩壞 事故).

6 김대중(2005), 《대한민국 재테크사》, 153쪽.

7 김제경(2024), 《시장을 이기는 부동산 투자 원칙》, 154쪽.

8 건설교통부(2002), 《주택백서》, 20쪽.

9 홍성열(2011), 《100년의 비밀》, 67쪽.

10 기획재정부, 시사경제용어사전, 열등재(Inferior Goods).

11 김병권(2023), 《김병권의 부동산대백과》, 365쪽.

12 김성홍(2020), 《서울 해법》, 148쪽.

13 에이드리안 킴(2021), 《집이 언제나 이긴다》, 92쪽.

14 한국경제(2025. 04. 09.), 이문·휘경뉴타운 1만가구 입주하는데…도로는 편도 2차로.

15 YTN(2023. 07. 12.), '순살자이'에 '통뼈캐슬'까지…당신의 아파트는 안전하십니까? [앵커리포트].

16 국토교통부(2021. 01. 24.), 『공동주택 입주자 사전방문 및 품질점검단 제도 시행』.

14장. 새집 줄게, 경기도 살자

1 서울연구데이터서비스, 주택.

2 염복규(2014), 『붕괴된 신화, 지속되는 신화─김현옥 '건설' 시정과 와우아파트 붕괴 사고가 남긴 것』, 《역사비평》, 108호, 12~34쪽.

3 동아일보(1982. 03. 13.), 시골學校 뜯어 고치고, 梁山 長安中 교장선생님 金玄玉씨.

4 한국민족문화대백과사전, 광주대단지 사건(廣州大團地 事件).

5 손정목(2004)), 『8.10 사건의 경위 ─ 서울시의 입장에서』, 《광주대단지 사건의 역사적 재조명 학술대회 자료집》, 11~26쪽.

6 경향신문(2003. 05. 11), [실록 민주화 운동] 71년 경기 광주대단지 사건

7 김시덕(2025), 《도시문헌학자 김시덕의 강남》, 113쪽.

8 국가기록원, 부동산종합대책(2005. 08. 31).

9 김병권(2023), 《김병권의 부동산대백과》, 327쪽.

10 경인일보(2024. 11. 14.), 2300억 교통분담금 냈는데… 또 유찰된 위례신사선, 뿔난 신도시 주민들.

11   서울경제(2025. 08. 25), 입주부터 철도망 연결까지 최소 13년…'교통 지옥' 된 신도시.

15장. 제2의 강남은 어디일까?

1   중앙일보(2023. 08. 22.), "밝을 때 퇴근했는데, 밤이야"…매일 부산인구만큼 지옥 거친 다 [출퇴근지옥①].

2   동아사이언스(2024. 04. 18.), 한국 직장인, 통근시간 따라 행복지수 달라…여성이 더 큰 영향.

3   한국은행(2025. 06. 18.), 『물가안정 목표 운영 상황 점검』, 2장 주택시장 양극화의 영향.

4   전현우(2023), 《오송역》, e-book 146쪽.

5   한국경제(2019. 05. 15.), [조재길의 경제산책] 도시계획의 실패작, 세종시.

6   동아일보(2020. 11. 26.), 주민 소통 늘고, 조용한 마을에 활기… 작은 아이디어가 삶을 바꾼다.

7   중앙일보(2025. 04. 08.), 텅텅 빈 상가들…10곳 중 1곳, 3년 내내 공실률 20% 넘었다.

8   조선일보(2025. 04. 21.), [공실폭탄]③ LH·시행사는 주택용지보다 비싼 상가용지 팔아 개발 이익, 공실로 "탈출하고 싶다"는 수분양자들.

9   김규원(2018), 《노무현의 도시》, 62~63쪽.

10   전현우(2023), 《오송역》, e-book 144쪽.

11   대전일보(2025. 07. 31.), 한숨 돌린 충청권 광역철도 1단계… 중단 없이 재검증 받는다.

12   김욱, 유재일, 유병선(2015), 『충청 지역 정치의 최근 변화와 충청 지역주의』, 《비교 민 주주의 연구》, 11권 2호, 45-75쪽.

16장. 한국 부동산, 버블인가?

1   국토교통부, 정책Q&A, 아파트 실거래 가격지수 관련.

2   KRX(2025. 04. 02.), 『유가증권시장 12월 결산법인 2024사업연도 결산실적』.

3   국세청(2024. 12. 19.), 『2024년 4분기 국세 통계』.

4   알파경제(2025. 11. 25.), 서울 아파트 중위가격 11억 육박…전월 대비 3000만 원 상승.

5   파이낸셜뉴스(2025. 07. 29.), 이거 실화? 44억 아파트 1년만에…첫 평당 2억 단지 나왔 다.

6   국토연구원(2024. 06. 19.), 『상승기 주택시장참여자들은 어떻게 행동했을까?』, 《국토정 책 Brief》, 제970호.

17장. 일본은 왜 장기 불황에 빠져들었나?

1 Bank of Japan(2025. 08. 23.), 『Japan's Labor Market under Demographic Decline: Evolving Dynamics and Macroeconomic Implications』, 《Jackson Hole Economic Policy Symposium》.

2 KB증권(2024. 04. 24.), 『2000년 일본 부동산이 2024년 우리에게 알려주는 것』.

3 중앙일보(2023. 06. 05.), 日서 가장 높은 빌딩까지⋯낡은 도쿄 갈아엎는 '아자부다이 힐스'.

4 The New York Times(2013. 05. 23.), Japan the Model.

5 日本經濟新聞(2025. 08. 07.), 新築戸建て 東京23区で半年ぶり最高値 好立地が上昇.

6 日本經濟新聞(2025. 08. 28.), 海外勢の不動産購入が最高 1～6月1兆円超 賃料上昇・収益性に期待.

7 日本經濟新聞(2025. 08. 06), 労働力の外国人頼み鮮明に 東京都は20代の12% 共生課題に.

8 日本經濟新聞(2025. 03. 19.), 公示地価土地取引や相続評価の目安.

18장. 버블에 매도할 용기를 내는 법

1 머니S(2024. 10. 21.), 대출규제에 멀어진 내 집 마련⋯ '200조' 전세대출, 집주인 신용 본다.

2 한겨레(2020. 06. 17.), [속보] 정부, 갭투자 강력 대응⋯서울 3억 초과 주택 구입 시 전세대출 회수.

3 한겨레(2019. 11. 12.), '순간의 아파트가 평생을 좌우했다' 집에 인생 건 2030.

4 부동산대책 정보사이트 정책풀이집, 실수요자 내집마련 기회는 늘리고 다주택 투기수요·갭투자는 차단하겠습니다.

5 BBC News 코리아(2022. 12. 29.), 빌라왕 사태: 유독 2030 노리는 전세 사기, 이유는?

19장. 상승 잠재력이 높은 집을 고르는 법

1 조선일보(2025. 02. 19.), 가장 붐빈 서울 지하철역은 잠실, '부동의 1위' 강남역은 3위로 내려앉아.

2 중앙일보(2524. 08. 05.), 잠실까지 27분이면 간다⋯8호선 연장 별내선, 10일부터 운행.

3 중부일보(2024. 11. 17.), 별내선 개통 효과⋯ 잠자던 별내신도시 집값 기지개.

4   전북일보(2025. 08. 24.), '긴급대피명령 11년' 익산 모현 우남아파트 35세대, 목숨 걸고 산다.

5   중앙일보(2025. 09. 03.), 은마 재건축, 최고 49층 5893세대로…이르면 2031년 착공.

6   뉴시스(2024. 07. 10.), ETF 성장이 이끈 1000조 펀드 시장…"공모펀드는 정체".

20장. 서울 아파트값 잡는 법

1   국토교통부(2018. 12. 19.), 『국토부 2차 공공택지 발표지역 7곳 토지거래허가구역 지정』.

2   중앙일보(2023. 09. 09.), [단독] 3기 신도시 입주 또 2년 이상 늦춰진다 [인플레 암초에 막힌 주택 공급].

3   서울특별시 공식블로그 동행(2025. 09. 30.), 서울 주택 6년 안에 31만 호 공급, 신속통합기획 2.0 본격 돌입!

4   허남설(2023), 《못생긴 서울을 걷는다》, e-book 47쪽.

5   뉴스핌(2023. 07. 19.), 중화뉴타운, 1·3구역 제외 3개 구역 뉴타운 해제…모아타운 등 대체 추진.

6   장남종, 양재섭(2008), 『서울시 뉴타운사업의 추진실태와 개선과제』, 서울연구원.

7   시네케라 블로그(2024. 12. 10.), 공사비 급등과 지방 초토화.

8   한국경제(2025. 09. 29.), '시세차익 13억'에 10만명 접수…4인가족 만점자도 떨어뜨린 강남 '이곳'.

9   박용석(2024), 『주택 리모델링 시장의 현황과 정책과제』, 《건설이슈포커스》, 건설산업연구원.

10 파이낸셜뉴스(2025. 10. 01.), "임대는 한강뷰, 몸테크 집주인은"…분양·임대 무작위 추첨 법안 발의.

11 유튜브 New York Times Opinion(2021. 11. 10.), Liberal Hypocrisy is Fueling American Inequality. Here's How.

12 통계청(2024. 11. 18.), 『2023년 주택소유통계 결과』.

13 프리진경제(2025. 09. 30.), [전세대출 규제 시리즈 ⑤] 중저가주택의 공급 멸종.

14 조선일보(2025. 08. 26.), 한국주택금융공사(HF)도 28일부터 전세 보증 기준 강화…전세 실수요자 '난감'.

15 김성홍(2020), 《서울 해법》, e-book 148쪽.

21장. 아름답고 친환경적인 도시의 미래, 도쿄를 보라!

1   조선일보(2023. 12. 07.), 이런 건물 보셨나요…꼭대기는 5성 호텔, 1층엔 초등교 둔 日 빌딩.
2   포춘코리아(2024. 07. 01.), [Is Japan Back?①] 초고층빌딩에 입주한 소학교.
3   중앙일보(2003. 02. 26.), 일본 '하우스텐보스' 도산.
4   장문준, 강민창(2024), 『2000년 일본 부동산이 2024년 우리에게 알려주는 것』, KB증권.
5   양재섭 등(2022), 《서울이 본 도쿄 도쿄가 본 서울》, e-book 110쪽.
6   박희윤(2024), 《도쿄를 바꾼 빌딩들》, 22쪽.
7   땅집고(2025. 04. 15.), 아자부다이힐즈 최고층이 2000억에 팔린 비밀 "주거·호텔·쇼핑 복합개발에 집값 치솟아".
8   박희윤(2024), 《도쿄를 바꾼 빌딩들》, 133쪽.
9   에드워드 글레이저(2021), 《도시의 승리》, 365~366쪽.

부록 Ⅰ. 조선 시대의 경제 성장과 돈 가뭄 이야기

1   김덕진(2008), 《대기근, 조선을 뒤덮다》, 132쪽.
2   김덕진(2008), 《대기근, 조선을 뒤덮다》, 187쪽.
3   한국민족문화대백과사전, 전황(錢荒).
4   유현재(2014), 『조선 후기 鑄錢 정책과 재정 활용』, 서울대학교 국사학과 박사 학위 논문.

부록 Ⅱ. 분업이 너희를 자유롭게 하리라

1   앤드루 리(2025), 《세상에서 가장 짧은 경제사》, e-book 30쪽.
2   KDI 경제교육·정보센터(2011. 11. 01.), 비교우위론으로 자유무역을 옹호한 리카도.

부록 Ⅲ. 일제는 토지 조사 사업으로 어떠한 이익을 얻었나?

1   미야지마 히로시(2013), 《미야지마 히로시 나의 한국사 공부》, 36~39쪽.
2   전강수(2019), 《부동산공화국 경제사》, 27쪽.
3   전강수(2019), 《부동산공화국 경제사》, 239쪽.
4   전강수(2019), 《부동산공화국 경제사》, 29쪽.

부록 IV. 서유럽의 가족주의 문화는 왜 소멸했을까?

1 마크 코야마, 재러드 루빈(2023), 《부의 빅 히스토리》, 136~137쪽.

2 마크 코야마, 재러드 루빈(2023), 《부의 빅 히스토리》, 138쪽.

3 마크 코야마, 재러드 루빈(2023), 《부의 빅 히스토리》, 136~137쪽.

4 조지프 헨릭(2022), 《위어드》, 182-183쪽.

5 조지프 헨릭(2022), 《위어드》, 186-187쪽.

6 조지프 헨릭(2022), 《위어드》, 324쪽.

7 그레고리 클라크(2009), 《맬서스, 산업혁명 그리고 이해할 수 없는 신세계》, 24쪽.

8 Tine De Moor and Jan Luiten van Zanden(2009), 『Girl power: The European marriage pattern and labour markets in the North Sea region in the late medieval and early modern period』, 《The Economic History Review》, 63(1), pp 1-33.

9 마크 코야마, 재러드 루빈(2023), 《부의 빅 히스토리》, 174쪽.

10 Gregory Clark(2007), 《A Farewell to Alms》, 79쪽.

11 Pew Research Center(2025. 06. 09.), 『How the Global Religious Landscape Changed From 2010 to 2020』.

부록 V. 개신교가 교육에 열정을 쏟은 이유는?

1 론도 캐머런(2003) 《간결한 세계경제사》, 89쪽.

2 조지프 헨릭(2022), 《위어드》, 12쪽.

3 조지프 헨릭(2022), 《위어드》, 14쪽.

4 마크 코야마, 재러드 루빈(2023), 《부의 빅 히스토리》, 205~206쪽.

5 서강대학교 총동문회 동문소식(2021. 10. 19.), 예수회를 소개합니다 #1. 예수회의 간략한 역사, 1540년부터 오늘날까지.

부록 VI. 금본위제란?

1 배리 아이켄그린(2016), 《황금 족쇄》, 43쪽.

2 벤 버냉키(2014), 《벤 버냉키, 연방준비제도와 금융위기를 말하다》, 40~41쪽.

부록 Ⅶ. 효율 임금이란?

1   팀 하포드(2014), 《당신이 경제학자라면》, 202~204쪽.

2   The Telegraph(2008. 07. 28.), Ford Model T reaches 100.

3   William J. Abernathy and Kenneth Wayne(1974), 『Limits of the Learning Curve』, 《Harvard Business Review》.

부록 Ⅷ. 중국의 그림자 금융 규제는 왜 실시되었나?

1   The Wall Street Journal(2010. 12. 02.), Shadow Lending Hampers Beijing.

2   한겨레(2020. 12. 08.), 마윈, 빅데이터로 국가에 맞선 돈키호테?

3   한국경제(2013. 03. 18.), 규제 사각지대 '그림자 금융'…중국도 칼 꺼냈다는데.

4   Bloomberg(2025. 08. 31.), China's Home Sales Slump Extends as Prices Continue to Decline.

부록 Ⅸ. 용적률이란?

1   중앙일보(2025. 02. 25.), 2종 일반주거지역 용적률 200─250%로 3년 완화…건설분야 심폐소생 나선 서울시.

2   김성홍(2020), 《서울 해법》, 15쪽.

3   김성홍(2020), 《서울 해법》, 85쪽.

부록 Ⅹ. 콜 옵션이란?

1   경향신문(2024. 12. 01.), '배추 파동 막아라' 봄 배추 비축 물량·저장 기간 대폭 늘린다.

2   대구일보(2025. 08. 18.), 대구 인구소멸지역 남·서구·군위군 "2026 지방소멸대응기금 160억 원 탈 수 있을까" 확보에 사활.

3   한국경제(2005. 09. 20.), "한국 옵션거래 세계1위"라는데 '옵션'이란.

부록 ⅩⅠ. 투자하기 좋은 미국 리츠 ETF는?

1   Real Estate ETFs, ETFDb.com

HISTORY OF KOREAN
REAL ESTATE

대한민국 부동산의 역사

초판 1쇄 발행 2026년 3월 4일
초판 3쇄 발행 2026년 4월 3일

지은이 홍춘욱
펴낸이 고영성

책임편집 윤충희 | **디자인** 이화연

펴낸곳   주식회사 상상스퀘어
출판등록 2021년 4월 29일 제2021-000079호
주소   경기도 성남시 분당구 성남대로 52, 그랜드프라자 604호
팩스   02-6499-3031
이메일   publication@sangsangsquare.com
홈페이지 www.sangsangsquare-books.com

ISBN 979-11-94368-93-9 03320